Hermannus Pfeiffer

Der profitable Irrsinn

Hermannus Pfeiffer

Der profitable Irrsinn

Was auf den Finanzmärkten
geschieht und wer dabei gewinnt

Ch. Links Verlag, Berlin

Die Deutsche Nationalbibliothek verzeichnet diese
Publikation in der Deutschen Nationalbibliografie;
detaillierte bibliografische Daten sind im Internet
über www.dnb.de abrufbar.

1. Auflage, März 2012
© Christoph Links Verlag GmbH
Schönhauser Allee 36, 10435 Berlin, Tel.: (030) 44 02 32-0
www.christoph-links-verlag.de; mail@christoph-links-verlag.de
Umschlaggestaltung: Burkhard Neie, www.blackpen.xix-berlin.de,
unter Verwendung eines Fotos von Pulsar 75/fotolia
Satz: Andrea Päch, Berlin
Druck und Bindung: Druckerei F. Pustet, Regensburg

ISBN 978-3-86153-662-8

Inhalt

II Werkzeuge

III Die Große Krise

Die Alternative

Vorwort – »Da draußen herrscht Krieg«

»Wir verstehen alle nicht, wie diese Krise funktioniert.« Dieser Satz entschlüpfte dem prominenten Gastgeber eines Wirtschaftsforums, und mit »wir« war die versammelte deutsche Prominenz aus Bankbossen, Präsidenten von Unternehmensverbänden und Industrievorständen gemeint. Sollte selbst oder gerade die wirtschaftliche Elite nicht wissen, wie ihr Laden funktioniert? Das wäre wirklich Irrsinn. Dabei folgt dieser Irrsinn doch rationalen Strategien, wirft Profit ab und degradiert Politik und Demokratie zu gefügigen Spielgefährten.

Im Sommer 2007 platzte in den USA eine Spekulationsblase, die aus Krediten für Häuser von Millionen Amerikanern bestand; diese US-Immobilienkrise vertrieb Hunderttausende aus ihren Heimstätten und vernichtete bald Banken in Europa; aus der Bankenkrise wurde eine globale Finanzkrise, und diese mündete in eine Weltwirtschaftskrise. Die Nachbeben der geplatzten Immobilienblase in Amerika spüren wir heute in der Staatsschuldenkrise in Europa (und den USA und Japan ...) und morgen vielleicht in der nächsten Rezession. Infolge dieser seit 2007 andauernden Großen Krise stieg die öffentliche Verschuldung in allen 27 Mitgliedstaaten der Europäischen Union. Vor allem, weil im Verlauf der Krise die EU-Regierungen 4,6 Billionen Euro aufbrachten, um den Finanzsektor zu retten. Bis zur Großen Krise hatte dieser unter anderem von niedrigen Steuersätzen profitiert. Eine Mehrwertsteuer, wie für jedes andere Produkt, gab es für Geldgeschäfte nicht. Irrsinn.

An jenem Tag, an dem ich begann, dieses Buch zu schreiben, geriet eine eher seriöse Zeitung mit internationalem Renommee über einen Aktienkursrutsch in »Furcht«, und ein Wirtschaftsblatt titelte »Da draußen herrscht Krieg«. Dabei war im Spätsommer 2011 lediglich Alltägliches geschehen: Es hatten einige Aktienkurse und auch sie nur um wenige Prozentpunkte nachgegeben, und selbst für diejenigen, die mit dem Niedergang ihre Geschäfte machen, zeichnete sich kein Allzeithoch ab. Vielmehr hatte sich eine Bewegung fortgesetzt, die man seit 15 Jahren an den Börsen beobachten kann: ein ständiges Auf und Ab, Auf und Ab, Auf und Ab. Davon leben Börsianer, Makler und Banker. Ihnen ist es meistens egal, ob die Kurse hochfliegen oder runterrauschen, Hauptsache, sie bewegen sich. Nicht, dass es aufwärts geht, ist das Lebenselixier der Finanzmarktakteure, sondern Bewegung. Der Weg, nicht ein Ziel, lockt mit extraordinären Gewinnen. Daher haben Finanzakteure kein Interesse an Stabilität und nachhaltigem Wohlstand, sondern schätzen das chaotische Auf und Ab der Kurse.

Bei einem existenziellen Thema wie der Ökonomie macht sich die Fixierung der Medien auf Menschelndes, auf krachend Spektakuläres und auf aktualistische Neuigkeiten schmerzlich bemerkbar. Wissenschaftler, Insider und Bankanalysten werden wahlweise zu »Gurus« und »Popstars« des Abstiegs oder des Aufstiegs aufgeblasen, irgendein Fachmann wird im Fernsehen zum »Gesicht der Krise« gemacht. Gesicht der Krise? Der Mann, der zu diesem Gesicht gehört, betreibt lediglich eine Art von Sportwetten und ist mit üppig ausgestatteter Festanstellung bei einer Mini-Bank in der bayerischen Provinz gesegnet. Er ist nicht arbeitslos, hungert nicht und begeht nicht Selbstmord, weil der Familie das Häuslein genommen wird. Die Berichterstattung über Wirtschaft und Geld – die Grundlagen unseres Lebens – verkommt zu einem schrillen Infotainment; laut und bunt fallen die Ereignisse aus der Welt des Geldes via *Bild* und »Tagesschau« über uns her. Unterhalb von Furcht und Panik, von Katastrophe und Desaster geht es kaum noch ab, in der Sprache und damit im Denken. Bestenfalls stimmen Fakten. Von Wissen finden sich nur selten Spuren im Treibsand der tagtäglichen Schreckensmeldungen.

Besonderer Beliebtheit in der Öffentlichkeit erfreuen sich Börsen. Die Säulentempel des Kapitalismus hinterlassen nachvollziehbare Spuren im Stadtbild der Metropolen, und das »Parkett«, auch wenn es menschenleer ist und der Handel längst in blitzschnellen Computernetzen entschwunden ist, gibt »echte« Bilder her. Das Geschehen dahinter, »die Finanzmärkte«, entzieht sich der Gier nach Fotos und Filmaufnahmen. Dort geht es zu wie in jedem Büro, in jeder Abteilung, in jeder Führungsetage. Unspektakulärer

Irrsinn. Übrigens besitzen von 100 Bundesbürgern weniger als fünf eine Aktie.

Wenn hinter Börsenbildern und dem Hochfrequenzhandel von Wertpapieren die wirkliche Welt verschwindet, mag dies als Irrsinn gelten. Doch Politikern geht es nicht besser als uns Konsumenten: »Kan niks verstaan«, stellte sich ein europäischer Regierungschef auf einem der europäischen Gipfeltreffen selbst bloß. Er hatte sich bei dem Versuch, finanztechnische Details eines der vielen Rettungspakete zu erklären, um Milliarden von Euro verhauen. Irrsinn.

Irrsinnig erscheint es auch, wenn die Weltwirtschaft zu Schanden zu kommen droht, weil eine Handvoll Analysten die größte Volkswirtschaft auf Erden von »Eins plus« auf eine glatte »Eins« minimal abwertet. Irrsinnig, dass zu diesem Ratingurteil Informationen und Bewertungen führten, die seit Monaten jedem halbwegs informierten Zeitgenossen bekannt waren.

Irrsinn, wenn Computersysteme »aus Versehen« die Staatsanleihen eines Landes plötzlich als Ramsch bewerten oder die Aktienkurse zum Fallen bringen.

Irrsinn auch, wenn eines der kleinsten Länder der Europäischen Union scheinbar ein ganzes Währungssystem zum Einsturz bringen könnte, obwohl alle von uns gewählten Politiker steif und fest am Euro festhalten wollen.

Irrsinn, dass die amerikanische Zentralbank Fed und deutsche Großbanken einen US-Zocker-Fonds mit Unsummen retten, wenn diesem die Pleite droht. Irrsinn, wenn derselbe Fonds vorher dank moderner Finanzwerkzeuge mit Milliarden spekulieren konnte, obwohl er selbst nur Millionen besitzt.

Und was ist davon zu halten, wenn einer der weltgrößten Versicherungskonzerne gleichzeitig eine Bilanz mit roten und eine mit schwarzen Zahlen für denselben Stichtag vorlegt? Was ist davon zu halten, wenn eine einst im besten Sinne hanseatische Bank sich über Scheinfirmen in Irland auf dem US-Immobilienmarkt verzockt?

Irrsinn auch, wenn ein Spekulant gegen die altehrwürdige Bank von England Milliarden Pfund gewinnt, sich später als Altruist gebärdet und wohlfeile Ratschläge gegen die Globalisierung hinausposaunt, der er neben Können und Glück seinen Reichtum verdankt.

Irrsinn, wenn in einer der größten Volkswirtschaften und der ältesten Demokratien ein Superreicher ernsthaft Chancen beim Wahlvolk hat, zum Präsidentschaftsanwärter aufzusteigen, obwohl er kaum Steuern für sein üppiges Einkommen zahlt. Welches er zudem der Tätigkeit als Manager eines zumindest umstrittenen Finanzinvestors verdankt.

Kurzum, es erscheint irrsinnig, wenn die Protagonisten auf den wild gewordenen Finanzmärkten seit drei Jahrzehnten den real existierenden Kapitalismus in Fabriken, Handwerksbuden und Büros vor sich herjagen.

Möglich machen dies drei Todsünden im modernen Kapitalismus:

– zu viel Reichtum,
– zu viele Finanzgeschäfte und
– zu hohe und kurzfristige Profitziele.

Anrührend wirkt es angesichts dessen, wenn ein Nobelpreisträger, gefragt nach der Lage der Weltwirtschaft, auf »viel Ungewissheit« verweist und auf »Glück« hofft. Konsequenterweise ist Edmund S. Phelps auch hinsichtlich der zukünftigen Aufgaben der Wirtschaftswissenschaften ratlos: »Das ist schwer zu sagen.« Und als gäbe es nicht seit zwei Jahrhunderten eine Ökonomik, die den Kapitalismus analysiert, fordert er seine Kollegen auf, »eine Menge an Grundlagenarbeit« zu leisten, »um die derzeitigen Probleme besser zu verstehen«.

Doch was auf den ersten Blick als Irrsinn erscheint, muss nicht irrational sein. Neid und Gier und Hass spielen im Billionenspiel eine Rolle, und doch verläuft das Spiel durchaus kalkuliert, und es folgt Regeln, die geldgeile Boni-Banker nutzen, aber nicht geschaffen haben. Diese Zocker in Nadelstreifen mögen die Puppen tanzen lassen, aber sie sind selbst Teil eines größeren Theaterstücks, das in die Jahre gekommen sein mag. Doch sein Name – je nach Sicht – berauscht oder schreckt immer noch: Kapitalismus. In diesem Stück haften andere für eingetretene Risiken, die einige Zocker eingingen; verletzen staatliche Notenbanken die eigenen Regeln und plädieren rechte Politiker für Rettungsfonds, die sie vor kurzem noch für linkes Teufelswerk hielten. Verlass ist eigentlich nur noch auf parteiliches Lagerdenken, interessengebundene Lobbys und eine politische Korrektheit, die jede offene Diskussion im Keime erstickt.

Der Irrsinn auf den Finanzmärkten stieß schon viele Menschen in den Abgrund, kapitale Pleitiers, aber auch Rentnerinnen und solide Familienväter. Und die Auswirkungen, wenn es schiefgeht, können verheerend sein. Man denke nur an den Schwarzen Freitag, nach dem die amerikanische Börse an der Wall Street im Oktober 1929 zusammenbrach. Er vernichtete Banken und Beschäftigungsverhältnisse zunächst in den USA – bald waren fast 25 Prozent aller Arbeitskräfte ohne Job –, und er löste die Weltwirtschaftskrise aus, schaffte den Nährboden für den Hitler-Faschismus, in dessen Gefolge die Menschheit 1939 in den Zweiten Weltkrieg taumelte. Vor dem Crash hatte US-Präsident Herbert Hoover noch triumphiert: »Wir sind dem endgültigen Sieg über die Armut heute näher als je zuvor in unserer Geschichte.« Irrsinn.

Trotz allen Irrsinns: Die Finanzmärkte sind rational organisiert. Es gibt Gewinner und Verlierer, Täter und Opfer. Dabei sind – das sei gleich hier festgehalten – längst nicht alle Manager und Banker, Fondsinvestoren und Versicherungsvertreter schuldig zu sprechen.

Doch bevor wir uns den Akteuren und ihren Werkzeugen zuwenden, werfen wir einen Blick auf das Terrain, auf dem sich der alltägliche Irrsinn abspielt, die Bühne für die Dramen und die Trauerspiele, kurzum: Werfen wir einen Blick auf die Finanzmärkte oder griffiger: »die Märkte«. Seit geraumer Zeit sind sie in den Nachrichten allgegenwärtig, fast immer im Plural treten sie wie ein Mann auf, versetzen nationale Regierungen in Angst und Schrecken wie sonst nur die Globalisierung und bleiben wie diese stets anonym. »Die Märkte«, eine irgendwie launische Bestie, dürfe man, so heißt es, auf keinen Fall verärgern, schon gar nicht die Politiker. Dabei hat sich die anonyme Allmacht, die »den Märkten« in den Medien wie selbstverständlich attestiert wird, in kaum einem Menschenalter herausgebildet.

Am Anfang der Entgrenzung, Entfesselung und Verselbständigung des Finanzkapitals und seiner Märkte stand ein Ende, der Abschied von »Bretton Woods« Anfang der 1970er Jahre. Durch die endgültige Entkoppelung vom Gold wurde Geld unzweideutig zu einer fiktiven Ware, und durch die Abkehr vom 1944 von den Vereinten Nationen in Bretton Woods beschlossenen System fester, aber durchaus anpassungsfähiger Wechselkurse wurde der Finanzspekulation der Boden bereitet. Das Spiel konnte beginnen. Damit es existenzielle Dimensionen annehmen konnte, fehlte allerdings noch zweierlei.

Zum einen mussten Regeln gelockert, Beschränkungen aufgehoben werden. Dafür sorgte die Politik ab Anfang der 1980er Jahre unter der britischen Premierministerin Margaret Thatcher und dem US-amerikanischen Präsidenten Ronald Reagan mit der Liberalisierung der Finanzmärkte. Die exzessive Spekulation wurde gesellschaftsfähig.

Zum zweiten bedurfte es der Erhöhung des Einsatzes, sprich: Es musste Geld her, viel Geld. Betrachtet man das Verhältnis von weltweiter Realwirtschaft und Finanzwirtschaft, das um 1980 noch 2:1 betrug, so hat es sich drei Jahrzehnte später mit 1:3,5 mehr als umgekehrt, das heißt, die monetären Vermögenswerte weltweit sind dreieinhalb Mal so hoch wie die wirklichen, handfesten Werte auf der ganzen Welt.

Die enorme Ausweitung der Finanzwirtschaft liegt auch daran, dass drei Jahrzehnte lang in vielen Ländern Steuersätze und Bemessungsgrundlagen für Reiche und Unternehmen nach unten gedrückt wurden. Es fand sich immer ein Land mit noch niedrigeren Sätzen, auf das von interessierten Kreisen mit dem Satz »Es sind Arbeitsplätze in Gefahr!« verwiesen wurde. Die Politik sonnte sich bei ihren Senkungsorgien in der wirtschaftsliberalen und doch vergeblichen Hoffnung, das steuerlich befreite Kapital würde dann mehr Kapital außerhalb der Finanzmärkte investieren. Dies dürfte der grundlegende Irrtum, im Wortsinne also Irrsinn, gutmeinender Politiker gewesen sein.

Geldkapital ist also im Überfluss vorhanden. Woher stammt aber diese monetäre Flut? Werden die Reichen immer reicher? Ja. Diese Lieblingsthese der Sozialisten seit dem 19. Jahrhundert stützt auch die amerikanische Investmentbank Merrill Lynch mit ihren Zahlen: Vor einem Jahrzehnt teilten sich noch rund sieben Millionen Menschen einen Großteil des globalen Kuchens aus Geld, Aktien und Finanzgewinnen. Diesen »HNWI« (High Net Worth Individuals) gehörte ein Gesamtvermögen von umgerechnet 26,2 Billionen US-Dollar – was etwa dem Zehnfachen des bundesdeutschen Bruttosozialproduktes entsprach, also der Summe aller Waren und Dienstleistungen, die in einem Jahr in Deutschland erarbeitet wurden. Wer ein HNWI sein will, muss wenigstens eine Million Dollar an liquiden Finanzmitteln besitzen – »unflüssige«

Immobilien, langfristige Geldanlagen oder Firmeneigentum zählen nicht. Dem »World Wealth Report« zufolge, den Merrill Lynch zusammen mit den Unternehmensberatern von Capgemini herausgibt, ist die Population der Millionäre inzwischen von sieben auf fast elf Millionen angewachsen, und deren gesamtes Finanzvermögen beträgt bereits 42,7 Billionen Dollar. Die globale »HNWI-Population« (O-Ton Merrill Lynch) bleibt »hochkonzentriert« in den Vereinigten Staaten, Japan und Deutschland. Jeder zweite Millionär stammt aus diesen drei Industriestaaten.

Wichtiger als die elf Millionen Millionäre und Milliardäre wie Bill Gates, Nicky Oppenheimer oder die Familienstämme Flick und Quandt, deren Vermögen teilweise in Stiftungen ruht oder das als Stiftungen Großkonzerne wie Thyssen-Krupp dominiert, sind für die Finanzakteure »die Unternehmen«. Angesichts grundsätzlich gesättigter Märkte investieren sie nur einen Teil ihrer Gewinne neu. Der andere Teil wird auf den Finanzmärkten angelegt. Die zur Verfügung stehenden Beträge sind gewaltig: Der Netzwerkausrüster Cisco zählte 2011, laut amerikanischen Medien, liquide Mittel von 43 Milliarden Dollar; der von Gates mitgegründete Softwarespezialist Microsoft bilanzierte Geldvorräte von 53 Milliarden Dollar. Die Computerfirma Apple, deren überwiegend in China hergestellte Handys und Tablet-Computer »iPhone« oder »iPad« einen Zeitgeschmack treffen, meldete am Ende ihres Geschäftsquartals Barmittel von 76 Milliarden Dollar. Nach einer Studie der Ratingagentur Moody's hatten US-amerikanische Konzerne, die nicht dem Finanzsektor angehören, Ende 2010 liquide Mittel von 1,24 Billionen Dollar angehäuft. Ein Journalist rechnete mit spitzem Bleistift nach: Die Kohle allein dieser Cash-Könige entspräche dem Bruttoinlandsprodukt von 126 (wirtschaftlich schwächeren) Staaten, darunter Bulgarien, Ecuador, Sri Lanka und Costa Rica.

Die (über-)flüssigen Finanzmittel sind aber tatsächlich noch üppiger. Dazu zählen dann auch Geldäquivalente wie Reserven ausländischer Währungen, kurzfristige Spareinlagen, Staatsanleihen oder Aktien, die keinem unternehmerischen Zweck, sondern lediglich als Geldanlage dienen. Dieses Cash-Phänomen taucht im Kapitalismus ständig auf: Der von Arbeitern und Angestellten über ihren Lohn hinaus produzierte Mehrwert – also die Gewinne – wird vom Kapitaleigentümer nicht in vollem Umfange reinvestiert, oder er wird in Bereichen angelegt, in denen massenhaft Konkurrenten ihr Heil suchen. Überproduktionskrisen sind daher im Kapitalismus vorprogrammiert. Und eine solche in Form von zu vielen zu teuren Häusern löste dann auch im Sommer 2007 die Immobilien-Banken-Finanz-Wirtschafts-Staatsschuldenkrise aus. Aber dazu später mehr.

Im ersten Teil des Buches schauen wir uns die Hauptakteure des Finanzkapitalismus an. Auf den globalen Märkten sind dies Banken, die auf eigene und fremde Rechnung spekulieren, mit den Banken vernetzte Versicherungen sowie große Fonds, die mit Hilfe von Bankkrediten täglich billionenschwere Geldgeschäfte kreuz und quer über den Globus tätigen. Ratingagenturen werden dagegen vor allem von Politikern gern überbewertet. Moderne Finanzinstrumente, »Derivate« und »Hebel«, helfen den Akteuren dabei, die Welt aus den Angeln zu heben. Von diesen Werkzeugen wird im zweiten Teil die Rede sein, bevor wir uns dann der Analyse des jüngsten Ergebnisses des Finanzkapitals zuwenden: der Großen Krise.

In der folgenden Zusammenschau soll also verständlich werden, was auf den Finanzmärkten weltweit geschieht, was zur Großen Krise geführt hat, wer davon profitierte und profitiert. Dabei geht es nicht um eilfertige Schuldzuweisungen, sondern um das Aufzeigen der Rationalität hinter dem profitablen Irrsinn. Zu diesem »finanzakteursgetriebenen Kapitalismus« wird am Ende dieses Buches schließlich die Alternative formuliert: der »demokratische Markt«.

I Die Akteure

Zu groß, zu mächtig – Die Banken

Herrscher der Welt: 29 Banken

Mit den Banken haben wir die entscheidenden Akteure im großen Finanzspiel vor uns. Kapitalsammelstelle, wichtigster Vertriebsweg für Finanzprodukte, Geldgeber der meisten Akteure – die Banken haben viele Stücke in ihrem Repertoire. Das gilt in gewissem Umfang für alle Banken, und das sind Tausende und Abertausende. Doch hinter dieser bunten Fassade dominiert ein kleiner Kreis die globalen Geldgeschäfte.

In Deutschland managen neben der Deutschen Bank nur 38 weitere Institute aus aller Herren Länder die gesamte Staatsschuld der Bundesregierung. Es sind, von einigen nationalen Platzhirschen abgesehen, dieselben, die diese Rolle auch in anderen Ländern spielen. In den USA nahm die Notenbank Fed Anfang 2012 nur die 31 größten der 1669 US-Banken unter die Lupe. Alle anderen seien zu unbedeutend für das Große und Ganze. Einen besonders strengen Test mussten allein die sechs größten Institute der Vereinigten Staaten absolvieren, weil nur sie als relevant für das gesamte Finanzsystem gelten: Bank of America, Citigroup, Goldman Sachs, JP Morgan Chase, Morgan Stanley und Wells Fargo. Stefano Battiston und sein Forscherteam an der Eidgenössischen Technischen Hochschule in Zürich filterten in der ersten globalen Netzwerkanalyse aus 30 Millionen Unternehmen 43 060 Transnationale Konzerne (TNC) heraus, also die Akteure der Weltwirtschaft, und kommen zu dem Schluss, dass eine kleine Gruppe von 147 Firmen den Großteil der übrigen Weltwirtschaft beherrscht. Spannend dabei: Die Top 50 sind fast ausschließlich Banken, Banken, Banken und einige Versicherungen und Fonds. Vorneweg marschiert der britische Finanzmulti Barclays. Die Schweizer Großbanken UBS und Credit Suisse folgen übrigens auf den Plätzen 9 und 14, dazwischen liegt die Deutsche Bank auf Rang 12 (Allianz 28).

Und der »Baseler Ausschuss für Bankenaufsicht«, in dem die wichtigsten Zentralbanken der Welt vertreten sind, hat weltweit 29 Banken als »global systemrelevante Finanzdienstleister« (G-SIFI) definiert, sogar acht davon in den USA, aus der Bundesrepublik die Deutsche Bank und die Commerzbank. Der G20-Gipfel der Regierungschefs der wichtigsten Industrie- und Schwellenländer segnete diese Liste im November 2011 in Cannes ab. Es ist jetzt offiziell: 29 Finanzinstitute beherrschen die Welt.

Die 29 global systemrelevanten Banken

Bank of America	JP Morgan Chase
Bank of China	Lloyds Banking Group
Bank of New York Mellon	Mitsubishi UFJ FG
Banque Populaire CdE	Mizuho FG
Barclays	Morgan Stanley
BNP Paribas	Nordea
Citigroup	Royal Bank of Scotland
Commerzbank	Santander
Credit Suisse	Société Générale
Deutsche Bank	State Street
Dexia	Sumitomo Mitsui FG
Goldman Sachs	UBS
Group Crédit Agricole	Unicredit Group
HSBC	Wells Fargo
ING Bank	

Quelle: Financial Stability Board

Auch diese Auslese dürfte noch nicht das Ende der Entwicklung sein. Selbst wenn das einst von Rudolf Hilferding, dem Autor des Klassikers *Das Finanzkapital* (1910), prophezeite »Generalkartell« – die ganze Wirtschaft als ein einziges Super-Monopol – in weiter Ferne liegt, ist die Konzentration im Bankensektor doch seit Mitte der 1990er Jahre »deutlich vorangeschritten«, wie es bei der Bundeszentrale für politische Bildung in Bonn heißt. Fortsetzung wahrscheinlich. Nach Angaben des Fachmagazins *The Banker* konnten die 25 größten Banken der Welt ihren Anteil an der Bilanzsumme der 1000 größten Banken im Zeitraum zwischen 1997 und 2008 von 28 auf 45 Prozent erhöhen. Diese starke Machtballung ist ein politisches Problem, und sie gefährdet die Stabilität des Systems.

Nun mögen zwei, drei Dutzend Großbanken entscheidenden Einfluss auf die Wirtschaft und Politik haben. Vergessen wir aber nicht, dass es »den Banker« gar nicht gibt. Nur ein kleiner Teil der Beschäftigten unterhalb der Vorstandsetagen sind geldgeile Boni-Banker, die auf rauschenden Festen 5000-Pfund-Champagner-Buddeln leersaufen. Sekretärinnen und Sachbearbeiter, Kassierer, Informatiker sowie die meistens outgesourcten Köche und Putzfrauen gehören ebenso zu den im Finanzsektor Beschäftigten; und außerhalb der Global Player dürften selbst Anlageberater, trotz ihrer Abhängigkeit von Provisionen und bankinternen Verkaufsvorgaben, ordentliche Arbeit abliefern, die keinen oder zumindest kaum Schaden anrichtet.

In Deutschland gibt es besonders viele Banken. Mehr als 600 000 Personen arbeiten in privaten Banken, Genossenschaftsbanken und Sparkassen. Dazu kommen 300 000 Menschen in der Versicherungsbranche. Zählen wir noch Fondsgesellschaften, Vertriebsorganisationen und Branchendienstleister hinzu, steigt die Zahl der Erwerbstätigen im deutschen Finanzdienstleistungsgeschäft auf über eine Million.

Vom Wesen einer Bank und vom Bankwesen

Was macht eigentlich eine Bank? Das deutsche Wort »Bank« wurde im 16. Jahrhundert – also noch zur Zeit der legendären Hanse – aus dem Italienischen entlehnt, von dem Wort »banco«, gleichbedeutend mit »Tisch«. Aus Tisch wurde hier speziell der »Tisch des Geldwechslers«, später erst allgemein die Institution des Geldgeschäfts. So standen die ersten Tische der Wechsler vor und in Tempeln und Palästen, in deren Vorratshäusern die Depositen, die Einlagen der Kundschaft, verwahrt wurden. Solche Geschäftstätigkeit konnte bereits für das dritte Jahrtausend vor unserer Zeitrechnung im Orient belegt werden, lange bevor im 8. oder 7. Jahrhundert v. u. Z. im griechisch-kleinasiatischen Kulturraum Münzgeld entstand.

Wenngleich zu dieser Zeit berufsmäßige Bankiers und damit Banken unbekannt gewesen sein dürften, so gab es doch bereits ein Aktivgeschäft, es wurden also Kredite vergeben, bis heute das »eigentliche« Bankgeschäft. Zu teilweise horrenden Preisen: So soll in Babylon der Zinssatz bei Darlehen in Silber zwischen mäßigen 10 und unmäßigen 25 Prozent per anno, in weniger wertbeständigem Korn zwischen 20 und 33 Prozent gelegen haben.

Der Finanzhistoriker Erwin Rohde betrachtet die Banca di San Georgio, 1407 im italienischen Genua gegründet, als »die erste Bank im heutigen Sinne«, Kollege Manfred Pohl datiert demgegenüber »die erste Bank« im europäischen Raum, die Monte-Vecchio-Bank in Venedig, auf das Jahr 1156. Die Geschichte der »deutschen« Banken reicht in ihren Ursprüngen bis in das Mittelalter zurück. Das erste Geldinstitut dann, welches unter dem Titel »Bank« firmierte, war die Hamburgische Bank. Initiiert vom hanseatischen Kaufmann Beckmann und dem späteren Hamburger Bürgermeister Joachim Clan und bereits unter Aufsicht des Staates, wurde das Institut 1619 gegründet. Die Hamburgische Bank war aber kaum mehr als eine Art Clearing-Stelle für die jeweils am Ort ansässigen Kaufleute, quasi eine Wechselstube für verschiedene Währungen. Was allerdings allgemein für die städtischen Giro- und Wechselbanken der vorindustriellen Epochen zu gelten hat.

Die Ausbildung von Banken im heute gebräuchlichen engeren Sinne, die Ausbildung eines Bankwesens, steht dagegen in Beziehung zur Durchsetzung der kapitalistischen Gesellschaftsformation. Im Gegensatz zu vorkapitalistischen Produktionsweisen unterscheidet sich seitdem die Beziehung zwischen Gläubiger und Schuldner in einem wesentlichen Punkt: Das ver- bzw. geliehene Geld ist nicht ausschließlich für den Gläubiger Kapital, sondern nun auch für den Schuldner. Ansonsten brachliegendes Geldkapital wird so über die Banken zu fungierendem, zu gleichsam handfestem Kapital, das in Steine und Maschinen investiert wird. Banken sind also, auch das mag den Heutigen eher unglaublich klingen, eine grundsätzlich nützliche Veranstaltung.

Noch in der ersten Hälfte des 19. Jahrhunderts konnten sich Privatbankiers, denen ihre Bank selbst gehörte, ihre vorherrschende Stellung im Kreditgewerbe erhalten. »Das wichtigste Bankgeschäft bestand in der Unterbringung von Staatsanleihen, während der Anteil der Banken an der Finanzierung der sich langsam entfaltenden Industrie gering blieb«, schreibt das Institut für bankhistorische Forschung. Erst der um die Mitte des vorvorigen Jahrhunderts gewachsene Kapitalbedarf der deutschen Industrie – eine Folge der verstärkt einsetzenden Industrialisierung und nachfolgender Konzentrations- und Zentralisationsprozesse – verlangte und bedingte zugleich ein entwickeltes Bankensystem, wie es sich dann auch bis heute in seinen Grundzügen erhalten hat.

Zu einer ersten Gründungswelle von Aktienbanken, unter Beteiligung von Privatbankiers, die damit letztlich notgedrungen ihr eigenes Grab schaufelten, war es bereits nach 1848 gekommen, dem Jahr der bürgerlichen Revolutionen in Europa. Der ökonomischen Entwicklung, insbesondere den Bedürfnissen der Industrie, konnten diese frühen Aktienbanken infolge zu geringer Kapitalausstattung noch nicht wirklich gerecht werden. Die Zeit war reif für das Entstehen von – im Wortsinne – Großbanken.

Branchenführer in Deutschland: Deutsche Bank & Co.

Heute herrscht die Deutsche Bank über ein Geschäftsvolumen von zwei Billionen Euro. In Zahlen sind das 2 000 000 000 000 Euro. Die Summe entspricht nahezu der Wirtschaftsleistung Deutschlands. Um über diese gewaltige Masse Geldkapital zu verfügen, benötigt die Deutsche Bank gerade einmal 30 Milliarden Euro eigenes Kapital. 30 zu 2000! Dabei hatte eines der weltgrößten Finanzinstitute einst klein angefangen.

1870 wurde die Deutsche Bank AG in Berlin gegründet. Auch hier finden sich unter den 76 Gründern viele Vertreter von Privatbankiers, Financiers von Rang zudem. Dass mancher Privatbankier bei der Gründung der Deutschen Bank lediglich Platzhalter für andere, insbesondere industrielle Interessen war, darf vermutet werden. Bezeichnend, dass erster Direktor der Deutschen Bank, an der Seite des auslandserfahrenen Bankers Hermann Wallich, der bis dahin kaum mit Bankgeschäften befasste Georg Siemens wurde, Neffe von Werner Siemens, dem Gründer des gleichnamigen Elektrokonzerns. In gewissem Sinne kann er als personifizierte Verflechtung von Industrie- und Bankkapital gelten.

Diese enge Beziehung zur Industrie, bereits im Wochenbett der Deutschen Bank, lässt sich ebenfalls an der vorrangigen Geschäftstätigkeit der Bank festmachen, der Unterstützung des Außenhandels. Im ersten Statut der Deutschen Bank wird dies so formuliert: Der Zweck der Bank bestehe »im Bereich von Bankgeschäften aller Art, insbesondere Förderung und Erleichterung der Handelsbeziehungen zwischen Deutschland, den übrigen europäischen Ländern und den überseeischen Märkten«.

Die Unterstützung der Industrie beschränkte sich freilich nicht allein auf die Außenhandelsfinanzierung. Besonders brauchte die Industrie Kapital für ihre weitere Expansion. So bestand für Georg Siemens auch »nie ein Zweifel, dass die Höchstform des Bankgeschäftes die Emissionstätigkeit ist« und damit die Kapitalbeschaffung für die Industrie über Aktie, Wertpapier und Börse. Anders als heute, da viele Finanzjongleure allein um sich und um ihre volkswirtschaftlich weitgehend nutzlosen virtuellen Geldgeschäfte kreisen, waren die Interessen der Banken bis noch nach dem Zweiten Weltkrieg auf die Realwirtschaft, auf Industrie und Handel, ausgerichtet. Vor diesem Hintergrund sollte es nicht verwundern, wenn der Historiker Kurt Gossweiler bereits für die frühen Jahrzehnte der Deutschen Bank Geschäftsverbindungen zu allen Industriezweigen feststellte. Vorzugsweise war sie aber die »Bank der neuen, aufkommenden Industrien«, anfangs vor allem der Elektroindustrie, später auch der Chemieindustrie, des Automobilbaues und anderer Industriezweige. Dadurch hatten sie und andere Großbanken enormen politischen Einfluss.

So hatte die Deutsche Bank bald auch ihre Leute im Reichstag. Ebenso saßen Deutsch-Banker im Generalrat der 1876 gegründeten Reichsbank, der Vorläuferin der Deutschen Bundesbank, wenn man so will der heutigen Europäischen Zentralbank (EZB).

Die Deutsche Bank erwirtschaftete 1930 mit 20 000 »Bankbeamten« eine Bilanzsumme von 5 Milliarden Reichsmark (heute bearbeiten etwa 100 000 Beschäftigte ein Volumen von 2000 Milliarden Euro). Neben dem Branchenprimus haben sich zwei weitere Banken in Deutschland als Großbanken etabliert, die heute zusammen mit rund 60 000 Beschäftigten auf eine Bilanzsumme von 800 Milliarden Euro kommen. Da ist zum einen die – bis zur 2009 erfolgten Übernahme durch die Commerzbank – »ewige« Nummer zwei, die Dresdner Bank. Die Aktiengesellschaft öffnete 1872 ihren ersten Schalter in Dresden. Zu den Gründern dieser Bank gehörten anders als bei der Deutschen Bank eine Reihe von Aktienbanken, darunter die mit der Deutschen Bank befreundete Berliner Handels-Gesellschaft.

Die Dresdner Bank erhielt ihr spezielles Gepräge durch ihre engen Beziehungen zu einem führenden US-amerikanischen Finanzinstitut. 1905 wurde ein Vertrag mit dem Bankhaus Morgan & Co. abgeschlossen. Aus Sicht der Morgan-Bank wurde durch solche Korrespondenzverbindungen der Aufbau europäischer Filialen ersetzt, wie umgekehrt auch die Dresdner Bank diese Verbindung zur Schaffung von neuen Stützpunkten zu nutzen gedachte. Ebenso wie die Deutsche Bank entwickelte auch die Dresdner Bank Geschäftsverbindungen zu allen Industriezweigen. Um 1930 erwirtschafteten etwa 10 000 Beschäftigte eine Bilanzsumme von rund 3 Milliarden Reichsmark.

Damit war die Dresdner beinahe doppelt so groß wie der Konkurrent Commerzbank, die ebenfalls im Jahre 1870 als Commerz- und Disconto-Bank AG von Hamburger Bankiers und Kaufleuten gegründet worden war. Die Initiative war von dem Überseekaufmann Theodor Wille ausgegangen. Beteiligt waren neben Hamburger Privatbankiers, wie M. M. Warburg & Co., auch Privatbanken aus Frankfurt und Berlin. Auch hier stand wie bei der Deutschen Bank die Außenhandelsfinanzierung, wie überhaupt die Finanzierung des Handelsverkehrs, im Mittelpunkt. Der Geschäftsverkehr war damals ähnlich intensiv international ausgerichtet wie heute. 1898 folgte die Commerzbank den anderen Banken zum zentralen Bankenplatz Berlin, und bald zählte sie ebenfalls zu den Großbanken.

Der Begriff »Großbank« bezeichnet in Deutschland die drei genannten Banken – Deutsche Bank, Commerzbank und bis Mai 2009 Dresdner – Bank und bezieht sich inhaltlich auf private Kreditinstitute, die sich durch die Größe ihres Geschäftsvolumens und die Zahl ihrer Zweigstellen von anderen Instituten abgrenzen, und das sind in Deutschland immerhin noch mehr als 1900 Banken und Sparkassen.

Unterschiedliche Traditionen: Geschäftsbanken und Investmentbanken

Die Universalbank ist ein geradezu urdeutsches Phänomen, da Banken zwischen Füssen und Flensburg von Anfang an die gesamte Palette der Finanzgeschäfte erlaubt war, vom Darlehen an Handwerker und Gewerbebetriebe über Spekulation auf eigene und fremde Rechnung an der Börse bis hin zum Versicherungs- und

Industriegeschäft und zu personellen Verflechtungen. Die Sonnen, um welche die Aktivitäten dieser »Geschäftsbanken« kreisten, waren aber lange allein die Spareinlagen der Kunden und das Kreditgeschäft mit der Wirtschaft.

Anders im angelsächsischen Sprachraum: Britische und US-amerikanische Banken konzentrierten sich traditionell auf die Finanzierung von Unternehmen durch Aktien, setzten also vornehmlich auf Börsen und »Investmentbanking«. Nach den Erfahrungen der ersten Weltwirtschaftskrise wurde im Jahr 1933 mit dem Glass-Steagall-Act den Geschäftsbanken verboten, gleichzeitig Spargelder anzusammeln und diese an Haushalte, Firmen oder Finanzdienstleister zu verleihen sowie Wertpapiere zu erwerben oder mit ihnen zu handeln. Aktienkauf war genauso verboten wie der Erwerb von Unternehmensanleihen. Fortan herrschte für mehr als ein halbes Jahrhundert in den USA ein Bankensystem, das Geschäftsbanken (Kredit) und Investmentbanken (Aktien) strikt trennte, normale Banken von Industrie und Versicherungen fernhielt und Finanzinstitute sogar auf bestimmte Regionen eingrenzte. Erst als der Glass-Steagall-Act im Jahre 1999 wieder aufgehoben wurde, haben sich einige Geschäftsbanken im Investmentbanking versucht. Faktisch blieb das Trennbankensystem aber erhalten.

Im deutschen Universalbankensystem werden die Risiken breit gestreut, nach Region, Kundengruppen, Geschäftssparten. Dies führte dazu, so mein Eindruck, dass die aktuelle Bankenkrise in Deutschland weniger heftig wütet als in den angelsächsischen Ländern. Dagegen setzte die angelsächsische Investmentbank alles auf die Karte »Spekulation«. Geht sie auf, locken exorbitante Profite, geht sie schief, droht eine Pleite wie bei der schon legendären US-Investmentbank Lehman Brothers. Diese musste am bisherigen Tiefpunkt der Finanzkrise im September 2008 Insolvenz anmelden. Das deutsche Universalbankensystem hat dagegen eine »strukturell niedrigere Profitabilität«, beklagen Banker gern, bietet aber eine größere Krisenfestigkeit.

Risiko und Rendite bilden ein unheilvolles Zwillingspaar, exorbitante Renditen sind nun mal nicht ohne ein exorbitantes Risiko zu haben. So schlitterten hiesige Kreditinstitute bislang vergleichsweise glimpflich durch Krisenzeiten. Wir werden allerdings in der Großen Krise sehen, dass auch Geschäftsbanken ein Debakel erleben und Institute, deren Kerngeschäft der klassische Kredit ist, sich verzocken können. Nicht die Größe einer Bank und nicht unbedingt das Geschäftsmodell machen ein Institut besonders krisenanfällig, sondern die Neigung, besondere Risiken einzugehen – oder irrsinnige Gier.

Kooperation statt Konkurrenz: Die Deutschland AG

So urdeutsch wie die Universalbank ist ein anderes Phänomen, die Verflechtung der Banken mit Industrie und Politik, die sogenannte Deutschland AG, die in der zweiten Hälfte des 19. Jahrhunderts entstand. Die nachholende Modernisierung des bis dahin agrarisch geprägten Deutschland gegenüber England und Frankreich hatte zunächst nur wenige finanzstarke Unternehmen und Aktiengesellschaften hervorgebracht. 1873 sorgten Börsenkrach und die erste große Wirtschaftskrise im jungen Kaiserreich dafür, dass die Wirtschaft schwächelte und Aktien – anders als in den Vereinigten Staaten und Großbritannien – dauerhaft in Verruf gerieten.

Die schnell wachsende deutsche Industrie beschaffte sich ihr Kapital vornehmlich bei Banken in Form eines Kredits. Kreditinstitute übernahmen zudem Kapitalbeteiligungen an Industriefirmen. Im Ergebnis erhielten die Finanzinstitute Einblick in fast alle Bereiche der Wirtschaft und übten bald einen dominierenden Einfluss aus. Ende des 19. Jahrhunderts waren viele Großunternehmen dann so eng miteinander verflochten, dass wir im Rückblick von einer »Deutschland AG« sprechen müssen. Dieser organisierte Kapitalismus überlebte die Weimarer Republik, das Nazi-Reich und ebenso die beiden Weltkriege, um nach 1945 die strukturelle Grundlage für das gar nicht so wundersame »Wirtschaftswunder« der Bonner Republik und ihres Rheinischen Kapitalismus zu bilden.

Unumstritten war der »organisierte Kapitalismus« (Rudolf Hilferding) nie. Den einen Kritikern fehlte die »unsichtbare Hand« des freien Marktes, von der Adam Smith geschwärmt hatte, den anderen ballten sich ökonomisch und politisch zu starke Mächte zusammen. Die politökonomische Diskussion darüber hat eine nahezu ebenso lange Tradition wie die Verflechtung von Industrie und Banken selbst. So analysierten konservative Wissenschaftler wie Otto Jeidels oder Jakob Riesser, die persönlich als Bankiers (nicht als angestellte Banker) tätig gewesen waren, das deutsche Netzwerk um 1900 ebenso wie kommunistische und sozialdemokratische Autoren, etwa der russische Revolutionär Lenin oder eben der spätere Reichsfinanzminister Rudolf Hilferding. Der Berliner Historiker Kurt Gossweiler wies erstmals »Gruppen« nach, die sich innerhalb des Finanzkapitals um einzelne Kreditinstitute, insbesondere um die Deutsche Bank, gebildet hatten. Das deutsche Universalbankenprinzip hatte für eine besonders enge Verflechtung von Banken und Industrie gesorgt.

In der vermachteten deutschen Wirtschaft waren Kartelle im 19. und frühen 20. Jahrhundert der Regelfall. Und sie wurden in den Sphären der Wirtschaft und der Politik allgemein akzeptiert. Entgegen dem geltenden Kartellrecht zog die Wirtschaft der Konkurrenz die Kooperation vor – aller Ideologie von Märkten und Wettbewerb zum Trotz.

Diese Strategie der Kooperation ist auch heute, in Zeiten des internationalen Kapitalüberschusses, »zielführend«. Schließlich zählt nicht vorrangig, wie billig der Kredit ist oder wie günstig die Anleihe, sondern die Profitrate – und die lässt sich am vorteilhaftesten durch Kostensenkungen und relativ hohe, weil nicht allein marktgesteuerte Preise verwirklichen. Auch darum bilden Unternehmen integrierte Kooperations- und Logistikketten, die heute von der Rohstoffförderung bis zur umweltfreundlichen Entsorgung der Produkte reichen, produzieren Automobilkonzerne für Konkurrenten Motoren, entstehen Preiskartelle und wird korrumpiert – alles Versuche, die lästige Konkurrenz durch lukrative Kooperation zu ersetzen und der Smith'schen unsicheren Hand des Marktes mit Planung und Vernetzung zu entfliehen.

Doch zurück zur Macht der Banken und ihrer Verflechtung mit der Industrie, die sich weniger auf »harten« Beteiligungsbesitz gründete, wie manche Marxisten annehmen, sondern eher auf »weiche« Faktoren wie Depotstimmrecht und Aufsichtsratsposten. Eine Untersuchung des Bremer Ökonomen, Verbraucherschützers und heute umwelt- und energiepolitischen Sprechers der SPD-Bürgerschaftsfraktion in Bremen Arno Gottschalk ergab am Ende der alten Bundesrepublik bei den führenden deutschen Großunternehmen einen durchschnittlichen Stimmrechtsanteil allein der Deutschen Bank von gut 21 Prozent. Oftmals vertrat die Deutsche Bank eine Sperrminorität von 25 Prozent – nichts ging gegen ihren

Willen. Die drei Großbanken zusammen verfügten durchschnittlich über 45 Prozent der Stimmen und die Kreditwirtschaft insgesamt über 83 Prozent. Dabei stammte nur ein geringer Teil der Stimmen aus eigenen Kapitalbeteiligungen. Entscheidend war der Hebel des Depotstimmrechts, bei dem der private oder institutionelle Aktieneigentümer sein Stimmrecht per Vollmacht faktisch an die Bank abtritt. Gleichzeitig kontrollierten sich die Vorstände der Großbanken dadurch selbst.

Depotstimmrechte, Kapitalbeteiligungen und Geschäftsbeziehungen spiegeln sich auf einer im Wortsinne entscheidenden Ebene wider: den personellen Verflechtungen. In dieses menschliche Netzwerk hatten die drei Großbanken vor zwei Jahrzehnten noch 2145 Personen eingespannt, die insgesamt 8129 Posten in Wirtschaft, Gesellschaft und Politik bekleideten. Die Deutschland AG stand im Zenit ihrer vernetzten Macht.

Die Modernisierung des Machtkartells

Aber obwohl das Finanzkapital seine führende Rolle gegenüber dem Realkapital seit 1990 ausbauen konnte, hat sich die bankgesteuerte Deutschland AG teilweise entflochten. Dies zeigen Arbeiten aus dem Max-Planck-Institut für Gesellschaftsforschung (MPIfG) in Köln. »Fest steht«, schreiben Martin Höpner und Lothar Krempel in einem Forschungspapier 2006 zusammenfassend, die Deutschland AG sei in Bewegung: »In den vergangenen anderthalb Dekaden hat sich das Netzwerk ausgedünnt und scheint in Auflösung begriffen zu sein.« Zu ähnlichen Ergebnissen und Einschätzungen gelangten Unternehmensberatungen und Medien (»Das Netzwerk der älteren Herren löst sich langsam auf«), der linke Kapitalmarktexperte Jörg Huffschmid, der Wirtschaftssoziologe Jürgen Beyer von der Uni Hamburg oder die amtliche Monopolkommission. Allerdings beschäftigten sich Höpner und Krempel nur mit den Unternehmen unter den Top 100, die kapitalmäßig (!) mit anderen Unternehmen verbunden waren. Andere, gewichtigere Beziehungsebenen wie die Finanzgeschäfte, Depotstimmen und personelle Verflechtungen wurden unterschätzt oder blieben unberücksichtigt. Betrachtet man jedoch das ganze Netzwerk, kann man zu anderen, geradezu entgegengesetzten Schlussfolgerungen gelangen: Die Macht der Banken ist größer geworden. Zugegeben, in den 1990er Jahren lösten sich die zu engen Bande der Deutschland AG. Shareholder-Value – die Ausrichtung der Unternehmen an Aktienkursen sowie an kurzfristigen und höheren Renditezielen – und die sogenannte Globalisierung internationalisierten bald die kurz zuvor wiedervereinigte deutsche Wirtschaft. Neue, ausländische Kapitalinteressen, Fonds und angelsächsische Investmentbanken drangen auf den deutschen Unternehmens- und Finanzmarkt. Gleichzeitig zog es deutsche Firmen, die auch hier seit 1945 Nachholbedarf verspürten, verstärkt über die zu eng gewordenen Grenzen der Deutschland AG hinaus. Die manchmal jahrzehntelang gehaltenen Kapitalbeteiligungen an der Deutschland AG galten nun als zu wenig profitabel, wurden abgestoßen und profitabler (international) investiert.

Die Politik half, diese Strategie umzusetzen. Nach der Bundestagswahl 1998 nahmen sich SPD und Grüne einer alten linken und wirtschaftsliberalen Forderung an und wollten die Deutschland AG entflechten. Diese hatte stimmungsmäßig die angeblich sklerotische Wirtschaftsära Helmut Kohls geprägt (»Eurosklerose«). Der offene, internationale Kapitalmarkt sollte die Oligarchie der Deutschland AG hinwegfegen, der Wirtschaft neue Wachstumsimpulse einhauchen und zugleich die Macht der Banken zerschlagen. Bundeskanzler Gerhard Schröder hatte solche – je nach Interessenlage – Hoffnungen bzw. Befürchtungen durch die Berufung eines profilierten Bankenkritikers, Hans Martin Bury (SPD), zum Staatsminister genährt. Bury sollte später ausgerechnet für die amerikanische Investmentbank Lehman Brothers arbeiten, die eine bemerkenswerte Rolle in der Großen Krise spielen wird.

Die rot-grünen Träume sind geplatzt. Nach wie vor sind die Banken die Triebfedern des profitablen Irrsinns, fast alle sind Profiteure, und nur wenige werden Opfer des eigenen Tuns. Und auch die Deutschland AG scheint in modernisierter Form weiterzubestehen. Die Instrumente ihrer alten Bankenmacht sind teils die bewährten: Neben dem Kreditgeschäft – besonders der gewerbliche Mittelstand ist im internationalen Vergleich außerordentlich abhängig von Bankkrediten – ist es das Depotstimmrecht. Die Hauptversammlungen der Konzerne werden mit Vollmachten von Millionen Depotkunden und den Stimmen aus dem verbliebenen Eigenbesitz der Banken dominiert. »Der Einfluss nimmt ab, aber das Depotstimmrecht der Banken spielt immer noch eine große Rolle«, analysierte die Deutsche Schutzvereinigung für Wertpapierbesitz vor einiger Zeit. Einiges spricht dafür, dass weiterhin der Stimmrechtsanteil von »deutschen« Banken und ihnen nahestehenden Investmentgesellschaften im Regelfall für Mehrheiten auf den Aktionärstreffen, den »Hauptversammlungen«, ausreichen. Zudem dürften oftmals Bündnisse mit befreundeten Großaktionären wirken. Dadurch kam es bislang nur zu wenigen »feindlichen« Übernahmen, bei denen deutsche Konzerne gegen den vermeintlichen Willen eines Vorstandes von einem in- oder ausländischen Konzern geschluckt wurden. 2010 passierte dies dem Baukonzern Hochtief, der zum Umfeld der untergegangenen Dresdner Bank gehörte, durch die spanische ACS. Was immerhin für ein monatelanges Blätterrauschen in den Massenmedien reichte.

Entsprechend bankfreundlich werden Aufsichtsräte auch heute besetzt, die wiederum quasi bankproportional den Vorstand berufen. Zugleich werden die Vorstände aus der ganzen Wirtschaft in die Großbanken institutionell eingebunden. Weniger als früher, aber immer noch rund 600 Beiratsmitglieder verzeichnet allein die Deutsche Bank in ihrer jüngsten Mandatsübersicht von 2009. Darunter Vorstände von Daimler, Lufthansa, Siemens und vielen anderen Premium-Firmen. Unter den Bankfreunden sind auch Promis wie der frühere Bahnchef Hartmut Mehdorn oder der damalige Thyssen-Boss Ekkehard D. Schulz sowie Repräsentanten von Medien wie ZDF, *Die Zeit, Frankfurter Rundschau* oder von Verlagen wie Springer und Burda. Dazu kommen Repräsentanten der Spitzenforschung aus Max-Planck- und Fraunhofer-Instituten, Professoren renommierter Universitäten, Botschafter, Künstler und frühere Ministerpräsidenten und auch den Berliner Diplom-Volkswirt Rainer Brüderle, im Bericht noch als stellvertretender Vorsitzender der FDP notiert, dann Bundeswirtschaftsminister und ab Mai 2011 neuer Vorsitzender der FDP-Bundestagsfraktion.

Der Kreislauf der Macht wirkt über die personellen Verflechtungen in die Finanzgeschäfte der Unternehmen hinein. Hinter jedem grenzüberschreitenden Warengeschäft und hinter jeder internationalen Investitionsentscheidung eines »deutschen« Unternehmens stehen mindestens ein halbes Dutzend Finanztransaktionen, von der Haftpflichtversicherung über die Absicherung des Währungsrisikos bis hin zur eigentlichen Finanzierung. Und die

Geschäftsbeziehung Bank–Unternehmen tritt wie vor einem Jahrhundert in eine entscheidende Phase, wenn es um neue Kredite, Anleihen oder die Ausgabe neuer Aktien geht. Die führende Depotbank verkauft die jungen Wertpapiere an ihren alten Kundenstamm – wodurch Provisionen und der Verbleib neuer Depotstimmen gesichert bleiben.

Aber selbstverständlich geht es um mehr als um ein paar Provisionszahlungen. Diese Art von Kooperation und Vernetzung hatte in anderen Staaten andere Formen und wird heute international in neuen Formen globalisiert praktiziert: Der neue Deutsche-Bank-Chef ist ein Brite aus indischer Familie, der zuvor in London das Investmentbanking der Deutschen Bank aus Frankfurt am Main leitete. Entscheidend ist, dass weiterhin maßgebliche Interessen verschiedenster Herkunft – Aktionäre, Manager, Firmen, Branchen, soziale Gruppen etc. – gebündelt werden in einer zentralen Institution, der Großbank.

Diesen Kreislauf der Macht konnten die rot-grünen Reformer vielleicht bremsen, aber nicht stoppen. Sie hatten mit dem »Gesetz zur Kontrolle und Transparenz im Unternehmensbereich« Ende der 1990er Jahre den Wertpapierhandel reformiert und für mehr Transparenz sorgen wollen. Inzwischen liegen die Meldegrenzen für Beteiligungen an Aktiengesellschaften bei 3 Prozent (früher 25 Prozent plus eine Aktie). Doch diese Form von »transparenter« – transparenter als transparent ist natürlich unmöglich – verhinderte teilweise erfolgreiche Übernahme-Angriffe von neuen Finanzakteuren nicht.

Das Treiben der Deutschland AG konnte auch der handwerklich untaugliche Versuch der Bundesregierung nicht stoppen, durch ein im Oktober 2000 in Kraft getretenes »Gesetz zur Senkung der Steuersätze und zur Reform der Unternehmensbesteuerung« die Gewinne aus der Veräußerung von Beteiligungen an Kapitalgesellschaften für Kapitalgesellschaften steuerfrei zu stellen. Im Gegenteil: Aufgrund dieses Steuerschenkungsgesetzes und weiterer Reformabenteuer musste der Staat 2001 laut Statistischem Bundesamt sogar 400 Millionen Euro Körperschaftsteuer an die Konzerne zurückzahlen. Irrsinn: Der Staat zahlt Steuern an Unternehmen! In den Jahren 1996 bis 2000 hatte das Aufkommen der Körperschaftsteuer noch jeweils zwischen 16 und 25 Milliarden im Plus gelegen, etwa ein Zehntel der bundesdeutschen Steuereinnahmen.

Eine weitere Landmarke zur Liberalisierung der Finanzmärkte und wohl letztlich zur Großen Krise.

Auch hier wollen wir einmal den guten Glauben bei vielen politischen Akteuren unterstellen. Sie folgten der in den »Volksparteien« vorherrschenden wirtschaftsliberalen Lehre, wonach eine Liberalisierung der Finanzmärkte und die Öffnung der Grenzen für das Geld zu einer »optimalen Allokation des Kapitals« führen würden. Das heißt, man glaubte fest, die neue internationale Kapitalmobilität zeitige »Wohlfahrtswirkungen«. Auf freien Märkten würde das knappe Kapital zu den bestmöglichen Anlagefeldern fließen und so – wie durch Gottes Hand – der Welt zu einem maximalen Nutzen verhelfen. Ein grundlegender wirtschaftsliberaler Gedanke, der sich von Smith über Locke und Say bis zu Friedmann, Hayek und den meisten modernen, »neoklassischen« Wirtschaftsnobelpreisträgern durchzieht und anders als in den USA, Großbritannien oder Frankreich in Deutschlands Ökonomenzunft kaum diskutiert wird. Ein Gedanke, der nicht gänzlich von der Hand zu weisen ist. Doch ist das Geld auf den Finanzmärkten heutzutage weder knapp, noch führen freie Märkte zu einer aus meiner Sicht optimalen »Allokation« (Verteilung) des Kapitals, und sie führen auch nicht zu einem allgemein erwünschten Ergebnis der Wirtschaftstätigkeit der Menschen. Auf diesen Dreh- und Angelpunkt des Finanzkapitalismus und seiner Kritik komme ich wieder zurück.

Die Steuerbefreiung von Beteiligungsverkäufen entsprach andererseits einer alten Forderung der Finanzbranche selbst, die den inzwischen als Ballast empfundenen Aktienbesitz aus der Frühphase der westdeutschen Deutschland AG endlich abwerfen wollte, um das frei werdende Kapital profitabler anlegen zu können. Wer Deutsche Bank, Allianz oder Daimler hieß, durfte nun milliardenschwere stille Reserven heben, ohne für die Milliardenerlöse dem Fiskus auch nur eine D-Mark überweisen zu müssen.

Neue Bankenmacht: Finanzmärkte und Investmentbranche

Mittlerweile war für die Geldgiganten die »neue« Macht der Banken wichtiger als die alte geworden. Die Modernisierung hat den alten, elitär verschlossenen Industriekapitalismus in einen neuen, offenen Finanzkapitalismus verwandelt. Dieser Wandel basiert auf zwei Hauptakteuren, den Finanzmärkten und der Investmentbranche.

Die Finanzmärkte haben schon lange großes Gewicht für das Wohl und Wehe von Währungen, Staaten und Wirtschaft, aber ihr Gewicht wächst rapide, seit die Börsen Mitte der 1990er Jahre – ausgelöst vom amerikanischen Wirtschafts- und Aktienboom – in New York, London und Frankfurt am Main den Takt der internationalen Ökonomie diktieren (wollen). Zwei schlichte Zahlen illustrieren die wachsende Bedeutung der Finanzmärkte: Seit dem Beginn der Währungsunion wuchs die Geldmenge im Euro-Raum in einer Dekade um rund 80 Prozent, während das nominale Volkseinkommen im selben Zeitraum nur um 40 Prozent stieg. Die Geldmenge legte also gleichsam doppelt so schnell zu wie das Bruttoinlandsprodukt. Die internationalen Finanzmärkte interessieren sich aber nur bedingt für langfristige Strategien, sondern belohnen waghalsige Visionen und kurzfristige Gewinne: Quartal für Quartal.

Wer aber sind diese »Finanzmärkte«, und wer beeinflusst sie maßgeblich? Besonders interessiert uns, welche Puppenspieler in Deutschland an den Drähten ziehen. Es sind hierzulande weiterhin an erster Stelle die Großbanken Deutsche und Commerzbank (mit übernommener Dresdner Bank) sowie die seit 2005 »italienische« Hypo-Vereinsbank, nun eine Tochtergesellschaft von Unicredit S. p. A., einem Finanzdienstleistungskonzern aus Mailand. Deren gemeinsame Bilanzsumme, also die Summe, die sich aus der Addition aller aktiven Geschäfte ergibt, ist weit höher als das gesamte deutsche Bruttoinlandsprodukt von zweieinhalb Billionen Euro im Jahr. International sind es kaum mehr als zwei Dutzend Global Player, die Kurse und Zinsen dominieren, die hochriskante Hedgefonds mit Krediten versorgen und die auf Unternehmensübernahmen spezialisierte Private-Equity-Fonds finanzieren. Vom hiesigen Finanzadel zählen dazu die Deutsche Bank sowie die Allianz-Versicherungsgruppe, mit der die Deutsche Bank historisch eng verbunden ist und die wiederum enge Verflechtungen mit der Commerzbank unterhält. Besondere Beachtung verdienen auch die Zentralbanken, die Herren des Geldes. Dazu später mehr.

Der zweite Akteur, der die Bankenmacht modernisiert hat, ist die Investmentbranche mit ihren braven Fondsgesellschaften für das Massengeschäft, hochriskanten und unkontrollierten Hedgefonds für Investoren und neuen Produkten, mit denen beispielsweise mit Aktien spekuliert werden kann, ohne eine Aktie zu besitzen.

Mit der Teilprivatisierung der Telekom im November 1996 brach auch in der traditionell sicherheitsorientierten deutschen Gesellschaft ein Börsenfieber aus, wie es in den USA schon seit den 1950er Jahren in weiten Teilen der Bevölkerung grassiert. Dieses von Wirtschaft und Politik ideologisch als »Volkskapitalismus« verbrämte Abschöpfen von Spargroschen – selbst in Hochzeiten besaß nur jeder sechste Deutsche selbst Aktien – hatte weitreichende Folgen. So beflügelte er die bis dahin lahme und zahme deutsche Investmentbranche. Befördert wurde dieser moderne Finanzkapitalismus von den Bundesregierungen jeglicher Couleur.

Wer staatliche Förderung seiner vermögenswirksamen Leistungen kassieren will oder für die Altersvorsorge spart, kommt inzwischen an Investmentfonds kaum mehr vorbei. Die wichtigen inländischen Investmentgesellschaften – ihr Fondsvolumen übersprang schon vor der Euro-Ära die Rekordmarke von einer Billion D-Mark – gehören den großen Finanzinstituten, beispielsweise »Allianz Global Investors« der Allianz, »DWS« der Deutschen Bank oder »Deka« den Sparkassen.

Trotz dieser Veränderungen erlebte die vermeintlich aufgelöste Deutschland AG eine neue Blüte. Den Nutzen dieses »organisierten Kapitalismus« hat selbst die Deutsche Bank wiederentdeckt. Nach der zeitweilig vollständigen Orientierung unter Rolf Breuer und anfänglich Josef Ackermanns auf das internationale Investmentbanking, entdeckte man nach dem Börsenkrach 2000/01 das bewährte Universalbank-Modell wieder: Deutschlands Nummer eins setzt seitdem erneut wie in der späten Nachkriegszeit auf die private Massenkundschaft und den gewerblichen Mittelstand. Dazu gehörte der Erwerb der Mehrheit an der Deutschen Postbank AG im November 2010. Mit rund 14 Millionen Kunden, laut Firmenangaben, 20 000 Beschäftigten und einer Bilanzsumme von rund 200 Milliarden Euro ist die Postbank einer der großen Finanzdienstleister.

Aktiengesellschaften und vor allem die international expandierenden Konzerne pflegen mit privaten Großbanken engen Kontakt. Laut dem Bundesverband deutscher Banken (BdB) finanzieren die Privaten 79 Prozent des Auslandsgeschäftes deutscher Unternehmen und sind mit über 400 Niederlassungen im Ausland präsent. Weit abgeschlagen agieren die Privaten dagegen im klassischen Kreditgeschäft. Hier dominieren Sparkassen und Genossenschaftsbanken.

Unterhalb der Top-100-Konzerne – die hier im Mittelpunkt stehen – dürfte die »kleine« Deutschland AG funktionieren wie ehedem, schließlich gehören neun von zehn Firmen in der Bundesrepublik Familien. Und deren Unternehmen, auch wenn Tausende von ihnen ebenfalls längst Global Player sind, hängen auf Teufel komm raus vom Fremdkapital ab, das die Banken liefern. Nach der Auswertung von 47 000 Unternehmensbilanzen aus dem Jahr 2010 ermittelte der Deutsche Sparkassen- und Giroverband (DSGV) eine Eigenkapitalquote der deutschen Unternehmen von rund 18 Prozent. Irrsinnige 18 Prozent! »Damit«, so paradoxerweise ein Sparkassensprecher, »haben die Unternehmen im Mittel ihr Eigenkapital im Jahresverlauf weiter gestärkt.« Schön und gut, doch eine Eigenkapitalquote von 18 Prozent bedeutet, dass 82 Prozent der laufenden Geschäfte fremdfinanziert werden, also überwiegend von Kreditinstituten. Auch in dieser kleinen Deutschland AG dominierten die privaten Banken allein, wenn nicht die starke Konkurrenz von Sparkassen und ihnen nahestehenden Landesbanken sowie genossenschaftlichen Volks- und Raiffeisenbanken wäre. Diese Konkurrenz fällt bei den Großen, den Top-100-Konzernen, jedoch weg und wird nur teils durch ausländische Institute ersetzt.

Woanders weiß man die Erfolge des deutschen Modells zu schätzen. In den USA gelten Universalbanken durchaus als »appealing« und, wie erwähnt, dürfen nun auch amerikanische Geldgiganten seit einigen Jahren machen, was sie oder »die Märkte« wollen. Platzhirsch ist die traditionsreiche Bank of America, eine Geschäftsbank, die infolge der Finanzkrise mit Merrill Lynch eine der größten Investmentbanken der Vereinigten Staaten übernahm. Allerdings ist die Verflechtung zwischen Banken und Industrie in den USA aufgrund der historischen Restriktionen weit weniger intensiv als in Deutschland. Zudem konnten sich große bankunabhängige Fondsgesellschaften behaupten und ist kurzatmiges Investmentbanking stärker ausgeprägt als in Europa.

Ähnlich lose wie in Nordamerika ist die Verflechtung auch in Großbritannien, dessen Volkswirtschaft allerdings besonders finanzakteurslastig ist. Fünf Großbanken in der Londoner City üben eine wirtschaftskulturelle Hegemonie über das ganze Land aus. In Japan und Südkorea sind dagegen Geldgiganten und Industriekonzerne traditionell eng miteinander verflochten, in einem großen Ringtausch hält jedes Mitglied eine kleine Beteiligung an den anderen Mitgliedern der »Familie«, den Kigyo Keiretsus und Chaebols. In Korea wird die Macht in den Bank-Industrie-Komplexen häufig von einer Familiendynastie ausgeübt. Verflechtungen kennzeichnen auch die wesentlich kleinteiliger organisierte italienische Wirtschaft.

Die moderne Macht der Banken hat sich weltweit ausdifferenziert, so meine These, ohne verschwunden zu sein. Insofern müssen die Banken weiterhin im Mittelpunkt jeder Betrachtung der Finanzwelt stehen. Aus geradliniger Abhängigkeit und strikter Dominanz im nationalen Rahmen wurde ein hegemoniales Beziehungsgeflecht, das sternförmig vor allem nach Westeuropa, Nordamerika und in einige Staaten in Asien ausstrahlt.

Prioritätenwechsel: Vom Kredit zur Kapitalanlage

Banken erfüllen, wie gesehen, an sich mehrere Aufgaben in einer Volkswirtschaft. So kann etwa das goldene Diadem der Großmutter im Tresor einer Bank sicher deponiert werden, oder spuckt der Automat im Kassenraum Bargeld für unsere täglichen Einkäufe aus. Die klassische Aufgabenstellung der Banken, ihre eigentliche Kernaufgabe, lässt sich jedoch mit zwei Begriffen umschreiben: Sparen und Kredit.

Schon die frühen Kaufleute des Mittelalters machten, wie auch später ihre Nachfolger, die Kapitalisten während der industriellen Revolution im 19. Jahrhundert, mehr oder weniger üppige Gewinne. Nicht jeder Gulden, jede Mark oder jedes Pfund konnte jedoch sofort wieder in neue Geschäfte investiert werden. Was lag also näher, als dieses »überflüssige« Geld gegen Zinsen zur Bank zu bringen? Banken sammelten diese Gewinne ein. Später kamen im frühen 20. Jahrhundert noch die Spargroschen von Millionen abhängig Beschäftigter hinzu. Aus den kleinen und großen Gewinnen sowie den Spargroschen der Millionen wurden Millionen- und bald Milliardenbeträge auf den Konten der Banken.

Diese Kapitalsammelfunktion, wie es im Jargon der Ökonomen heißt, verschaffte den Banken die Möglichkeit, Geld zu verleihen und zwar dorthin, wo Geldkapital gerade knapp war. Beispielsweise weil ein junger Meister eine neue Schreinerei aufbauen, eine Maschinenfabrik eine neue Halle bauen lassen wollte oder weil der Kaufmann die Modeartikel für den kommenden Herbst ordern musste.

Heute ist eine moderne Wirtschaft ohne laufend erneuerte, das heißt »revolvierende« Kredite unmöglich. Zudem verfügen in Deutschland die Unternehmen im internationalen Vergleich über wenig Eigenkapital und sind daher traditionell besonders stark auf Bankkredite angewiesen. Fehlt es in einer Volkswirtschaft jedoch an Kredit oder füllen Banken ihre Rolle nicht anständig aus, weil sie beispielsweise die staatlichen Fördermittel der KfW-Bank (Kreditanstalt für Wiederaufbau) nicht oder nur zögerlich an die Wirtschaft weiterreichen, fängt der Motor der Ökonomie an zu stottern.

Als der junge Kapitalismus in der zweiten Hälfte des 19. Jahrhunderts in seine großindustrielle Phase eintrat, reichte häufig der klassische Kredit als Fremdkapital nicht mehr aus. Die neuen Aktiengesellschaften benötigten Eigenkapital. Dazu gaben sie Aktien aus. Abwicklung und Vertrieb der Wertpapiere übernahmen Banken, sie übernahmen auch die Stimmrechte der »Shareholder«, der Anteilseigner, in Vollmacht, und teilweise wurden sie selbst Aktionär. Zugleich war mit dem Aktien-Kapitalismus aber ein neues spekulatives Geschäftsfeld entstanden, auf dem Banken spielen konnten. Zwar basierte auch das klassische Kreditgeschäft auf der Erwartung, dass der Schuldner seinen Kredit mit Zinsen zurückzahlt, doch nun wurde die »Spekulation« auf künftige Kurse und Dividenden möglich. Und zwar ohne unmittelbaren Nutzen für das Unternehmen, dessen Wertpapiere an der Börse gehandelt werden. Denn nur bei der Neuausgabe von Aktien fließt einer Aktiengesellschaft Kapital zu. Wo bislang aus Ware Geld wurde, sollte fortan Geld Geld gebären. Mancher Anleger glaubt heute weiterhin an ein solches Perpetuum Mobile.

Bis ins späte 19. Jahrhundert waren ökonomische Krisen üblicherweise von der Realwirtschaft ausgegangen. Doch danach bedrohten Finanzmärkte auch die Geschäfte in Fabriken und Handelsbüros. In den USA gab man Banken und ihrer riskanten Spekulationsneigung die Schuld an der Weltwirtschaftskrise An-

Kredit, Aktie, Anleihe

Kredit

Ein Kredit ist die zeitlich begrenzte Überlassung von Geld. Der Kreditnehmer zahlt dafür dem Kreditgeber einen Zins. Banken sind sowohl Kreditnehmer, wenn sie Spareinlagen von Verbrauchern annehmen, als auch Kreditgeber.

Aktie

Die Aktie verbrieft dem Aktionär ein Recht an einer Aktiengesellschaft, bis er es verkauft. Das Wertpapier stellt einen Anteil am Grundkapital der Gesellschaft dar und kann durch eine Firmenpleite wertlos werden. Mit der Aktie verbunden ist im Regelfall ein Stimmrecht auf der Hauptversammlung, dem Treffen der Aktionäre. In vielen Ländern werden auch mittlere und kleine Unternehmen als Aktiengesellschaft geführt. Eine Notierung an einer Börse ist nicht zwingend.

Anleihe

Die Anleihe steht zwischen Kredit und Aktie. Sie ist wie die Aktie ein handelbares Wertpapier, das wie ein Kredit mit genau festgelegter Verzinsung, Laufzeit und einem bestimmten Rückzahlungstermin ausgestattet ist, an dem der Kreditgeber (der Anleger) sein Geld zurückerhält. Herausgeber von Anleihen sind üblicherweise öffentliche Haushalte, Banken und große Unternehmen. Anleihen werden während ihrer meist mehrjährigen Laufzeit auch an Börsen gehandelt.

fang der 1930er Jahre. In der Bundesrepublik begnügten sich die Banken bis in die 1990er Jahre hinein mit ihrer Hauptrolle als Kreditgeber und betrieben – über ihre Beteiligungen, Depotstimmrechte und personellen Verflechtungen – nebenbei Industriepolitik. Erst die rot-grüne Koalition unter Gerhard Schröder schaffte mit dem bereits erwähnten Steuerschenkungsgesetz am Anfang dieses Jahrhunderts die rechtlichen Möglichkeiten, die über Jahrzehnte angehäuften Beteiligungen an Industrie und Wirtschaft zu verkaufen, ohne dass die Banken dafür Milliarden an Steuern nachzuzahlen hatten. Nach dem Vorbild des angelsächsischen Kapitalismus, der auf möglichst freie Märkte mit möglichst wenig Staat setzt, wurde der »Finanzplatz Deutschland« (Bundesregierung) modernisiert, um ausländisches Kapital anzuziehen. Hedgefonds sowie hochriskanten Derivaten und Finanzinvestoren wurden Türen und Tore geöffnet. Damit hatte die Politik den regulatorischen Rahmen für die späteren spekulativen Exzesse geschaffen. Wir kommen darauf noch zurück.

Waren bis dahin die meisten Akteure noch Kreditinstitute im klassischen Sinne des Wortes geblieben, so bauten sie nun nach angelsächsischem Vorbild ihre Investmentabteilungen dynamisch aus. Die Kapitalanlage ersetzte den Kredit. Vor allem überregionale und größere Institute wandelten sich faktisch zu Investmentbanken mit angehängter Kreditabteilung. Dazu trugen auch Anleihen bei, die eher einem Kredit gleichen, aber doch auch mit Aktien verwandt sind: Unternehmen leihen sich Geld, indem sie Anleihen (Wertpapiere) ausgeben. Organisiert werden diese Anleihen von Banken, die sie auch an Dritte verkaufen.

25 Prozent plus X: Shareholder-Value

Die Strategie, auf Investmentbanking zu setzen, sollte zu höheren Gewinnmargen führen. Sie brachte aber auch größere Risiken mit sich. Die Neuorientierung war daher in der Bundesrepublik selbst beim Branchenprimus umstritten. Doch schließlich setzte sich bei der Deutschen Bank Josef Ackermann mit seiner Ausrichtung auf das internationale Investmentgeschäft und auf den aktionärsorientierten, kurzfristigen Shareholder-Value-Ansatz durch und implementierte seit 2003 die angelsächsische Erwartung an die Profitraten: »25 Prozent plus X«!

Das war ganz im Sinne der Eigentümer, der Aktionäre, da sie sich davon höhere Dividenden und/oder steigende Kurse und bei einem Verkauf ihrer Aktien eine höhere Rendite versprechen konnten. 25 plus X war bald auch im Sinne vieler Vorstände. Dazu wurde das ausschweifende Boni-System für die Vorstände beispielsweise mit dem Aktienkurs verknüpft. Somit hatte und hat das Management einen Anreiz, ein höheres Risiko einzugehen, um den Gewinn wenigstens kurzfristig zu steigern und entsprechend höhere Boni als Erfolgsprämie zusätzlich zum Gehalt zu kassieren. Das Ergebnis sind dann solche Meldungen: »Die durchschnittliche Vergütung für Mitarbeiter der führenden Wall-Street-Bank Goldman Sachs für die ersten neun Monate dieses Jahres liegt bei 292836 Dollar.« Selbstverständlich sind solche Super-Einkommen peinlich und nach den gängigen Moralvorstellungen verwerflich.

Und ganz oben »in der Spitze« wird noch ganz anders abkassiert. Dort werden die üppigen Gehälter ergänzt durch millionenschwere Boni, Aktienoptionen, reichliche Rentenzahlungen nach der Pensionierung, einschließlich lebenslanger Nutzung von Büro und Chauffeur, sowie immense Abfindungen, die selbst zum unehrenhaften Abschied erteilt werden.

Da können Leute, die wirklich hart arbeiten müssen, wie Putzfrauen, Steinsetzer oder Banksachbearbeiter, schon mal einen soliden Neid und Hass entwickeln. Was aber mehr zählt, ist der ökonomische Irrsinn: Die merkwürdigen Vergütungssysteme haben die Manager an den kurzfristigen Erfolg, an den Aktienkurs und damit an das 25-Prozent-Ziel gebunden. Die führenden Angestellten, die Manager, die einst als Untergebene oder als die wahren Macher eine Sonderrolle in jedem Unternehmen zwischen Kapital und Arbeit spielten, sitzen nun mit im Boot der Kapitaleigentümer und rudern mit diesen nun gemeinsam um die Wette.

Die 25-Prozent-Profit-Marke war die Zäsur für den ganzen »Standort Deutschland« und setzte zugleich die Konkurrenz unter Zugzwang. Bis zu Ackermanns Vorstoß hatte man sich in den deutschen und kontinentaleuropäischen Banken mit 10 oder 15 Prozent Eigenkapitalrendite zufrieden gegeben. Was heißt das? Auf 100 Euro eingesetztes Kapital erwarteten Vorstand und Eigentümer einen jährlichen Gewinn von 10 oder 15 Euro. Manchmal nach Steuern, oft auch vor Steuern. Bereits in diesen vergleichsweise bescheidenen Zahlen drückt sich die Hybris der Banken aus, denn in anderen Branchen wird weit, weit schlechter »verdient«. Man denke einfach mal an den Zinssatz, den jede Bank auf eine Sparbucheinlage zahlt. Lediglich große, transnationale Konzerne in Industrie und Dienstleistungen kommen üblicherweise auf ähnliche hohe Gewinnraten, da ihnen die Größe überdurchschnittliche Macht und Einfluss verleiht sowie monopolartige Extragewinne (»Oligopol«) beschert.

Dabei wählten die Akteure diese ominöse 25-Prozent-Marke letztlich recht willkürlich, wie es die Politiker dereinst mit den sogenannten Maastricht-Kriterien für das Staatsdefizit und die Staatsverschuldung taten (3 bzw. 60 Prozent des Bruttoinlandsproduktes). Es hätten im Fall der Investmentbanken auch 22 oder 31,7 Prozent oder Ähnliches sein können, vielleicht auch 45. Das wäre allerdings sofort erkennbar eine unrealistische Zielmarke gewesen und damit, so viel Managementlehre muss sein, kontraproduktiv. Gesucht wurde ein ehrgeiziges Ziel, das motivierend auf Zehntausende Banker wirken konnte und an der Börse attraktive Aktienkurse verhieß.

Der Shareholder-Ansatz orientierte fortan ganz auf den Mehrwert für die Aktionäre. Die Betonung liegt auf »ganz«. Auch vorher waren starke Eigentümer (und Banken) die Entscheider, und sie wollten vor allem Profit sehen. Neu ist die Ganzheitlichkeit des Ansatzes, alles zu tun für den Wohlstand der Aktionäre. Erst der Shareholder-Ansatz machte irrsinnige Profiterwartungen hoffähig – 15, 20, 25 Prozent – und durchzog bald die ganze Gesellschaft. Rentable Firmen, ja selbst hochprofitable Firmen wurden geopfert, weil sie nur 10 Prozent Rendite versprachen, und in den Städten führten steigende Profiterwartungen zu schleichendem Verfall und Luxussanierung. Niemand finanziert noch privat den Bau von Wohnungen der unteren oder mittleren Preisklasse, wenn alles auf irrsinnige Gewinnerwartungen ausgerichtet ist. Das Kapital, so schreien die Kapitalisten, könne woanders mehr erwirtschaften.

Mit dem Shareholder-Ansatz wurde im ersten Jahrzehnt des neuen Jahrtausends das Geschäft weiter internationalisiert, die Taktfrequenz in Banken und Betrieben weltweit beschleunigt, die Arbeit in Büros, Beamtenstuben und Werkhallen nochmals intensiviert. In Standorten in Europa, Asien und Amerika wird jetzt vernetzt und »just-in-time« produziert, das heißt, die Bauteile werden vom Zulieferbetrieb direkt ans Fließband geliefert, eine Lagerhaltung entfällt. Unternehmensteile werden nun in Neudeutsch, was es nicht behaglicher macht, »outgesourct«. Mit Billiglöhnern lässt sich »effizienter« wirtschaften als mit Tarifangestellten. Die werden nur noch als Kernbelegschaft benötigt, um die »Innovationsfähigkeit« zu sichern. Angestellte müssen wie Unternehmer denken; Abteilungen mit sechs oder acht Leuten werden zu »Profit-Centern« umfunktioniert. Schnell ist nun zu langsam, Jugendwahn und Millisekunden ziehen als neue Leitwährungen in Betriebe und Börsen ein. Dynamik, Dynamik, Dynamik – Effizienz, Effizienz, Effizienz!

Zusammengenommen wurde damit die strategische Ausrichtung vieler Unternehmen umgekrempelt. Wo vorher in Fünf- oder Zehnjahreshorizonten gedacht und gearbeitet wurde, richtete man jetzt den Blick starr auf den nächsten Quartalsabschluss. Der nachhaltige Unternehmenserfolg verschwindet dabei hinter der schnellen Mark, die den Aktienkurs beflügeln und den Analysten von einer noch schöneren Börsengeschichte im kommenden Quartal träumen lassen soll.

Auch ein Einbruch des »Neuen Marktes«, auf dem die Aktien der »Neuen Industrien« gehandelt wurden, im März des Jahres 2000 führte zu keiner Besinnung. Zwar arbeitete nach dem, im Rückblick, kleinen Crash die Gesetzesmaschine, gaben sich Konzerne güldene Regeln und schworen die Akteure Bescheidenheit. Doch der durchrationalisierte Kapitalismus marschierte weiter über geografische und politische Grenzen hinweg, seine Profitziele blieben extremistisch, und die kurzfristige Quartals-Hatz ging weiter.

Weiseren Akteuren sind diese Fehlentwicklungen durchaus bewusst. Der damalige Präsident der Europäischen Zentralbank, Jean-Claude Trichet, hat 2010 in einem Aufsatz mit dem Titel »Ein Anker der Stabilität und des Vertrauens« beklagt, dass im privaten Finanzsektor das Handeln oft von kurzfristiger Gewinnorientierung geleitet sei: »Die exzessive Kurzfristorientierung war eine der großen Fehlentwicklungen im Finanzsektor.« Verstärkt worden sei der Trend unter anderem durch Vergütungssysteme, die »zu falschen Anreizen« geführt hätten. Gewinne hätten nicht für unangemessene Bonuszahlungen verwendet werden sollen, meinte Trichet, sondern dafür, Bilanzen zu stärken, um so eine angemessene Kreditversorgung sicherzustellen. Ein Utopist regierte im Tempel des Geldes.

Mit dem 25-Prozent-Ziel – wenngleich später in der krisenhaften Wirklichkeit kaum erreicht – läuteten die Topbanker das Ende der bereits ausgereizten Bescheidenheit ein. Ackermann steht damit als die personalisierte Gier nach Renditen vor uns – sein Bild wird mit dem ungeschickten Victory-Siegeszeichen im Gerichtssaal verbunden bleiben und mit jener Hybris der Bankmanager, die zur aktuellen Dauerkrise beitrug. Zudem kann das 25-Prozent-Ziel auch als Ausdruck der gewachsenen Dominanz der Finanzmärkte über die Realwirtschaft und die Politik gelten.

Ackermann selbst fiel später an der Spitze des einzigen globalen Bankenverbandes, des Institute of International Finance (IIF) in Washington, eine wichtige Rolle in der Krise zu: Bei den Verhandlungen zum Euro-Rettungspaket saß er persönlich mit am Tisch der Regierenden Europas, und beim vielleicht im Rückblick entscheidenden Euro-Krisengipfel am 21. Juli 2011 hat Deutsche-Bank-Boss Ackermann als Vorsitzender des Zusammenschlusses der 500 größten Finanzinstitute eine milliardenschwere Beteiligung der Banken, Versicherungen und Investmentfonds zugesagt.

Ackermann wollte im Mai 2012 nach zehn Jahren als Vorsitzender aus dem Deutsche-Bank-Vorstand ausscheiden und als starker Mann in das Kontrollorgan wechseln. Das scheiterte an Ermittlungen der Staatsanwaltschaft in München. Die Staatsanwaltschaft wirft Ackermann und drei ehemaligen Managern unter anderem Falschaussage im Rechtsstreit mit dem inzwischen verstorbenen Medienunternehmer Leo Kirch vor.

Eine Doppelspitze tritt seine Nachfolge an. Der bisherige Deutschland-Chef Jürgen Fitschen und Anshu Jain, der bislang das Investmentbanking in London leitete, sind die neuen Bosse. Damit scheint die Deutsche Bank ihre Doppelstrategie fortzusetzen, die sie nach mehreren strategischen Irrungen und Wirrungen unter Ackermann eingeschlagen hatte: als Global Player im riskanten Geschäft mit Aktien, komplizierten Derivaten und Hedgefonds überdurchschnittliche Profite zu erzielen und diese durch das solide klassische Bankgeschäft mit Krediten und hunderten Filialen in Deutschland abzufedern.

Magisches Dreieck: Rendite, Risiko, Liquidität

Durch die von Ackermann und Co. ausgegebenen Gewinnerwartungen von 25 Prozent wurden Banken und andere Finanzdienstleister zu (noch) riskanteren Geschäften veranlasst, denn die Chance auf höhere Profite bringt zwangläufig höhere Risiken mit sich. Es müsse jedem klar sein, dass 25 Prozent Eigenkapitalrendite nur denkbar sind, »weil die Banken ein großes Rad drehen und weil die Risiken entsprechend hoch sind«, warnte Martin Hellwig, Direktor am Max-Planck-Institut zur Erforschung von Gemeinschaftsgütern in Bonn.

Dabei steht ein Profi-Investor vor der gleichen Herausforderung wie ein Amateur-Sparer: dem manchmal zauberhaften Zusammenspiel von Rendite, Risiko und Liquidität. Dieses »Magische Dreieck« der Geldanlage hat allerdings nichts mit Zauberei und Geometrie zu tun, dafür aber viel mit dem Verhältnis zwischen Chance und Risiko. Jedes Finanzprodukt, von der deutschen Allianz-Anleihe bis zum Zertifikat auf den US-amerikanischen Dow-Jones-Industrieaktienindex, bewegt sich zwischen diesen drei Eckpunkten. Geld anlegen ist letztlich eine ganz individuelle Entscheidung. Trotzdem verfolgen wir alle das gleiche Ziel: Unser Geld soll eine möglichst hohe Rendite bringen. Dabei ist es egal, ob die Rendite (lat., Ertrag) nun aus Zinsen besteht oder aus Dividenden und Kursgewinnen. Wäre jedoch die Chance auf eine hohe Rendite das einzige Kriterium, würden wir unser ganzes Geld in »bösen« Hedgefonds anlegen.

Dem steht ein zweiter Eckpunkt im Magischen Dreieck entgegen, das Risiko. Die Chance auf eine hohe Rendite bei Hedgefonds-Anlagen »erkaufen« wir uns mit einem sehr hohen Risiko. Es ist schließlich vollkommen ungewiss, ob unsere Anteile in Zukunft wirklich einen hohen Gewinn abwerfen werden oder nicht. Möglicherweise müssen wir uns sogar mit sinkenden Kursen und ausfallenden Dividendenzahlungen begnügen. So stark Hedgefonds also beim Eckpunkt »Rendite« auftrumpfen, so unsicher sind sie beim »Risiko«.

Dagegen bieten beispielsweise Bundeswertpapiere oder Anlagen in Schweizer Franken eine beeindruckend hohe Sicherheit, die wir mutig mit 99,999 Prozent ansetzen können (bis zur Staatsschuldenkrise im Mai 2010 hätte ich noch 100 Prozent geschrieben). Für die Super-Sicherheit »zahlen« wir freilich einen hohen Preis, eine ziemlich niedrige Rendite.

Etwas renditeträchtiger als Bundespapiere sind normalerweise Sparbriefe, die Banken herausgeben. Dafür wird beispielsweise 1 Prozentpunkt mehr an Zinsen gezahlt – obwohl die Sicherheit aufgrund der Einlagensicherungssysteme für Sparer in etwa der von Bundeswertpapieren entspricht. Woher kommt nun diese Zinsdifferenz? Ganz allgemein formuliert. Hier wirkt wieder der ominöse »Markt«, und die Marktteilnehmer fordern einen Ausgleich für die geringere Liquidität (lat., Flüssigkeit) der Sparbriefe (ob etwas eigentlich mehr oder weniger flüssig sein kann, stellen wir hier nicht in Frage). Die haben nämlich eine vier- oder fünfjährige Laufzeit und sind damit weniger flüssig als etwa einjährige Bundeswertpapiere. Schauen wir uns dagegen andere Bundeswertpapiere mit längerer Laufzeit an, die darum aus Sicht des Anlegers ähnlich illiquide sind wie Sparbriefe, nähern sich die Zinssätze beider Produkte an. Allerdings können Anteile an Bundesanleihen täglich über eine Börse zu einem hohen oder niedrigen Kurs veräußert werden. Was einen minimalen Zinsabschlag gegenüber Banksparbriefen rechtfertigt. Andersherum bietet ein Produkt mit »vollkommener« Liquidität, trotz höchster Sicherheit, normalerweise überhaupt keine Zinsen – die Rede ist vom Girokonto. Mit der Liquidität als drittem Eckpunkt ist unser Magisches Dreieck Rendite-Risiko-Liquidität daher komplett. In dem Raum zwischen diesen drei Eckpunkten bewegen sich die Finanzmarktakteure. Hier liegt die Bühne für den rationalen Irrsinn.

Ob Profi oder Amateur, für eine komplette Analyse von Chancen und Risiken einer beliebigen Geldanlage reichen diese drei Eckpunkte des Magischen Dreiecks grundsätzlich aus. Der eigene Schwerpunkt innerhalb des Dreigestirns kann als persönliches Ziel einer Geldanlage definiert werden. Ob das Ziel erreicht wird, erweist die Zukunft.

Am Rande: Einige Anleger und Investoren wollen mehr und erweitern das Magische Dreieck um den Eckpunkt »Ethik«. Solche Menschen fragen: »Was geschieht mit meinem Geld auf der Bank?« Wird damit vielleicht ein Rüstungsunternehmen mit Kredit versorgt oder der Abbau meines eigenen Arbeitsplatzes finanziert? Wer solche Fragen stellt, sollte sein persönliches Magisches Dreieck zum Viereck erweitern. Aber das ist ein anderes Thema.

Riskante »Risikomessmodelle«

Das Magische Dreieck gilt auch für jedes Unternehmen in der Finanzindustrie. Jahrzehntelang schien der Dreiklang Rendite – Risiko – Liquidität mit dem Hausbankprinzip übereinzustimmen: Kontakte, persönliche Beziehungen zwischen Bank und Unternehmen, gegenseitiges Vertrauen und einige wenige Bilanzkennzahlen genügten, um flott Geschäfte zu machen, in guten wie in schlechten Zeiten. Angesichts der Dimensionen und der Komplexität des modernen Bankbusiness stieß das Hausbankprinzip aber an seine natürlichen Grenzen. Mathematik und Wahrscheinlichkeitsrechnung sollten helfen, vor allem das Verhältnis von Rendite und Risiko in handhabbare Formeln zu pressen, und fortan wurden »quantitative Risikomessmodelle« in Banken und Wissenschaft entwickelt. Für die Konstrukteure gab es ehrenwerte Nobelpreise, die Aufsichtsbehörden übernahmen Modelle und Kennzahlen, doch letztlich zeigten die Modelle in der Großen Krise ihren beschränkten Nutzen. Genau das hatten Kritiker schon immer befürchtet, schließlich bilden Modelle, wenn sie nicht im Maßstab 1 : 1 und damit kein Modell mehr sind, jede Wirklichkeit bestenfalls mangelhaft ab. Ausgerechnet einer der ersten und wichtigsten Modellbauer, der Wirtschaftsnobelpreisträger Robert C. Merton, gab dies unumwunden zu: »Die Modelle sind mathematisch präzise, doch die Modelle sind nicht die reale Welt.« Und Max-Planck-Direktor Martin Hellwig schimpfte, »dass die Versuche, Risiken zu messen und diese Messungen zur Grundlage des Risikomanagements zu machen, grandios gescheitert sind«.

Neben dem mathematischen und philosophischen Skeptizismus spricht konkret das Fehlen ausreichenden Zahlenmaterials gegen quantitative Risikomessmodelle. Eigentlich werden hier also gar nicht Risiken, sondern Unbestimmtheiten abgewogen. Bei Risiken sind die Wahrscheinlichkeiten bekannt, und genügend Zahlenmaterial aus der Vergangenheit erlaubt es, mittels der Statistik vernünftige Aussagen über zukünftige Risiken zu treffen. Ob Griechenland pleitegeht oder nicht, lässt sich dagegen mangels vernünftigen Vergleichsmaterials nicht als Risiko von 10 oder 50 Prozent formulieren, sondern ist einfach nur unbestimmt – also auch unkalkulierbar. Auf Finanzmärkten haben wir es jedoch oft mit (unkalkulierbaren) Unbestimmtheiten zu tun. So begannen Banken erst vor wenigen Jahren, im Zuge der Einführung der internationalen Sicherheitsvorschriften, »Basel II« genannt, systematisch Daten über Kreditausfälle zu sammeln. Ohne vernünftige historische Daten fehlt aber aktuellen Modellrechnungen der Boden. In Praxisstudien zeigte sich dann auch, dass die angenommene Verteilung der Risiken nach der Gauß'schen Formel (»Glockenkurve«) falsch ist. Gerade an den auslaufenden Rändern der Kurve, wo die wirklich gefährlichen Krisen lauern, ballten sich die Hoch-Risiken. Dazu kommt das Problem des Herdenverhaltens, das weder in diesen Risikomodellen noch in der neoliberalen Wirtschaftswissenschaft angemessen berücksichtigt wurde. Wenn alle Akteure die mehr oder weniger gleichen Risikomodelle anwenden, wird ihr Verhalten in der befürchteten Krise gleichförmig und löst dadurch erst die Krise aus. Selbsterfüllende Prophetie.

Trotzdem setzen staatliche Finanzaufsicht, Zentralbanken und das Basel-II-Komitee, das neue Sicherheitsrichtlinien für die Kreditwirtschaft entwickelt (»Basel III«), offensichtlich weiterhin stark auf quantitative Risikomessmodelle, statt ihre beschränkte Aussagekraft hinreichend zu berücksichtigen. So scheiterten solche Modellversuche zuletzt 2010 und 2011 bei Stresstests für Banken und Versicherungen. Finanzunternehmen, die den Test leicht und locker bestanden hatten, entpuppten sich kurz darauf als schwer angeschlagen. Die Abkehr von den Risiko-Modellen hätte allerdings auch weitreichende Konsequenzen. Jetzt und heute ist noch alles erlaubt, es gilt der neoliberale Merksatz »anything goes«. Akzeptiert man aber, dass unser modellhafter Blick in die Zukunft bestenfalls verschwommen ist, müsste man eine Reihe (hochriskanter) Geschäfte vorsichtshalber verbieten und die (zu große) Größe vieler Banken und anderer Finanzdienstleister verkleinern.

Was bleibt?

Banken wandten sich von ihren ursprünglichen Aufgaben (Sparen und Kredit) ab und setzten mit Macht auf Spekulation und kurzfristigen Shareholder-Value. Unterstützt wurden sie dabei von einer wirtschaftsliberalen Politik. Die Shareholder-Ideologie trieb die Erwartungen an die Profitraten in die Höhe (25-Prozent-plus-X) und steigerte die Risikoneigung der Manager. Der »Preis« dafür ist eine gesteigerte Krisenanfälligkeit. Trotz des Wandels in Wirtschaft, Politik und Gesellschaft gelang es den Banken, ihre zentrale Rolle zu behaupten und ihre Macht im nun finanzakteursgetriebenen Kapitalismus noch auszubauen.

Schöpfer des Geldes – Die Zentralbanken

Glückliche Schweizer: Minuszinsen

Geld ist der Rohstoff, mit dem Banken arbeiten. Für den erhaltenen Rohstoff zahlen sie an die Lieferanten den vereinbarten Preis. Der Preis, den sie zahlen, ist der Zins. So einfach funktionieren Finanzmärkte. Eigentlich, denn im vergangenen Sommer war es soweit: Anleger mussten noch Geld mitbringen, wenn sie ihr Geld in der Schweiz anlegen wollten. Plötzlich lief das Spiel in eine ganz andere Richtung als üblich.

Doch trotz eines Minuszinssatzes von rund einem Prozent wurden der Schweizerischen Nationalbank (SNB) die Staatsanleihen der Eidgenossenschaft quasi aus den Händen gerissen. Auch private Banken führten Minuszinsen ein. Banken, Versicherungen, Fonds und andere institutionelle Anleger hatten zuvor seit Monaten ihr Geld verstärkt in der Alpenrepublik angelegt, aus Angst vor möglichen noch größeren Verlusten in anderen Währungen. Profi-Investoren setzen »auf Sicherheit, nicht auf Rendite«, erklärt ein Sprecher des Eidgenössischen Finanzdepartements in Bern, das dem Bundesfinanzministerium in Berlin entspricht. »Viele Investoren sind skeptisch über die allgemeine wirtschaftliche Lage«, erklärt auch Fabian Heller von der Credit Suisse den Run auf den Franken.

Die Nationalbank hatte im August Staatsanleihen der Schweiz erstmals seit Jahrzehnten zu einem Minuszinssatz (minus 1,0 Prozent) angeboten: Wer 100 Millionen in Staatspapieren der Alpenrepublik anlegte, erhält dann am Ende der Laufzeit gerade mal 99 Millionen zurück. Es folgte sogleich eine zweite Anleihe für minus 0,75 Prozent Zins. Obwohl die institutionellen Investoren also draufzahlten, wollten sie in jenem Spätsommer, als die Staatsschuldenkrisen in den USA und der Euro-Zone hochkochten, insgesamt rund 15 Milliarden Euro in Franken investieren.

Die Regierung in Bern und die Zentralbank SNB in Zürich versuchten, mittels der Minuszinsen den Geldstrom von ausländischen Anlegern zu drosseln. In der Dauerkrise seit 2007 war der Schweizer Franken wieder einmal nach Dollar und Euro die starke unter den kleinen Währungen der Welt geworden. Der stete Kapitalzufluss, also die große Nachfrage, hatte den Kurs zeitweilig in astronomische Höhen getrieben, und ein Franken war plötzlich so viel Wert wie ein Euro. Noch stärker verlief der Kursanstieg gegenüber Dollar, Pfund und Yen.

Vor Einführung der Minuszinsen hatte man schon den Leitzins auf nahe null gesenkt und im August 120 Milliarden Franken in die Finanzmärkte gepumpt, um über das vergrößerte Angebot den Preis, sprich Wechselkurs, zu senken. Der starke Franken bekommt der exportorientierten Wirtschaft der Eidgenossen schlecht, weil ihre Waren im Ausland dadurch teurer werden (Einfuhren allerdings auch billiger). Seit dem Vorjahr war der handelsgewichtete Außenwert des Frankens um ein Fünftel gestiegen. Nach dem Minuszins griff die SNB im September noch zu einem eigentlich verpönten, weil geradezu wirtschaftslinkem »letzten« Mittel und verkündete einen Mindestkurs des Franken zum Euro. Damit setzt die Schweiz ihren Kampf gegen »die Frankenstärke« (O-Ton Nationalbank) fort. Mit einer Untergrenze von 1,20 Franken je Euro soll der »massiven Überbewertung« der Währung entgegengewirkt werden. Auch damit wäre der Franken noch hoch bewertet.

An dem Beispiel »Schweizer Minuszins« kann man die bunte Vielfalt der Möglichkeiten erahnen, die eine Zentralbank hat: Sie organisiert die Staatsverschuldung, sie kümmert sich um den Wechselkurs der heimischen Währung oder sie kauft und verkauft Wertpapiere. Kurzum: Sie ist für das Geld zuständig. Ob die Zentralbank das als verlängerter Arm der Regierung tun soll oder vollkommen unabhängig und auch, ob sie sich ausschließlich um Preise und Inflation oder ebenso um die wirtschaftliche Entwicklung und Jobs kümmern soll, ist heftig umstritten.

Woher kriegen Banken eigentlich Geld?

Um ihre Geschäfte tätigen zu können, brauchen Banken Geld, viel Geld. Das fließt ihnen aus unterschiedlichen Quellen zu. Da sind zum einen die Girokonten der Bürger, die eine erhebliche Summe Geldes in die Tresore der Banken spülen: Am Jahresende 2011 waren das allein in Deutschland immerhin mehr als 700 Milliarden (!) Euro. Noch mehr Geld als aus den Girokonten fließt den Banken aus dem Ersparten der Kunden aus Sparbüchern, Banksparplänen und Bausparverträgen zu sowie aus den Einlagen von Firmen. Rund die Hälfte des Geldes einer Bank stammt in normalen Zeiten laut Bundesbankstatistik aus den Einlagen der privaten und gewerblichen Kundschaft. Eigenkapital und vergangene Gewinne sind dagegen nur ein relativ kleiner Posten.

In den großen Topf, aus dem die Banken schöpfen können, gehören auch Anleihen, also Wertpapiere, die gegen einen Zins von Anlegern gekauft werden. Da es eine riskantere Geldanlage ist, weil die Bank pleitegehen könnte, muss die Bank dafür an die Anleger mehr Zinsen zahlen als für die meisten Spareinlagen. Anleihen haben noch einen anderen Haken, der sich in der Großen Krise bemerkbar machte. Während die Höhe der Spareinlagen der Kunden ziemlich konstant bleibt, laufen Anleihen nach einigen Jahren aus. So müssen die Banken 2012 alte Anleihen für rund 800 Milliarden Euro durch neue ersetzen (»revolvierende Kredite«). Da aufgrund der Großen Krise die Zinsen weit niedriger als in früheren Jahren ausfallen, machen die Banken dabei in gewisser Weise noch Gewinn (das dürfte allerdings in der nächsten Periode dann genau andersherum laufen).

Eine dritte Geldquelle für die Banken ist der sogenannte Interbankenmarkt, auf dem sie Darlehen von anderen Kreditinstituten aufnehmen können. Sekündlich, stundenweise, über Nacht oder auch über einige Tage oder Wochen leihen und verleihen Banken Geld an andere Institute im eigenen Land, europaweit und die großen Spieler über den gesamten Globus, laufend und in Echtzeit. Am Interbankenmarkt leihen sich die Banken also untereinander Geld aus. Dies tun sie, ohne dass sie für die gewährten Kredite Sicherheiten wie etwa Aktien oder Staatsanleihen erhalten. Dies ist daher ein Markt, der auf gegenseitigem Vertrauen beruht, und er ist deswegen besonders störungsanfällig. Als die US-Regierung 2008 überraschend die Investmentbank Lehman fallen ließ, schmolz das Vertrauen der Banken untereinander wie Schnee in der Sommersonne. Man lieh sich untereinander nicht mehr genügend Geld, oder die Risikoprämien in Form von Zinsen stiegen in absurde Höhen.

Selbstverständlich ist es skurril, dass die höchste Form des *homo oeconomicus* am Ende von einer »Weichwährung« wie dem Vertrauen abhängt. Doch offenkundig halten Banken weder ihre Bilanzen und Quartalsberichte noch die für börsennotierte Aktiengesellschaften typischen Ad-hoc-Meldungen, mit denen vermeintlich kursrelevante Informationen laufend veröffentlicht werden, für sonderlich aussagekräftig. Am Ende zählt beim Geschäftsabschluss im Internet wie einst in der Hansezeit das Vertrauen der »ehrbaren Kaufmänner« untereinander.

Dass Vertrauen auch im Zeitalter des »Speedbankings« noch großgeschrieben wird, das zeigt sich am maßgeblichen Preis auf dem weltweiten Interbankenmarkt, dem Libor-Satz. Der »London Interbank Offered Rate« spiegelt angeblich den Zins wider, den große Banken für Kredite ihrer Konkurrenten bezahlen. Globale Banken geben täglich in einer vertraulichen Umfrage den Zinssatz an, den sie für Kredite in verschiedenen Währungen und mit unterschiedlichen Laufzeiten zahlen müssen. Für Europa wird so auch ein Euribor-Zinssatz ermittelt. Dabei melden die Banken ihre Daten ausgerechnet an eine Nachrichtenagentur, und zwar an Thomson Reuters, die dann Mittelwerte kalkuliert und sie als Libor- und Euribor-Sätze veröffentlicht. Der Libor gilt heute als maßgebend für den globalen Geldmarkt. Es wird geschätzt, dass der Libor als Referenzsatz für Finanzprodukte im Wert von 350 Billionen Dollar dient, und dabei beruht er – man muss es sich noch einmal auf der Zunge zergehen lassen – lediglich auf Vertrauen in die Angaben der Banken. Zumindest in Krisenzeiten dürfte dabei schon mal geschummelt werden. Irrsinn.

Die schon länger gehegte Vermutung erhielt neue Nahrung, als die EU-Kommission wegen des Verdachts einer Kartellbildung, um den Leitzinssatz Euribor zu manipulieren, mehrere auf dem Derivate-Markt tätige Unternehmen im Oktober 2011 durchsuchen ließ. Laut Pressemeldungen reichen die Ermittlungen weit über den europäischen Raum hinaus: So sorgte der Verdacht über Preisabsprachen auch beim internationalen Pendant zum Euribor, dem

Libor, für Razzien außerhalb der Euro-Zone. Aufsichtsbehörden in Großbritannien, den USA und Japan sollen dabei Untersuchungen durchgeführt haben. Das muss nicht bedeuten, dass die Banken schuldig sind und es am Ende zu einer Strafe kommt. Mit einer Entscheidung ist erst 2013 zu rechnen.

Als 2011 die Staatsschuldenkrise eskalierte, war nach einiger Zeit das gegenseitige Vertrauen erneut dahin. Die Folge war, dass es einigen Banken an Geld – an Liquidität – mangelte, um ihre Geschäfte abzuwickeln. Pleiten drohten, weil schlicht kein Geld in der Kasse war, um die Forderungen von Kunden zurückzuzahlen. In ruhigen Zeiten sind Interbankenmarkt und Libor ein geräuschlos funktionierendes System, das dazu beiträgt, die Liquidität zwischen den Banken ziemlich effizient zu verteilen. Institute, die am Ende eines Tages überschüssige Mittel haben, leihen sie gegen einen Zins jenen Konkurrenten aus, die gerade zusätzliches Geld benötigen. Dabei kann es auch um große Summen gehen, und doch weichen die Zinssätze kaum von denen ab, die Banken für Ausleihungen bei der Zentralbank zahlen.

So haben seit 2011 griechische, irische und portugiesische Banken, denen niemand mehr Vertrauen schenkt, kaum Zugang zum Interbankenmarkt, weshalb sie sich stattdessen bei der Europäischen Zentralbank refinanzieren mussten. Darunter leiden auch gesunde Banken, weil sie ihre überschüssige Liquidität nicht loswerden und dadurch auch keine Zinsen kassieren können. Sie deponieren sie dann über Nacht ebenfalls bei der Zentralbank (für weniger Zinsen). Tatsächlich waren die Einlagen bei der EZB infolge der Lehman-Pleite zeitweise enorm. Auf dem Höhepunkt der von ihr ausgelösten Krise waren damals mehr als 380 Milliarden Euro bei der Notenbank »parkiert« *(Neue Zürcher Zeitung)* worden.

Etwa ein Viertel ihres alltäglichen Geldes leihen sich Banken noch von der Zentralbank, in Deutschland also von der Deutschen Bundesbank in Frankfurt, die gewissermaßen eine Unterabteilung der EZB darstellt. Ende 2011 verfügten die Banken und Sparkassen hierzulande über einen bilanzierten Kuchen von insgesamt rund 8 Billionen Euro, den sie auf ihre Geschäfte verteilen konnten. 8 Billionen Euro entsprechen mehr als dem Dreifachen des Bruttoinlandsproduktes (BIP), das im vergangenen Jahr zwischen Kempten und Kiel erwirtschaftet wurde, oder rund dem Dreißigfachen des Bundeshaushaltes. Das sind zwar Äpfel-und-Birnen-Vergleiche, doch illustrieren sie die ökonomische Macht und die politische Bedeutung der Banken.

Normalerweise gelten feste Regeln, nach denen sich Banken Geld von der Zentralbank beschaffen dürfen. Damit wahrt die Zentralbank ihre Geldhoheit und hat indirekt einen steuernden Einfluss auf die Geschäfte der Banken. »Ziel ist es«, erklärt ein Sprecher der Bundesbank, »ausreichend Mittel für die jederzeitige Zahlungsfähigkeit des Bankensystems bereitzustellen, ohne die Nabelschnur zwischen Notenbank und Banken zu locker werden zu lassen.« Um die Vorstellung der Zentralbank am Geldmarkt durchsetzen zu können, müssten die Banken insgesamt von ihr »abhängig bleiben«.

Gesteuert wird über eine »Veränderung der Konditionen am Geldmarkt«, wie es im Bundesbankjargon heißt. Gemeint ist damit, die Zentralbank verleiht Euros und kassiert dafür einen bestimmten Zinssatz. Ist der Zinssatz hoch, holen sich die Banken weniger Geld von der Zentralbank und/oder geben die hohen Zinssätze an ihre Kunden weiter. Ist der sogenannte Leitzins niedrig, besorgen sich die Banken mehr Geld und geben ebenfalls den Zinssatz an ihre Kunden weiter. Dieser Hebel mag zunächst etwas wackelig erscheinen, in der Praxis hat er jedoch eine sehr, sehr starke Wirkung. Mit ihm kann die Notenbank den Geldhahn ganz nach Belieben der Machthaber auf- oder zudrehen. Die Geldpolitik, die in Deutschland die Regierung an die Bundesbank bzw. Europäische Zentralbank komplett delegiert hat, ist daher ein Grundpfeiler des realen Kapitalismus.

In der Praxis versorgt hierzulande die EZB-Tochtergesellschaft Bundesbank das Bankensystem mit Geld über »Offenmarktgeschäfte«. »Offen« soll heißen, jeder zugelassene Geschäftspartner, also praktisch jede Bank im Gebiet einer Notenbank, kann mitbieten. Normalerweise montags wird ein sogenannter Tender ausgeschrieben: Liebe Bank, Sie können sich für sechs Tage beliebig viel Euros von uns leihen, wenn Sie bereit sind, dafür den Leitzins zu zahlen. Dienstags wird dann zugeteilt, wie viel jede Bank kriegt, und mittwochs wird der Tender abgewickelt. Über diese Offenmarktgeschäfte werden laut Bundesbank rund drei Viertel des vom Bankensystem benötigten Zentralbankgeldes bereitgestellt. Das fehlende Viertel wird über einen längeren Zeitraum geliehen. Dafür legt die Zentralbank das Volumen des Tenders fest, und die

Banken können einen Zinssatz ihrer Wahl bieten. »Geschäftspartner«, so bezeichnet sie die EZB, sind mehr als 2000 Banken, also nur jedes vierte Institut in Europa. Tatsächlich nehmen sogar nur einige hundert Banken an den Tendern teil. Diese verleihen dann das Zentralbankgeld wiederum an andere Geldinstitute.

In normalen Zeiten können Banken nicht beliebig viel Geld von der Zentralbank aufnehmen. Das klassische Ziel einer Zentralbank ist die Steuerung der Geldmenge. Offenmarktgeschäfte und andere Transaktionen werden befristet, die Größe der Tender begrenzt und/oder die Geschäftspartner müssen ein Pfand hinterlegen, wenn sie sich von der Zentrale in Frankfurt, London oder Tokio Geld pumpen. Dagegen ist der Umfang der möglichen Geschäfte einer Zentralbank grundsätzlich ohne Limit. Schließlich ist sie der Hort des Geldes und kann heutzutage notfalls die Notenpresse anwerfen.

Wie das aussehen kann, das konnte man am 6. Oktober 2011 in Berlin verfolgen. Dort tagten mitten in der tosenden Staatsschuldenkrise EZB-Chef Jean-Claude Trichet und die anderen Spitzen der Europäischen Zentralbank. Der französische Sozialist Trichet leitete damals zum letzten Mal die Zinssitzung. Nach acht Jahren wollte er turnusgemäß abtreten. Der wichtigste Beschluss in Berlin war die Flutung der Banken mit Geld, das heißt, die Währungshüter reaktivierten alle Instrumente, mit denen sie bereits in den vergangenen Jahren die Krise bekämpft hatten. Erneut wurde beschlossen, mit zig Milliarden Euro Pfandbriefe und andere Anleihen von Banken zu kaufen. Zudem konnten Europas Banken sich über neue langfristige Kreditlinien bei der EZB mit Liquidität, also Geld, versorgen. Banken konnten sich im Oktober bei der EZB für ein Jahr unbegrenzt Geld leihen, im Dezember 2011 und Februar 2012 standen noch größere Programme an. Um Planungssicherheit zu erhalten, hieß es in Berlin. Dieses Vorgehen hatte sich nach Auffassung der EZB und vieler Beobachter bereits in der Finanzkrise bewährt, als sich die Banken wegen des grassierenden Misstrauens untereinander kaum noch Geld geliehen hatten.

Damals hatten die Zentralbanken begonnen, die Leitzinsen zu senken und die Banken mit »billigem« Geld zu versorgen. Geld wurde für die Kreditwirtschaft in den USA, in Großbritannien und in den Euro-Ländern so preiswert wie (fast) noch nie zuvor: So hatte die Europäische Zentralbank nach dem Ausbruch der Finanzkrise im Sommer 2007 ihren Leitzins nach und nach von 4,25 bis auf 1,00 Prozent abgesenkt. Nach einem Zwischenhoch im April und Juli 2011 angesichts eines rasanten Konjunkturaufschwungs wurde der Leitzins erneut auf 1,00 Prozent festgelegt. Von den Billigzinsen profitierte in erster Linie die Geldwirtschaft. Während Banken und Sparkassen die Zinsen für Sparer sofort herunterfuhren, senkten sie ihre Kreditzinsen nur langsam.

Preisstabilität als Ein und Alles: Die Bundesbank

Jede, auch die heutige Große Krise, hat eine allgemeine – die Abkoppelung vom Goldstandard – und eine konkrete Vorgeschichte. Dabei steht die amerikanische Notenbank Fed im Fokus, deren Geldpolitik sich von der europäischen grundlegend unterscheidet.

Auf den ersten Blick betrifft der Unterschied die Höhe der Leitzinsen. Während die amerikanische Fed unter Leitung des charismatischen Alan Greenspan seit Anfang 2001 auf sinkende Zinsen setzte (um dadurch die lahmende Konjunktur anzukurbeln), baute sein EZB-Kontrahent Wim Duisenberg notgedrungen lange Zeit auf relativ hohe Zinsen (um Preissteigerungen oder gar eine Inflation zu verhindern). Hinter solchen vor- und hintergründigen Differenzen stehen zwei weitgehend unterschiedliche Konzepte von Zentralbank – die tatsächlich so verschieden gar nicht sind. Das zeigt sich bei einem der zentralen Betätigungsfelder der Zentralbanken: der Preisstabilität. Schauen wir uns dafür die Deutsche Bundesbank an, denn ihr oberstes Gebot hieß immer Preisstabilität.

Dieser Maßstab hat vor allem mit einer im internationalen Vergleich institutionellen Besonderheit zu tun: Die Bundesbank arbeitet autonom. Sie ist also – anders als beispielsweise die französische Zentralbank und die britische Bank of England bis in die 1990er Jahre hinein – unabhängig von Weisungen der Regierung oder des Parlaments, und die Bundesbank herrscht daher selbständig über einen der wichtigsten politischen Bereiche eines jeden Landes, über die Geld-, Zins- und Währungspolitik.

Diese Autonomie geht auf Erfahrungen aus dem Ersten Weltkrieg zurück. 1922 hatte die Weimarer Reichsregierung für »ihre« Reichsbank ein Autonomiegesetz erlassen. Diese neue Unabhängigkeit war eine Lehre aus der zurückliegenden »Kriegsfinanzierung mit Hilfe der Notenbank«, die den Weg zur »Großen Inflation« des Jahres 1923 bereits vorgezeichnet hatte. Mit dem neuen Autonomiegesetz war – so erscheint es im Rückblick – zugleich der kommende Weg der Bundesbank markiert worden. Zur Vorbereitung einer Währungsreform hatten die westalliierten Militärregierungen zunächst ein zweistufiges Zentralbanksystem errichtet, das dem amerikanischen Federal Reserve System (Fed) ähnelte: eigenständige Landeszentralbanken in den einzelnen Regionen und über ihnen die im März 1948 gegründete Bank deutscher Länder in Frankfurt am Main. In der Frühphase der 1949 gegründeten Bundesrepublik entwickelte sich das Zentralbanksystem dann jedoch in Richtung des zentralistischen Modells der Reichsbank. Die stand zwar auch in Ostdeutschland bei der Deutschen Notenbank und ihrer Nachfolgerin, der Staatsbank der DDR, noch Pate, doch wurde die Zentralbank gleichzeitig auch eine Geschäftsbank für die Wirtschaft. Im Westen blieb die im Juli 1957 gegründete Deutsche Bundesbank im Tagesgeschäft unabhängig von politischen Institutionen. Das Bundesbankgesetz regelte ihre Aufgaben, und der Präsident der Bundesbank, der Vizepräsident sowie die weiteren Mitglieder des Direktoriums wurden und werden durch den Bundespräsidenten auf Vorschlag der Bundesregierung bestellt. Die schon 1949 im neuen Grundgesetz angestrebte Bundesbank setzte, wenngleich politisch umstritten, alles auf die Karte Inflationsbekämpfung und damit auf eine »harte« D-Mark. Dies und zudem die Autonomie der »bundesunmittelbaren juristischen Person des öffentlichen Rechts« sollte der primären Aufgabenstellung dienen, »den Geldumlauf und die Kreditversorgung der Wirtschaft zu regeln, mit dem Ziel, die Währung zu sichern«, heißt es im Bundesbank-Gesetz. Hinter dem unscheinbaren »die Währung sichern« verbirgt sich heute eine umfassende wirtschaftspolitische Konzeption, die vorrangig auf die Stabilität von Geld, Währung und Preisen setzt.

Das ist keine Selbstverständlichkeit, wie man vielleicht annehmen könnte. So waren und sind teilweise bis heute viele Zentralbanken an die Weisungen ihrer Regierungen direkt oder indirekt gebunden und sehen sich selbst als Teil der nationalen Wirtschaftspolitik, die beispielsweise in Krisenzeiten auf die »linke«, keynesianische Wunderwaffe »niedrige Zinsen« setzt. Niedrige Zinsen sollen dann die Kreditaufnahme der Unternehmen und Verbraucher beflügeln, Investitionen und Konsum, kurzum: die ganze Volkswirtschaft ankurbeln. Niedrige Zinsen blähen jedoch andererseits die Geldmenge auf und begünstigen so Preissteigerungen, kontert die »rechte«, angebotsorientierte Wirtschaftstheorie. Ein wirtschaftspolitisches Dilemma, so scheint es.

Denn Regierungen wollen schnelle Erfolge im Außenhandel oder an der Arbeitsplatzfront. Eine Notenbank, die solchen politischen Wünschen hinterhertrabt, wird ihrem wichtigsten Ziel, den Rohstoff Geld zu einer berechenbaren Größe zu machen und für stabile Preise und eine feste Währung zu sorgen, nicht gerecht. Zwar gelang es der Bundesbank nicht, das permanente Ansteigen der Preise, also der Inflation zu unterbinden, doch konnte sie immerhin ein relativ stabiles Preisniveau organisieren – auch in den 1970er und 1980er Jahren, als viele andere Länder eine hohe Inflationsrate von zum Teil 12 und 15 Prozent verzeichneten.

Aufgrund der wirtschaftlichen Erfolge in der Bundesrepublik umgab sich die Bundesbank selbst gern mit dem Odium der Unfehlbarkeit. Dagegen merken Kritiker an, sie habe immer wieder zu rigide und zu radikal eingewirkt. Und sie sei obendrein zu einseitig fixiert auf ihre Vision der Geldmengensteuerung. Um die Preisstabilität zu sichern, soll danach die Geldmenge nur so schnell zunehmen, wie die Wirtschaft wächst. Die Bundesbank schaute im Unterschied zu anderen Zentralbanken durch die Brille der Geldmenge nur indirekt auf die Preise. »Diese geldpolitische Strategie«, äußerte die Notenbank in Frankfurt zu Recht, »ist eng mit dem Namen der Deutschen Bundesbank verbunden, die von 1975 bis 1998 eine an der Geldmenge ausgerichtete Geldpolitik verfolgte.« Kurioserweise wurde das Geldmengenziel in etwa der Hälfte der 50 goldenen Bundesbank-Jahre überschritten. Wie mir scheint, weitgehend ohne Schaden für die Volkswirtschaft. Trotzdem galt und gilt die Gralshüterin der Ökonomie vielen als unantastbar. Ähnliches sollte die Europäische Zentralbank leisten.

Die Politik der Europäischen Zentralbank

Am 2. Mai 1998 wurde Wim Duisenberg gegen den französischen Mitbewerber Jean-Claude Trichet zum ersten Präsidenten der Europäischen Zentralbank gewählt. Durch heftige Intervention der französischen Regierung, die unbedingt einen Landsmann durchsetzen wollte, nachdem sie schon bei der Wahl des Standortes der EZB gegen Deutschland den Kürzeren gezogen hatte, kam es fast zu einem Eklat. Dieser wurde nur dadurch verhindert, dass Duisenberg auf die volle Amtszeit von acht Jahren verzichtete und sich bereit erklärte, das Amt nach vier Jahren an Trichet abzugeben. Die unter seinem Vorsitz im Jahr 2002 vollzogene Einführung der neuen Währung brachte Duisenberg den Beinamen »Mr. Euro« ein. Seine Unterschrift ist auf allen Euro-Banknoten abgebildet, die bis 2003 gedruckt wurden.

Duisenberg und sein Haus starteten – und wahrscheinlich ist dies ein Verdienst – im Sommer 1998 eher unauffällig in die neue Epoche der europäischen Wirtschaftspolitik. Das erste Treffen des Rates der Europäischen Zentralbank im Eurotower am Frankfurter Theaterplatz führte am 9. Juni 1998 zu wenig mehr als zu 55 Einstellungen und einigen organisatorischen Fußnoten. Im beschaulichen Ratschlag wurde das noch fremde Gewässer zunächst einmal ausgelotet, in dem während der folgenden Monate um Strategie und Taktik gekämpft werden sollte.

Nach und nach fällten die Euro-Banker dann ihre strategischen Entscheidungen. Bereits entschieden war allerdings seit dem bis heute wegweisenden Vertrag von Maastricht, der am 7. Februar 1992 im niederländischen Maastricht von den Regierungschefs unterzeichnet worden war, die eigentliche, die politische Vorgabe für die EZB: »Das vorrangige Ziel ist es, die Preisstabilität zu gewährleisten.«

Preisstabilität und immer wieder Preisstabilität – dies ist das Leitmotiv aller wirtschaftsliberalen Politik. Und genau an diesem Punkt scheiden sich die Geister. Für die einen ist Preisstabilität zwar nicht alles, aber alles ist nichts ohne Preisstabilität. Für die anderen ist Preisstabilität bestenfalls eine Sekundärtugend, und wichtiger sind Jobs und Wirtschaftswachstum. Das Mantra »Preisstabilität« ist Bundesbank-O-Ton, ebenso wie das Mittel dazu, eine strenge Geldmengensteuerung.

Dahinter stand und steht die wirtschaftsliberale, monetaristische Theorie, wonach die Geldmenge parallel zum wirtschaftlichen Wachstum steigen sollte, weil dadurch die Preise für Waren und Dienstleistungen wie erwünscht stabil bleiben. Gesteuert wird diese Geldmenge über die Ausgabe von Zentralbankgeld und insbesondere über verschiedene Zinssätze, welche die Kreditinstitute für frische Euros an die EZB zahlen müssen. Dazu kommt – wie bis dahin hauptsächlich in Deutschland praktiziert – eine sogenannte Mindestreserve. Banken müssen, sehr zum Unwillen der Branche, auf Girokonten bei den nationalen Zentralbanken Pflichteinlagen unterhalten. Diese Mindestreserve wird nach einem bestimmten Schlüssel berechnet und beträgt gerade einmal 2 Prozent der relevanten Bilanzpositionen. Auch diese Mindestreserve dient letztlich der Geldmengensteuerung und bildet zugleich eine Art von Sicherheitsfonds für das gesamte Bank- und Finanzsystem.

Dabei, und das wusste auch der 2005 verstorbene Wim Duisenberg, wurde selbst im vermeintlichen Stabilitäts-Musterland Deutschland das von der Bundesbank formulierte Geldmengenziel häufig verfehlt – ohne dass eine entsprechende Erhöhung der Preise folgte. Solche Erfahrungen und eine Flut von neuartigen, modernen Finanzinstrumenten ließen einige Zentralbanken schon vor längerer Zeit Abschied nehmen vom geradlinigen und schlichten Geldmengenziel. So folgt etwa die Bank of England einem Inflationsziel, zu dem ihre Geldpolitik hinführen soll. Im Fall der in Frankfurt am Main angesiedelten Euro-Zentralbank setzten die Regierungen auf einen dritten Weg, nämlich einen Mix aus deutscher Geldmengenpolitik und der englischen direkten Inflationssteuerung. Das von der EZB als Zwei-Säulen-Strategie bezeichnete Modell ist einzigartig. Die EZB-Grenzwerte für einen akzeptablen moderaten Preisanstieg liegen »unter, aber nahe 2 Prozent«. Außerhalb dieser Spanne kann, ja muss die Europäische Zentralbank nach ihren eigenen Regeln reagieren. Diese Politik wurde 2011 noch einmal vom EZB-Rat bestätigt.

Kritiker wie der Alternativökonom Rudolf Hickel halten dagegen grundsätzlich eine Preissteigerung von bis zu 5 Prozent für verträglich – ohne dass die wirtschaftliche Stabilität gefährdet würde. Das sieht man auch in Großbritannien ähnlich. Die Bank of England, die sich 1997 unabhängig von der Regierung erklärte und doch dem Schatzkanzler rechenschaftspflichtig ist, erlaubt sich einen Inflationskorridor von 1 bis 3 Prozent. Tatsächlich wurde 2011 ein Höchstwert bei der Preissteigerung von mehr als 5 Prozent erreicht. Bei gleichzeitiger schwächelnder Konjunktur, sinkender Nachfrage und sozialen Problemen ein echtes Dilemma.

In einem gewissen Umfang für Preisstabilität zu sorgen erscheint mir durchaus sinnvoll. Die Betonung liegt auf »in einem gewissen Umfang«. Denn die 2-Prozent-Marke ist ebenso willkürlich gewählt wie die 5-Prozent-Marke, die linke Ökonomen gern als erträgliche Obergrenze nennen. Jedenfalls hätte man sich in der Vergangenheit wiederholt niedrigere Zinssätze gewünscht, um die Wirtschaft anzukurbeln (was wohl eine Inflationsrate von mehr als 2 Prozent bedeutet hätte).

Erst in der Großen Krise seit 2007 senkte die EZB rabiat ihren Leitzins bis auf 1 Prozent. Doch selbst in der Krise blieben damit die Zinsen in Europa höher als in den USA und in Japan. Andererseits ist selbst dieser relativ hohe Leitzins vergleichsweise niedrig: Weltweit wurden in der Großen Krise Leitzinsen gesenkt, in Australien auf 4,5 Prozent, in der Türkei auf 5,75 Prozent, in Indonesien auf 6 Prozent, in Brasilien auf 11,5 Prozent.

Mit der Fixierung auf die Preisstabilität innerhalb der Zwei-Säulen-Strategie war in der Europäischen Union ein wesentlicher Kompromiss zwischen den Staaten gefunden worden, den die EZB zunächst mit Leben füllen sollte. Im höchsten Organ seines Frankfurter Arbeitsdomizils, dem EZB-Rat, präsidierte Duisenberg den anderen fünf Mitgliedern im Direktorium sowie den zwölf Notenbankchefs aus den Euro-Staaten. Angesichts dieser 12+6-Situation (heute 17+6) musste Duisenberg den kleinsten gemeinsamen Nenner suchen. Die Europäische Zentralbank macht nicht nur Kompromisse, sie ist – wie ihre Präsidenten – selbst einer.

Vor der Großen Krise hatte die EZB, angetrieben von ihrem ehernen Preisziel, seit Beginn der Euro-Epoche im Januar 1999 acht Mal die Leitzinsen erhöht. Der wichtigste kletterte von 2,5 auf 4,75 Prozent hoch, der teuerste gar auf fast 6 Prozent. Damit konnte im rasanten wirtschaftlichen Aufschwung zwar eine »richtige« Inflation verhindert werden, nicht aber ein deutlicher Preisanstieg. Aber noch ärgerlicher: Vieles spricht dafür, dass der kleine Wirtschaftsboom zum Ende der 1990er Jahre durch die harte Geldpolitik der EZB abgebremst wurde.

Mochte dies noch als antizyklische Geldpolitik durchgehen, spitzte sich die Lage im Herbst 2000 zu, als sich Anzeichen eines wirtschaftlichen Abschwungs zeigten, der sich im vierten Quartal in einem »Null-Wachstum« niederschlug. Dadurch steckte die EZB eigentlich in einer Zinsfalle, die angesichts ihrer rechtlichen Fixierung auf die Geldwertstabilität allerdings keine ist: Die hohen, zeitweise steigenden Preise erzwangen nach den Regeln der EZB relativ hohe Zinsen; andererseits hätte die abflauende Konjunktur einen radikalen Zinsschritt nach unten verlangt, um dadurch die Gefahr einer Rezession zu mindern. Die allgemeine wirtschaftliche Entwicklung zählt, wie erwähnt, nun aber eben nicht zum Zielkanon dieser Notenbank. Erst ein halbes Jahr danach senkte die EZB ihren Leitzins um magere 0,25 Prozent, eine kleine verspätete Geste, deren Wirkung schnell verpuffte.

Einen drastischen Zinsschritt nach unten – den an und für sich die wirtschaftliche Konjunktur schon ein Jahr zuvor verlangt hätte – wagte die Euro-Bank erst nach den Terrorattacken des 11. September 2001 in New York und Washington. Die dadurch ausgelöste Gefahr für die Stabilität des globalisierten Finanzsystems – ein drastischer Abfall des US-Dollar-Kurses hätte sich zu einem Desaster für die Weltwirtschaft entwickeln können – ließ die Notenbanken in den USA, Japan, Westeuropa, Dänemark, Großbritannien, Norwegen, Schweden und der Schweiz zusammenrücken. Kurzfristige Zinssenkungen bis zu 0,5 Prozentpunkten, milliardenschwere Stützungskäufe des Dollars und die Bereitstellung von Liquidität für die Wirtschaft halfen, die Lage zu stabilisieren. Obwohl grundsätzlich Währungen miteinander in Konkurrenz stehen, das Regelwerk möglicherweise dagegensprach, übten die Zentralbanken in jenem September den Schulterschluss. Sie agierten, wie zuvor schon in anderen Krisensituationen, quasi als ideeller Gesamt(finanz)kapitalist.

Alternative Strategie: Die Fed

Dass auch eine ganz andere Notenbankpolitik verfolgt werden kann, zeigt das Beispiel USA mit ihrem erst 1913 gegründeten Federal Reserve System, kurz »die Fed« genannt. Ihre Arbeit fußt auf einem breiten Themenkatalog, der von Preisen/Inflation über Börsenkurse und die wirtschaftliche Konjunktur bis hin zu den Arbeitsplätzen reicht. Vom Gesetzgeber wurde der Fed ein Doppelmandat vorgegeben: für »stabile Preise« zu sorgen und für »maximale Beschäftigung«.

Was die Preise betrifft, so strebt die Fed eine Preissteigerungsrate von etwa 2 Prozent im Jahr an. Welchem der einzelnen vage formulierten Unterziele jeweils der Vorrang eingeräumt wird, liegt allein im Ermessen des Board of Governors, also seinerzeit von Fed-Chef Alan Greenspan und seinen sechs Vorstandskollegen. Sie werden jeweils für 14 Jahre vom US-Präsidenten ernannt, müssen vom Kongress bestätigt werden und sind doch von der Bundesregierung formal unabhängig. Unterhalb dieser maßgeblichen Spitze existieren – ähnlich wie in der EU – zwölf regionale Federal Reserve Banks. Diese wiederum nehmen Einfluss auf die nationale Geldpolitik der Fed-Zentrale. In die regionalen Feds sind private Kreditinstitute als Gesellschafter eingebunden. Eigentlich eine konsequente Umsetzung des amerikanischen Kapitalismus: Gegen den politischen Druck »aus Washington« ist die Zentralbank abgeschirmt, aber die privaten Finanzinstitute haben als Eigentümer direkten Zugriff auf das Fed-System. Die regionalen Ableger setzen dann die Fed-Politik konkret vor Ort um und versorgen unter anderem die Banken mit Bargeld.

Vergleicht man die 1990er Jahre, so lagen die US-Leitzinsen im Regelfall nominal höher (!) als die europäischen. So stand der US-Diskontsatz lange Zeit bei »billigen« 3 Prozent, stieg dann aber wieder und lag seit 1998 bei 4,5 Prozent. Zu diesem Preis können sich in den USA Banken und Sparkassen bei der Notenbank Geld besorgen, Geld, das sie wieder an ihre Kunden verleihen – mit Aufschlag und oft mit Zeitverzug. Durch eine moderate Verteuerung des Geldes versuchte das amerikanische Zentralbanksystem, alles in allem erfolgreich, ein Überhitzen der famosen, ein Jahrzehnt andauernden Hochkonjunktur zu verhindern. Die besonderen Gründe dieser Phase müssen hier nicht weiter interessieren (technische Revolution, rasant steigende Aktienkurse, hohe private Verschuldung, kräftige Binnennachfrage, starker Dollar mit folglich laufendem Kapitalzufluss aus Europa und Asien etc.).

Als sich die Konjunktur im Spätherbst 2000 in den USA eintrübte, reagierte die amerikanische Geldpolitik entschlossen. Die Notenbank Fed senkte die Zinsen innerhalb nur eines guten halben Jahres um 3 Prozentpunkte (die EZB in einem längeren Zeitraum nur um 0,5 Prozentpunkte). Damit lag der US-Leitzins erstmals in jüngerer Zeit unterhalb des EZB-Leitzinses. Was gewiss den Dollar als globale Anlagewährung schwächte, schließlich wollen Anleger möglichst hohe Zinsen kassieren. Doch zugleich verhinderte

Greenspan dadurch wahrscheinlich Schlimmeres für die Konjunktur. Das Deutsche Institut für Wirtschaftsforschung (DIW) in Berlin rechnete vor, dass diese radikalen Zinsschritte dem US-Sozialprodukt ein zusätzliches Plus von 1,5 Prozentpunkten im Jahr 2001 bescheren würden. Dazu kam es jedoch nicht, weil »9/11«, die Terroranschläge auf das World Trade Center in New York und auf das Pentagon in Arlington, auch die amerikanische Konjunktur trafen.

Greenspans geldpolitische Hoffnungen beruhten auf der plausiblen Annahme, dass niedrigere Zinsen die Nachfrage nach Krediten beleben, weil Private mehr konsumieren und Unternehmen stärker investieren. Beides – und da lag das Problem – allerdings auf Pump. Es gibt noch einen weiteren Haken: Niedrige Zinssätze machen konventionelle Geldanlagen wie Sparbücher oder festverzinsliche Wertpapiere weniger attraktiv. Mehr Geld und Kapital flossen daher in Aktien. Was wiederum, so dachte Greenspan, mittelbar die Wirtschaft beflügeln würde. Solche Effekte in der Realwirtschaft treten aber nicht sofort auf, sondern mit einem zeitlichen Abstand von mehreren Monaten, weil die Banken die niedrigeren Leitzinsen nur schleppend und möglicherweise unvollständig an ihre Kundschaft weiterreichen und andererseits Konsumenten wie Kapitalisten ihre Investitionsentscheidungen nur selten über Nacht treffen und sich stattdessen lieber Zeit lassen. Dies mag selbstverständlich erscheinen, wird jedoch in der aktuellen Medienhatz oft übersehen.

Die Grenzen der Notenbanken

Gerade Greenspans Stützung der Aktienmärkte belegt jedoch, dass auch die umfassendere Aufgabenstellung – der wesentliche Unterschied zwischen Fed und EZB – Risiken birgt. Externe Faktoren wie der Zusammenbruch der Neuen Märkte, auf denen Hochtechnologie-, Internet- und Kommunikationsaktien gehandelt wurden, oder die Terrorangriffe auf das »Welthandelszentrum« und das US-Verteidigungsministerium zerstörten Greenspans Hoffnungen in Minutenschnelle.

Greenspan wurde legendär, weil er scheinbar erfolgreich versucht hat, mit sinkenden Zinsen das amerikanische Konjunkturschiff flottzumachen und Börsenkurse mit Niedrigzinsen zu stimulieren (Aktien werden attraktiver, wenn andere Geldanlagen weniger Zinsen abwerfen). Später, weit über 80 Jahre alt, nahm er in seiner bescheidenen Art fast die ganze Schuld für die Große Krise auf sich: »Ich habe furchtbar viele Fehler gemacht«, sagte Greenspan 2010 vor einem Kongressausschuss zur Finanzkrise. »70 Prozent meiner Entscheidungen waren richtig, die restlichen 30 Prozent haben zu der Finanzkrise beigetragen.« Es war die vielleicht wichtigste Äußerung in Greenspans Leben, meinte ein zynischer Zeitungskolumnist.

Wie eng die vom Kapitalismus gesetzten Grenzen letztlich sind, in denen Leitzinsen und Geldpolitik wirken, zeigt ein Vergleich mit Europa und Japan. In den Vereinigten Staaten raste die Konjunkturlokomotive rund ein Jahrzehnt lang flott voran, »trotz« teilweise hoher nominaler Zinsen von bis zu 6,5 Prozent, die deutlich oberhalb des Euro-Niveaus von 3 bis 4 Prozent lagen. Trotzdem nahm die Wirtschaft in Euro-Land nie die Fahrt auf wie in den USA. Freilich, vergleichen wir die Leitzinsniveaus unter Berücksichtigung der höheren Preissteigerungsrate in Amerika, lagen die realen Leitzinsen gar nicht so weit auseinander. Was wiederum den größeren Spielraum der Fed belegt: Sie konnte eine Preissteigerungsrate von 2 bis 6 Prozent tolerieren, was der US-Konjunktur offensichtlich keinen Schaden tat. Die EZB hätte bereits bei 2 Prozent die Zinsbremse ziehen und ihre Leitzinsen anheben müssen, wohl zu Ungunsten der europäischen Konjunktur.

Der Spielraum besonders der EZB wird auch durch die wirtschaftlichen Unterschiede im Währungsraum eingeengt. Die Preisentwicklung im Euro-Land klaffte von Anfang an erheblich auseinander, und im Krisenjahr 2008 stieg der von der EZB erstellte »Harmonised Index of Consumer Prices« in Deutschland um 2,8, in Griechenland um 4,2 und in Estland um 10,6 Prozent. Auf diese riesige Preiskluft kann die EZB aber nur mit einem einzigen Zinssatz reagieren.

Tröstlich angesichts dieses Dilemmas ist die scheinbare Wirkungslosigkeit von Leitzinsen, wie sie Japan demonstriert, das jahrzehntelang hinter den Vereinigten Staaten die größte Wirtschaftsmacht weltweit war. Nippons Banken konnten sich fast für umsonst Geld von der Zentralbank pumpen. Doch trotz eines Leitzinses nahe null (0,5 Prozent seit 1995, dann 0,25 Prozent und nach den Terroranschlägen 2001 nur noch 0,1 Prozent) trudelten

Finanzmärkte und Wirtschaft seit Ende der 1980er Jahre von einer Kalamität in die nächste. Beides hat sich bis heute nicht geändert, weder die Null-Leitzinsen, noch die Stagnation der Wirtschaft. Trotz Billigstdarlehen – und obendrein opulenter keynesianischer Staatsprogramme – wollte die Konjunktur in den 2000er Jahren einfach nicht wieder richtig anspringen, grassierte Deflation. Was unter anderem strukturellen Mängeln geschuldet war, fehlender Binnennachfrage, einem Wandel der globalen Exportnachfrage sowie maroden Banken und Versicherungen.

Die Fälle USA und Japan belegen zweierlei: Hohe Zinsen stoppen keineswegs immer die Konjunktur, und niedrige Zinsen kurbeln die Wirtschaft nicht unbedingt an. Offensichtlich sind andere Faktoren – von der konkreten Wirtschaftspolitik der Regierung bis zur sozialen und wirtschaftlichen Struktur einer Volkswirtschaft – ebenfalls von großem Gewicht und treiben alle diese Möglichkeiten als tektonische Platten auf der Glut des kapitalistischen Inneren.

Die möglichen Handlungsspielräume für die Zentralbanken ergeben sich auch aus deren politischer Anbindung bzw. Nichtanbindung. Traditionell war und ist deren Nähe zu Regierung und Politik heiß umstritten. Allerdings bekommen alle Zentralbanken von Politik, Parlament oder Regierung einen Zielkanon vorgegeben, die EZB einen sehr engen, die Fed einen sehr weiten. Der eigentliche Streit dreht sich um die operative Unabhängigkeit einer Notenbank. Während das deutsche Bundesbank-System von Anfang an auf operative Selbständigkeit setzte und eine entsprechende Unabhängigkeit der Notenbank, setzten Großbritannien und Frankreich bis zur Einführung des Euro auf handfeste Vorgaben durch die Regierung.

Eine solche Ankettung an die (Tages-)Politik, einschließlich der damit verbundenen Möglichkeit der Instrumentalisierung der Notenbank für kurzfristige politische Interessen, hat sich meiner Meinung nach nicht bewährt. Darum halte ich Forderungen für falsch, die auf eine engere politische Bindung der EZB hinausliefen. Diese wäre in der jetzigen Konstellation bei 17 Euro-Ländern in der Praxis ohnehin zum Scheitern verurteilt. Immerhin sollte Europa diskutieren, ob es nicht notwendig ist, die strategischen Vorgaben durch die Politik auszuweiten und sowohl eine stetige Wirtschaftsentwicklung in den Zielkanon der Zentralbank einzufügen als auch eine Berücksichtigung der Beschäftigungswirkungen. Dabei sollte man nicht in den alten »linken« Fehler zurückfallen, die Geldwertstabilität geringzuschätzen. Die »Härte« des Euro muss die vorrangige Aufgabe der EZB bleiben, denn Preisstabilität ist ein hohes wirtschaftliches Gut. Und in Anlehnung an Antonio Gramsci: Preisstabilität hilft dabei, die gesellschaftliche Hegemonie über ökonomische Gesetzmäßigkeiten zu sichern.

Preisstabilität scheint manchem allein im Interesse der Banken und Kapitalbesitzer zu liegen, deren Rohstoff dadurch kalkulierbar und billig bleibt. Aber Geldwertstabilität bietet andererseits auch »kleinen« Sparern, dem Handwerk und Gewerbe die notwendige Sicherheit für ihre Sparanlagen, für nachhaltigen Konsum, für Altersvorsorge und Investitionen. Sinnvoll wäre es, Geldwertstabilität (ob die Toleranzgrenze bei 2, 3 oder 5 Prozent Preiserhöhung erreicht ist, wollen wir hier offenlassen) als eine der Säulen der Infrastruktur zu begreifen, auf der eine Volkswirtschaft notwendig ruhen sollte, die eine nachhaltige und dynamische Entwicklung wünscht.

Die Dynamik erwächst dann allerdings aus anderen Faktoren als der Geldpolitik einer Zentralbank. Dazu bedarf es in Basis und Überbau struktureller Reformen und bedeutender Veränderungen, von einer Bildungsreform, die alle Kinder mitnimmt, bis hin zur Integration der Wirtschaft der »Dritten Welt« in einen fairen Warenaustausch.

Um ihrer Rolle gerecht zu werden, sollten Zentralbanken selbständig agieren und unabhängig von der unmittelbaren politischen Einflussnahme sein. Das entspricht in etwa dem Modell der Europäischen Zentralbank. An der Politik, an den Parlamenten und Regierungen ist es jedoch, ein festes erweitertes Regelwerk zu schaffen, das die Führungen der Notenbanken zukünftig zwingt, eine nachhaltige Geldpolitik zu betreiben und in konjunkturellen Dellen einen größeren Preisspielraum zu haben sowie notfalls als Retter in der Krise aufzutreten. Eine Rolle, die zum Drehbuch der amerikanischen Fed gehört; die EZB musste erst in der Krise lernen, als »Lender of Last Resort« aufzutreten.

Was bleibt?

Die Zentralbanken sind Komparsen und Hauptdarsteller zugleich. Komparsen sind sie im Krisengeschäft, wie wir noch sehen werden. Hauptdarsteller sind sie, weil sie als Herren des Geldes den Rohstoff bereitstellen, den Banken für ihr Doppelspiel benötigen, notwendiger Kreditgeber für die Wirtschaft zu sein und als irrsinniger Zocker auf verselbständigten Finanzmärkten zu spekulieren. Als Hauptdarsteller ordnen Notenbanken das Gemeingut Geld mehr oder weniger nachhaltig für Wirtschaft und Gesellschaft. Diese Rolle spielte die EZB unter Trichet ordentlich. Als Mitspieler auf den Finanzmärkten, wie namentlich die Fed unter Greenspan, schaffen Notenbanken allerdings auch zusätzliche Freiräume für volkswirtschaftlich schädliche Spekulationsgeschäfte.

Systemrelevant in der Krise – Die Versicherer

Hauptsache, Allianz versichert

Demonstranten in Nadelstreifen und Business-Kostümen sieht man auf Hamburgs Straßen nicht alle Tage. Tausende Versicherungsangestellte hatten im Sommer 2011 bundesweit an einem Freitag pünktlich zum Dienstbeginn ihre Arbeit niedergelegt. Der Streik richtete sich gegen Vorschläge der Versicherungsunternehmen in der seit Monaten laufenden Tarifrunde. »Die Branche weist gute wirtschaftliche Erfolge auf, und die Beschäftigten haben mit ihrer Arbeit zu dieser erfolgreichen Situation beigetragen«, sagte Verdi-Landesfachbereichsleiter Berthold Bose auf einer Kundgebung in Hamburg. So stiegen die Beitragseinnahmen der Versicherungswirtschaft 2010 um fast 5 Prozent auf 179,5 Milliarden Euro an. 2011 dürfte die 180-Milliarden-Euro-Grenze übersprungen worden sein. »Anstatt aber die Beschäftigten mit einer angemessenen Gehaltssteigerung an den Gewinnen zu beteiligen, sollen die Arbeitsbedingungen verschlechtert werden«, klagte der Gewerkschafter.

Die unglaublichen Summen, die auf die Konten der Versicherer fließen, geben eine Ahnung von der Macht, die sie haben. Das gilt besonders für die Allianz-Versicherungsgruppe. Nicht allein im klassischen Versicherungsgeschäft mit Haftpflicht, Autos und Leben ist die Allianz ausgezeichnet vertreten: Bis zu zwei Milliarden Euro bleiben ihr als Überschuss aus dem Verkauf von Policen – pro Quartal. Auch bei der Kapitalmarktspekulation laufen ihre Geschäfte blendend. Die von der Allianz verwalteten Geldanlagen wuchsen allein im Jahr 2010 – ein gutes Börsenjahr – um mehr als 25 Prozent auf einen neuen Rekordstand von rund 1500 Milliarden Euro. Eine Summe, die etwa dem Bruttoinlandsprodukt Spaniens entspricht. Was ist das für Geld? Es stammt aus dem verwalteten Vermögen von Dritten, dazu kommen das Ersparte der Kunden aus Lebensversicherungs- und Rentenverträgen sowie die Kapital-rücklagen aus den Sachversicherungen, beispielsweise aus den Haftpflichtverträgen von Privatleuten, der chemischen Industrie und der AKW-Betreiber.

Und die deutsche Assekuranz will weiter expandieren und künf-tig zum Beispiel noch stärker von den Rentensorgen der Amerika-ner profitieren. Dazu soll das Werbebudget verdoppelt werden. Das hat durchaus auch unliebsame Folgen: Als 2011 der Anstoß zur »Allianz-Meisterschaft« von Profigolfern in Florida erfolgte, pro-testierten Holocaust-Opfer mit »ALL-Nazi«-Transparenten. Vor vier Jahren hatte die Allianz zusammen mit anderen europäischen Versicherern 300 Millionen Dollar für die Entschädigung von Nazi-Opfern bezahlt und sich Rechtsfrieden erhofft. Opferverbände nutzten die Marketing-Offensive der Allianz jedoch, um neue Kla-gen vorzubereiten. Sie fordern noch zwei Milliarden Dollar für nicht ausgezahlte Versicherungspolicen aus der Nazi-Zeit.

Der frühere Allianz-Aufsichtsrat Rudolf Hickel, der die Gewerk-schaft Verdi berät, sah die Assekuranz wirtschaftlich gut aufge-stellt. Die Versicherer dagegen beurteilten die eigene Situation als »dramatisch schlecht«. Nun, Jammern gehört zum Geschäft, wenn es ans Zahlen geht. Ansonsten sind ganz andere Töne zu hören. »Die Allianz hat ihre Risiken gut unter Kontrolle«, versicherte bei-spielsweise ihr Chef Michael Diekmann auf dem Aktionärstreffen 2011. »Wir sind hochprofitabel und finanziell gestärkt aus den Kri-senjahren hervorgegangen.« Und die stärkere Ausrichtung im klassischen Versicherungsgeschäft auf die USA kommt nicht zu-fällig. Seit einer Dekade gehört die amerikanische Kapitalanlagege-sellschaft Pimco zum Münchner Konzern. Pimco ist weltweit einer der größten Vermögensverwalter, und wohl weit mehr als die Hälf-te des verwalteten Allianz-Finanzkapitals liegt in den treuen Hän-den der Amis.

Die Allianz ist in »etwa 70 Ländern« tätig, heißt es im Geschäfts-bericht vage. Was in etwa dem Umfang der internationalen Aktivi-täten der Deutschen Bank entspricht, diese ist genau in 72 Ländern präsent. 150 000 Menschen arbeiten für die Allianz, und die Zahl der Allianz-Kunden entspricht der Zahl der Bundesbürger. Aber nicht mehr allein die reichen Länder interessieren, was übrigens auch für Banken und Industrie gilt. Schließlich darf in den zwei Dutzend führenden Industrieländern der Markt weitgehend als abgegrast gelten. Ein größeres Stück vom Kuchen gibt es nur, wenn man Konkurrenten verdrängt oder sie aufkauft. Oder wenn man neue Regionen als Markt erschließt. Stichwort China. Und die Welt ist weit, in vielen fernen Ländern locken sich entwickelnde Märkte und aufstrebende Mittelschichten.

Armut als Markt: Die Mikroversicherungen

Ein Mädchen verliert seinen Vater durch einen Autounfall. Trotzdem muss das Mädchen nicht von Almosen leben und kann sich später eine Ausbildung zur Lehrerin leisten – dank einer Mikroversicherung von Tata-AIG. Die Geschichte des Mädchens ist frei erfunden. Doch das Drama füllt ein schrilles Bollywood-Video, mit dem der indisch-amerikanische Versicherungskonzern Tata-AIG auf dem ganzen Subkontinent um Kunden mit kleinstem Einkommen wirbt. Mikroversicherungen für arme Menschen in Entwicklungs- und Schwellenländern sind der jüngste Ausläufer der globalen Mikrofinanz-Bewegung, die in den 1970er Jahren mit Kleinstkrediten von umgerechnet ein paar Euro an Frauen in Bangladesch begann. Lange nach Krediten und Sparprodukten treten nun Mini-Policen auf den Plan: Für kleines Geld können sich Arme gegen große individuelle Lebensrisiken wie Unfall, Krankheit oder Diebstahl finanziell absichern.

Schwerer kalkulierbar sind für Versicherungsmathematiker kollektive Risiken wie Sturmkatastrophen oder Ernteausfälle durch Stark-Regen. Doch auch hierfür gibt es schon Mikro-Produkte zu kaufen. Die Marktlücke erscheint riesig: Erst zwischen zwei und drei Prozent der vier Milliarden Menschen, die in den 100 ärmsten Ländern leben und mit weniger als zwei Euro am Tag auskommen müssen, haben bislang Zugang zu Mikroversicherungen. Das soll sich ändern. »Noch vor zehn Jahren«, so Susan Steiner vom Deutschen Institut für Wirtschaftsforschung (DIW), »sah kaum ein Versicherungsunternehmen in den Niedrigeinkommenssegmenten einen profitablen Absatzmarkt.« Mittlerweile böten führende Assekuranzkonzerne in zahlreichen Ländern Mini-Verträge an.

Hauptsache, Allianz versichert – das geht in Indien ab einer Prämie von 35 Rupien (etwa 60 Cent) pro Woche. Über eine Laufzeit von fünf Jahren erhalten Kunden im Falle des Unfalltodes eines

Angehörigen umgerechnet etwa 600 Euro ausbezahlt. Für ihren Vertrieb in Afrika und Asien nutzt die deutsche Allianz Akteure vor Ort, in Indien ist dies neben anderen die landesweite Bewegung der Milchkooperativen. Die Allianz gibt die Zahl ihrer Mikro-Kunden in Indien, Indonesien, Ägypten, Senegal und Kamerun mit immerhin vier Millionen an. Die Expansion läuft jedoch nicht so flott wie ursprünglich geplant. Schon das Konzept einer Versicherung ist den meisten potentiellen Kunden unbekannt. Es muss also erst einmal grundlegend über Sinn und Zweck einer Police aufgeklärt werden. Dies ist ein Grund, warum der US-Konzern AIG (America International Group) zusammen mit dem heimischen Mischkonzern Tata per Video-Botschaft mit Waisenmädchen um indische Kunden wirbt.

»Versicherungsangebote für Arme expandieren in Asien inzwischen rasch«, sagt ein Allianz-Sprecher. Rund 30 Millionen Menschen allein in Indien haben danach schon eine Mikroversicherung. Abgesehen von einigen wenigen Ländern wie Uganda verläuft die Entwicklung in Afrika schleppender. Doch Allianz und ihre französische Tochter AGF planen die Ausweitung ihrer Aktivitäten auf weitere afrikanische Länder.

Das Bundesministerium für wirtschaftliche Zusammenarbeit und Entwicklung sieht Deutschland bei diesen neuen Versicherungsangeboten in der Vorreiterrolle. So engagieren sich auf dem globalen Mini-Markt neben der Allianz und dem Ministerium auch noch die staatliche KfW-Bank und unter anderem in Kolumbien die Münchner Rückversicherung mit einem Pilotprojekt. In Kolumbien entwickelte man gemeinsam mit der Mikrobank Women's World Banking und dem konzerneigenen Erstversicherer Suramericana zwei Produkte: zum einen eine Versicherung für die Risiken Tod, Invalidität und schwere Erkrankungen mit Prämien von umgerechnet 1 bis 6 Dollar pro Monat, zum anderen eine Sachversicherung für Häuser, Läden und Waren gegen Einbruch, Diebstahl, Raub und Feuer mit Prämien von 0,3 bis 10 Dollar pro Monat. Dazu kommt eine seit einigen Jahren angebotene Versicherung für Mikrobanken, deren Liquidität im Falle eines Erdbebens gedeckt wird.

Bei den Anbietern ist man von der wirtschaftlichen Machbarkeit überzeugt. Michael Anthony, Leiter der Abteilung Mikroversicherung bei der Allianz, erwartet einen doppelten »Mehrwert«: Mini-

Policen böten einen messbaren sozialen Nutzen, und sie seien »für uns wirtschaftlich rentabel«. Damit rechnet auch DIW-Forscherin Steiner: »Aus Sicht der Versicherungsunternehmen stellen Mikroversicherungen ein milliardenschweres Potential riesiger unerschöpfter Märkte dar.«

Irrsinn? Indessen betriebswirtschaftlich rational und volkswirtschaftlich vor Ort möglicherweise durchaus nützlich, meint Jörg Goldberg. Der Konzernkritiker, Afrika-Kenner und entwicklungspolitische Experte der Arbeitsgruppe Alternative Wirtschaftspolitik lobt Mikroversicherungen als »abstrakt sehr wichtige Geschichte«. Sie könnten beispielsweise Kleinbauern und kleinen Selbständigen am Existenzminimum »Kontinuität« in ihrem Geschäftsleben sichern. Die ganz Armen würden damit allerdings in der Praxis nicht erreicht, sondern die Mittelschicht, die es sich leisten kann, eine Police zu bezahlen. Goldberg ist daher skeptisch hinsichtlich der Machbarkeit. So gehen Entwicklungshilfeorganisationen wie die frühere GTZ (heute Deutsche Gesellschaft für Internationale Zusammenarbeit GIZ) mit den privaten Akteuren in Private-Public-Partnerships zusammen. Wenn keine öffentlichen Gelder fließen, so Goldberg, könnten Mikroversicherungen für Arme kaum funktionieren, weil der Verwaltungsaufwand zu groß sei. Dazu kommen häufig Qualitätsmängel: Weder Versicherte noch die Agenten der Versicherungsunternehmen wissen Bescheid, und im Schadensfall zeigt der vermeintliche Rettungsschirm oft Löcher. Wichtig sei es daher, so Goldberg, »mit bestehenden Strukturen zusammenzuarbeiten und dort anzudocken«. Auch Frau Steiner findet die Idee an sich »vielversprechend«, bleibt aber ebenfalls skeptisch hinsichtlich des Nutzens für die Menschen. Eine staatliche Sozialversicherung wäre an sich die bessere Lösung, doch in vielen Ländern sei diese leider »total unrealistisch«. Ein weiteres Problem: In Ländern, in denen bereits eine öffentliche Grundsicherung in Ansätzen besteht, wird sie durch die private Konkurrenz geschwächt. So ist in Ghana bereits jeder zweite Bürger durch eine staatliche Krankenversicherung geschützt, die nun unter den Konkurrenzdruck der Multis gerät.

Katastrophen-Anleihen gegen das Wetter

Versicherer zeigen sich auch in anderen Bereichen erfinderisch: Mitten im größten Schlamassel auf den Finanzmärkten seit 66 Jahren verkaufte die Munich Re im Herbst 2011 Risiken für US-amerikanische Hurrikane und Windstürme in Europa mit einem Gesamtvolumen von 100 Millionen Dollar auf dem Kapitalmarkt. Die Katastrophen-Anleihe wurde überwiegend von Investmentfonds und Hedgefonds gekauft. Es war bereits die dritte Platzierung eines »Catastrophe Bonds« durch die Bayern innerhalb weniger Monate. Der weltgrößte Rückversicherer aus München ist damit seine »Risiken« erst einmal los: Stürmen die Windhosen oder zerstört ein Hurrikan in den kommenden Jahren ganze Landstriche, zahlen dafür die Investoren, indem sie ihr eingesetztes Kapital teilweise oder ganz verlieren. Geht es gut, kassieren sie eine überdurchschnittliche Rendite, die ihnen die Munich Re zahlt. Die Absicherung von Wetterrisiken liegt damit auf den Finanzmärkten. Nun ist diese Katastrophen-Anleihe für sich genommen zu klein, um eine Krise auszulösen, doch sie ist weltweit nicht die Einzige, und niemand weiß, bei welchen Investoren in welcher Häufung die versicherungstechnischen Risikopositionen der Assekuranz heute, morgen oder übermorgen liegen werden.

Schlecht Wetter herrscht dagegen auf anderen Baustellen der Sicherheitsverkäufer. Die Finanzkrise hat gezeigt, dass selbst Geldgiganten mit einem relativ sicheren Geschäftsmodell in existenzielle Schwierigkeiten geraten können. Versicherungsgesellschaften – wer sonst – achten an sich darauf, kein zu großes Risiko einzugehen. Sie schätzen die Wahrscheinlichkeit eines Autounfalls in Hamburg, eines Einbruchs in Berlin oder eines Hurrikans in den Vereinigten Staaten ab und kalkulieren entsprechend die Prämien, die ihre privaten Kunden und Firmen bezahlen müssen. Dabei kann eigentlich nicht viel schieflaufen, dank Statistik und Wahrscheinlichkeitsrechnung. Dazu kommt eine starke staatliche Regulierung, etwa die Anlagenverordnung (ALV). In ihr ist geregelt, wie das Vermögen von Versicherungsunternehmen angelegt werden darf – quasi nur mit Sicherheitsgurt und Airbag.

Im Kampf um Marktanteile mag sich zwar der eine oder andere Vorstand verkalkulieren. So gingen vereinzelt schon Unternehmen pleite, wie etwa kleine Kfz-Versicherer oder die Mannheimer-Lebensversicherung, deren Verträge 2003 ohne öffentliches Aufsehen von der Sicherungseinrichtung Protektor übernommen wurden. Im Jahr zuvor hatten die in Deutschland aktiven Lebensversicherer Protektor als Auffanggesellschaft gegründet. Die Mannheimer blieb aber seither der einzige Bestand. In früheren Fällen waren angeschlagene Unternehmen durch Übernahmen geräuschlos saniert worden, schließlich würde die »richtige« Insolvenz eines großen Versicherers einen gewaltigen Imageschaden hervorrufen. Ein unkalkulierbarer Preis.

Und weil der Spruch »sicher ist sicher« allemal für die Assekuranz gelten sollte, sichern sich Erstversicherer wie Allianz oder Ergo auch noch bei Rückversicherern wie Munich Re, Swiss Reinsurance oder der US-amerikanischen General Reinsurance Corporation global ab. Zudem werden die vielen Milliarden Euro, die sie an Prämien kassieren, nicht zuletzt aufgrund strenger rechtlicher Vorgaben, überwiegend in vermeintlich risikolose Finanztitel angelegt, beispielsweise in Staatsanleihen. Doch diese gelten mittlerweile teilweise als »Schrottpapiere« und stecken – siehe Griechenland, Irland und Italien – für die Versicherer nun voller schwer wägbarer Gefahren.

Im Fall Griechenlands wurden die Risiken 2011 augenfällig. Auf dem Euro-Gipfel Ende Oktober konnten Kanzlerin Merkel, Präsident Sarkozy und die anderen EU-Regierungschefs die »privaten Investoren«, wie es im offiziellen Dokument heißt, in einem medienwirksamen Verhandlungsmarathon zu einem Schuldenschnitt von 50 Prozent bewegen. »Der Verzicht auf die Hälfte der Forderungen sollte verhindern, dass Griechenland von den Ratingagenturen für zahlungsunfähig erklärt wird«, rechtfertigte sich die Europäische Kommission. Der Deal, sollte er in dieser Form umgesetzt werden, bedeutet konkret, dass sich die Schulden Griechenlands immerhin um 100 Milliarden Euro verringern würden – und dass die Gläubiger endlich einmal haften für den Schlamassel, den sie mit angerichtet haben. Öffentlich wahrgenommen wurde allerdings allein, dass es die Banken trifft. Doch der Schuldenerlass wird Versicherer mindestens ebenso hart belasten.

Denn als im Mai 2010 die Staatschuldenkrise in Griechenland ausbrach, gefährdete dies sofort die Bilanzen der Assekuranz. Infolge der Herabstufung von Staatspapieren durch Ratingagenturen hätten die Versicherer plötzlich zu Notverkäufen gezwungen sein können. »Verlieren Wertpapiere den sogenannten Investmentgrad, werden sie zu einer riskanten Kapitalanlage«, erläutert Lars Gatschke vom Verbraucherzentrale Bundesverband (VZBV) den Sachverhalt. Denn die Finanzaufsicht in Deutschland (Bafin) hat den Anteil von Wertpapieren ohne Investmentgrad auf 5 Prozent des gesamten Kapitals begrenzt. Und diese Grenze dürfte bei vielen Versicherern bereits erreicht gewesen sein, denn bis dahin hatten sie fast beliebig viel Geld in Staatspapieren anlegen können, die schließlich als hochsicher galten. Die Folge hätten eigentlich Zwangsverkäufe sein müssen – zu einem denkbar schlechten Preis. Doch dazu kam es nicht, weil die Finanzaufsicht eingriff. Laut Bafin liege das Engagement der Assekuranz in Papieren der »PIIGS«-Staaten – gemeint sind mit diesem schweinischen Fachausdruck Portugal, Irland, Italien, Griechenland und Spanien – je nach Staat und Unternehmen zwischen 0,3 und 3 Prozent der jeweiligen Kapitalanlagen; die Risikostreuung sei daher intakt. »Um Notverkäufe zu vermeiden, haben wir im Mai 2010 und im Juni 2011 entsprechende Verlautbarungen veröffentlicht«, bekundet eine Bafin-Sprecherin. Damit sollte ein »prozyklisches Verhalten« der Unternehmen verhindert werden. Danach mussten sich Unternehmen nicht von den heiklen Staatspapieren trennen, selbst wenn diese bei den Ratingagenturen durchfielen. Die »Schrottpapiere« wurden dann abgeschrieben, also in der Bilanz mit einem niedrigeren Preis eingetragen. Was wiederum zu niedrigeren Gewinnen in den Bilanzen der wegen einer Bade-Orgie in Budapest in Verruf geratenen Ergo-Gruppe, beim Branchenprimus Allianz und der italienischen Generali führte.

Obwohl Beobachter derzeit ausschließen, dass ein Versicherer an einem griechischen Schuldenschnitt verbluten könnte, kommt doch jeder Schuldenschnitt teuer, sehr teuer zu stehen, letztlich auch den versicherten Kunden.

Rüsten für die Krise

Neben dem Schuldenschnitt trifft Versicherer die ausdauernde Zinsflaute hart. Über eine Dekade standen die Zinssätze ohnehin historisch tief, und dann kam die Große Krise, auf die fast alle Notenbanken mit weiteren Zinssenkungen reagierten. Wer sein Kapital und das seiner Kunden weitgehend in sicheren Wertpapieren anlegt, wie die Assekuranz, setzt jedoch in allererster Linie auf sichere Zinseinnahmen. Aber infolge der Finanzkrise liegen die maßgeblichen Leitzinsen in den USA, Japan und Europa inzwischen mit 1,5 bis 0 Prozent in den tiefsten Tiefen der Geldpolitik und decken manchmal nicht einmal mehr die Inflationsrate ab. Angesichts der in aller Welt verbreiteten Rezessionsangst dürften die Zinssätze außerdem noch lange über 2012 hinaus niedrig bleiben. Und das ist eine schlechte Nachricht für die Assekuranz.

Die Branche wirkt angesichts dieser Zwickmühle ratlos. Von der EU dürfte sie nun ein Jahr mehr Zeit kriegen, um die neuen strengeren Kapitalregeln nach »Solvency II« anzuwenden. Wie die Banken sollen Versicherer für riskante Anlagen einen zusätzlichen Kapitalpuffer aufbauen oder sich von Risiken trennen. Mit »Solvency« (Solvabilität) sind die Eigenmittel eines Unternehmens gemeint, also vor allem das Eigenkapital und Rücklagen aus den Gewinnen. Die EU-Kommission hat zudem eine Krisenklausel ins Gespräch gebracht, um im Notfall die strengen Bilanzregeln lockern zu können. Über die endgültigen Bestimmungen für das »Basel III« der Assekuranz hat man unter Hochdruck gefeilscht; ein weiterer, der sechste Stresstest ist geplant, um die Firmen auf Herz und Nieren zu checken. All dies zeigt die »Systemrelevanz« auch der großen Versicherungskonzerne wie der Allianz, Swiss Re oder Allstate.

Besonders erfolgreich beim Gerangel um die neuen Sicherheitsrichtlinien erscheint dabei die deutsche Lobby: So sollen die Kunden von den versteckten Reserven in den Bilanzen zukünftig weniger abbekommen. Sicher ist sicher. Das würde die Kapitalbasis der Unternehmen stärken, aber Lebens- und Rentenversicherungen für Sparer noch weniger attraktiv machen. Versicherer stecken, ähnlich wie Banken, in einem Dilemma, welches ihnen das Magische Dreieck Rendite – Risiko – Liquidität beschert: mehr Sicherheit gleich weniger Attraktivität und mehr Attraktivität gleich weniger Sicherheit.

Ein Mittel, um sich gegen stürmisches Wetter zu wappnen, ist der Verkauf von »Risiken« auf den Finanzmärkten, wie es die Munich Re mit ihrer Katastrophen-Anleihe getan hat. Bemerkenswert allerdings, dass der Weltkonzern dazu eine Zweckgesellschaft, eine Art Schattenbank, gründete, und das auch noch in der

Regulierungsoase Irland. »Zweckgesellschaften« und »Irland« hatten 2007/08 maßgeblich zum Ausbruch der Großen Krise beigetragen.

Wankender Koloss: AIG

Und wie bei den Banken kam es in der Krise zu einem spektakulären Crash: Die American International Group, die wir bereits aus Indien kennen, spielte lange zusammen mit der Allianz und der ING-Gruppe, einem niederländischen Allfinanz-Konzern, in der Champions League der Erstversicherer, bis sie im September 2008 lauthals nach Hilfe schrie und die US-amerikanische Notenbank Fed ihr einen milliardenschweren Überbrückungskredit zur Verfügung stellte. Später stützte die US-Regierung AIG mit mehr als 150 Milliarden Dollar, eine der größten staatlichen Rettungsaktionen in der Wirtschaftsgeschichte. Irrsinn. AIG wurde weitgehend verstaatlicht.

Ein deutsches Nachrichtenmagazin bezeichnete daraufhin den US-Konzern als »die gefährlichste Firma der Welt« und veröffentlichte eine Titelgeschichte darüber, wie AIG die Banken erst ins Risiko und dann die Finanzwelt »fast in den Kollaps« getrieben hatte. Wie war es dazu gekommen? Im vierten Quartal 2007 hatte AIG Abschreibungen in Höhe von 11 Milliarden Dollar auf ihr Kreditversicherungsportefeuille gemeldet. Eine Folge der »Subprime-Krise« (Immobilien-Krise) in den USA, die auch die folgende Banken-Finanz-Wirtschafts-Staatsschuldenkrise auslöste, und wohl auch eine Folge der im Vergleich zur EU laxeren Regulierung der Kapitalanlagen für US-Versicherer. Als diese Immobilienblase geplatzt war, musste AIG als Kreditversicherer für seine »Credit-Default-Swaps« zahlen.

100 000 Beschäftigte der AIG hatten, laut Firmenangaben, in mehr als 100 Ländern weltweit die ganze Palette der Versicherer – von der Schadenspolice bis zur Kapitallebensversicherung als Geldanlage – angeboten. AIG versicherte zudem Großrisiken von Industrieunternehmen, auch in Deutschland. Neben dem klassischen Versicherungsgeschäft war auch dieser Gigant als Vermögensverwalter tätig – und verzockte sich dabei lebensbedrohlich. AIG hatte beispielsweise Garantien für Hypothekenanleihen über-

nommen, die in den Krisenjahren 2007/08 rasant an Wert verloren und unverkäuflich wurden. In den ersten drei Quartalen 2008 erlitt AIG dann erneut Verluste von insgesamt 18 Milliarden Dollar und wechselte seinen Chef aus. Irrsinn am Rande: Der dann vom Staat vor der Pleite gerettete US-Versicherer beschäftigte seinen für das Desaster verantwortlichen Ex-Risiko-Manager als Berater weiter – für angeblich eine Million Dollar monatlich. Joseph Cassano durfte nach seinem Rücktritt auch 34 Millionen Dollar an Gehaltszulagen behalten, soll aus Dokumenten hervorgehen, die einem Kontrollausschuss des US-Repräsentantenhauses vorliegen. Vor dem Gremium verteidigte der ehemalige AIG-Chef Martin Sullivan den Beratervertrag: »Ich wollte den zwanzigjährigen Wissensfundus von Mister Cassano bewahren.« AIG hatte schon früher mit Skandalen zu kämpfen: So musste wegen Unregelmäßigkeiten in den Bilanzen 2005 der AIG-Chef Maurice Greenberg gehen, der den Konzern über fast vier Jahrzehnte geprägt hatte.

Auch bei einem der wichtigsten Erstversicherer der Welt hatte man also Risiken falsch eingeschätzt und Unwägbarkeiten nicht als solche erkannt. Das galt selbst für eigene Geldanlagen und Hypothekenkredite, die nun rasant an Wert verloren.

Noch einen weiteren Koloss traf die Krise hart, den wichtigsten Konkurrenten der Münchner Rückversicherung: die Swiss Re. Eine letztlich erfolglose, also zu riskante Anlagestrategie hatte der Schweizerischen Rückversicherungsgesellschaft ein Milliardenloch beschert. Auch beim Rückversicherer Swiss Re musste der Boss als Bauernopfer gehen. Jacques Aigrain hatte für 2008 ein miserables Ergebnis vorgelegt. Aufgrund riskanter Geschäfte mit komplexen Finanzinstrumenten und Kreditabsicherungen, also mit Derivaten, die wir noch ausführlich würdigen werden, sah sich der Vorstand der Swiss Re gezwungen, 6 Milliarden Franken (5 Milliarden Euro) abzuschreiben. Aigrain wurde durch den Deutschen Stefan Lippe, der schon lange vor dieser Pleite, seit 2001, der Konzernleitung angehört hatte, ersetzt. In Zürich erfolgte die Rettung privat: Der Investor Warren Buffett und die vernetzte »Schweiz AG« sprangen bei und verschafften der Swiss Re mehrere Milliarden Franken frisches Kapital.

Die Beispiele Schweizer Rück und AIG zeigen vor allem eins: Selbst solide Geschäftsmodelle in soliden Branchen schützen nicht vor zu riskanten Geschäften. Weder die Branche noch die eingesetzten Werkzeuge sind »böse«, erst die Akteure treiben es zu toll. Bei den Versicherungen sind es, wie bei den Banken, nur einige wenige Spieler mit wirklich globaler Bedeutung. Neben den Rückversicherern sind dies allen voran die »Big-A«: Allianz, Axa und zumindest bis zur Krise die heute deutlich eingeschrumpfte AIG. Weltweit erscheint mir ein Dutzend Versicherungskonzerne genau so systemrelevant für die Wirtschaft zu sein, wie die zwei Dutzend Global-Banken, welche die Weltwirtschaft beherrschen. Bisher wehrten sich die Versicherer gegen das Etikett »systemrelevant«, das ihnen Regulierer und die Konkurrenz der Banken anheften möchten. Das Etikett wäre wohl mit schärferen Auflagen und teureren Kapitalanforderungen verbunden, die den kleineren, nicht-systemrelevanten Unternehmen erspart blieben.

Banken und Versicherer stehen in enger Verbindung. Für die Versicherer sind die Filialen der Geldhäuser der manchmal wichtigste Absatzweg. Jede dritte der besonders lukrativen (Kapital-)Lebensversicherungen wird am Bankschalter an die Frau oder den Mann gebracht. Umgekehrt basieren moderne Lebens- und Rentenversicherungen häufig auf Investmentfonds, die in Bankkonzernen entwickelt wurden, wovon im nächsten Kapitel noch ausführlich die Rede sein wird.

Trotzdem bleiben Unterschiede in den Geschäftsmodellen. Dabei hatte es in den 1990er Jahren zeitweilig so ausgesehen, als ob Banken und Versicherer zu Allfinanz-Konzernen verschmelzen würden. In einigen Fällen geschah das auch, so etwa bei der niederländischen ING oder der deutschen Allianz, die 2001 durch den Kauf der Dresdner Bank zum Allfinanzler wachsen wollte. Erfolglos. 2009 wurde die Bank – mit staatlicher Hilfe – an die Commerzbank verkauft. Doch die meisten Schuster waren bei ihren Leisten geblieben. Dazu trug bei, dass »die Finanzmärkte« (riskantere) spezialisierte Unternehmen lange den langweiligen (renditeschwachen) Gemischtwarenläden vorzogen.

Im Vergleich zu den Banken sind die Versicherer bisher insgesamt besser durch die Krise gekommen. Gleichwohl sind AIG und Swiss Re warnende Beispiele, die Risiken der Sicherheitsverkäufer nicht zu unterschätzen. Wo Verlierer sind, sind auch hier Gewinner. Etwa die in Deutschland beheimateten Multis Allianz und Münchner Rück profitierten mittelbar von den Schwächen der beiden Konkurrenten und gewannen Marktanteile hinzu.

Was bleibt?

Auch wenn die Große Krise glimpflich über die Branche der Sicherheitsverkäufer hinweggezogen ist, sind große Assekuranz-Konzerne, wie Allianz und die Münchner Rückversicherung in Deutschland, systemrelevant für einzelne Volkswirtschaften und systemrelevant für die globalen Finanzmärkte. Auch an sich sichere Geschäftsmodelle können für hochriskante Zockergeschäfte »missbraucht« werden.

Risikoliebhaber – Die Fondsgesellschaften

»Sei kein Opfer des Kapitalismus«

Große Versicherer wie die Allianz sind Sicherheitsverkäufer, aber sie sind dank des Geldes ihrer Kundschaft auch monströse Kapitalsammelstellen. Allein unter dem Dach des »Allianz Global Investors« werden laut Firmenangaben Vermögenswerte von 2,1 Billionen US-Dollar verwaltet. Sie stammen von Kleinanlegern und Rentenversicherten, von Investoren und Fondsgesellschaften aus aller Welt und von den eigenen Allianz-Tochtergesellschaften. Um das Kapital der Kunden anzulegen, unterhält die Allianz Forschungsabteilungen, Investmentfirmen, Beteiligungsgesellschaften und vor allem Pimco.

Die »Pacific Investment Management Company« hat die Allianz vor einer Dekade gekauft, und sie ist heute einer der ganz großen Spieler, spezialisiert auf verzinsliche Wertpapiere, also auf Anleihen von Unternehmen und Staaten, sogenannte Rentenpapiere. Aber auch diese »Rentiers« nutzen in Spezialsegmenten die Möglichkeiten der wilden Renditejagd. Zum Beispiel von weitgehend unregulierten und weitgehend unversteuerten Offshore-Fonds: Unter einen Dachfonds werden viele andere Fonds gepackt, von denen wiederum Anteile einzeln der institutionellen und auch privaten Kundschaft angeboten werden. Dachfonds und deren Unterfonds werden dabei an einem Offshore-Finanzplatz in einer Schattenbank nach irischem Recht geführt. Alles Elemente, wie sie strukturell zur Großen Krise beigetragen haben.

Durch eine kesse Nummer machte sich Pimco mitten in der Staatsschuldenkrise auch einer größeren Öffentlichkeit bekannt. Im Frühjahr 2011 kündigte Pimco-Chef Bill Gross an, alle US-Staatsanleihen über Bord werfen zu wollen. Monatelang hatte Gross das »Gelddrucken« der Fed medienwirksam kritisiert. Gross tat dies nicht, weil diese Rettungsaktion sinnlos gewesen wäre, sondern weil man bei Pimco um den Wert der früher gekauften Staatsanleihen bangte. Es geht immer um Interessen. Ein Überangebot durch die Zentralbank an billigem Geld könnte die Inflation anheizen, würde höhere Zinssätze provozieren und so ältere Staatspapiere (mit niedrigeren Zinssätzen) entwerten. So fürchtete man bei Pimco. Die Allianz-Tochter unterstellte Washington also, die Schulden weginflationieren zu wollen.

In Erwartung eines Kurseinbruchs für seine Altpapiere trennte sich Pimco von allen »Treasuries« (US-Staatsanleihen). Angeblich. Vielleicht legte einer der weltweit größten Investoren auch nur eine falsche Fährte für die Konkurrenz. Wir wissen es nicht. Im Herbst darauf soll Pimco dann mehr US-Treasuries in seinen Computern verwaltet haben als je zuvor. Auch das wissen wir nicht. Interessant ist aber, dass die Gross-Ankündigung bis in die hintersten Winkel der Boulevardmedien drang, die Finanzakteure in Aufruhr versetzte und die Politik unter öffentlichen Druck setzte.

Schließlich hat sich Pimco-Boss Gross trotzdem verzockt. Die große Wette gegen die US-Staatsanleihen hat er verloren. Die Zinsen dieser Papiere stiegen nicht, wie Gross angeblich vermutet hatte. Sein zuvor zeitweilig weit überdurchschnittlich erfolgreicher »Pimco Total Return Fonds« zählte 2011 jedenfalls zu den Schlusslichtern in seiner Kategorie. Gross entschuldigte sich blumig bei seinen geprellten Kunden in einem Schreiben, dessen Fazit für die Vermessenheit der Finanzakteure spricht: »Mea culpa«, auf gut amerikanisch: mein Fehler. Das war's.

Bis Fonds zu wichtigen Akteuren auf den Finanzmärkten wurden, war es ein langer Weg. Heute sind die meisten Menschen in den Industriestaaten Investmentsparer – sie wissen es bloß nicht.

Millionär zu werden ist eigentlich ganz leicht. Dazu benötigt man nur drei Zutaten: etwas Geduld, ein – zugegebenermaßen – respektables Startvermögen und vor allem einen Investmentfonds. Die Geschichte vom Tellerwäscher zum Millionär geht dann folgendermaßen: Die Eltern haben 1950 für umgerechnet 10 000 Euro einen Anteil am ersten deutschen Investmentfonds gekauft. Die durchschnittliche jährliche Rendite betrug gut 8 Prozent. Sechs Jahrzehnte später ist dieser Fondsanteil dann weit über eine Million Euro wert. Soweit die Geschichte, wie sie der Bundesverband Investment und Asset Management (BVI) gern beim Feinschmeckerdinner geladenen Journalisten erzählt. Das Gute an der Geschichte: Sie ist wahr, und sie könnte sich in Zukunft sogar wiederholen. Ob das allerdings wahrscheinlich ist, muss jeder Sparer für sich entscheiden.

Die Idee des Investmentfonds hat etwas Bestechendes: Kleinanleger beteiligen sich mit kleinem Geld an großen Anlagen und können, wie bei einer Aktie, jederzeit ihren Anteil wieder verkaufen. Viele Anleger haben weder Zeit noch Lust, um sich ausgiebig über Wertpapiere zu informieren und sich ständig um ihr Erspartes zu kümmern. Zudem ist es gerade für Kleinsparer mangels Masse schwierig, die Risiken ihrer Geldanlage angemessen zu streuen. Investmentgesellschaften begannen daher schon vor mehr als einem Jahrhundert, kleines Geld von Sparern einzusammeln und dafür viele verschiedene Wertpapiere im Großen zu kaufen. So sollte das Risiko selbst bei Aktien, die damals als das Riskanteste überhaupt galten, gestreut und damit reduziert werden. Der Gedanke dahinter: Es ist unwahrscheinlich, dass alle Aktiengesellschaften oder alle Emittenten verzinslicher Wertpapiere gleichzeitig in Konkurs gehen. Richtig.

Doch nicht immer ging es im wirklichen Leben glimpflich ab. Die vielleicht berühmteste Pleite legte der Armenpfleger und spätere Playboy Bernard »Bernie« Cornfeld hin. Cornfeld war nicht der Erfinder des Investmentfonds, aber er beschritt beim Vertrieb der Anteile neue Wege. Der US-Bürger gewann massenhaft Kunden mit dem Versprechen, dass der uramerikanische Traum auch für sie Wirklichkeit werden könne: vom Tellerwäscher zum Millionär. Nicht nur in den USA. Auf einer Europa-Reise sah Cornfeld, wie kümmerlich das Investmentgeschäft in der Alten Welt lief. Bernie machte sich daraufhin selbständig und gründete Mitte der 1950er Jahre in Paris die »Investors Overseas Services«, kurz IOS. Cornfeld kannte das Finanzgeschäft und baute in mehreren Ländern einen enorm erfolgreichen Vertrieb auf. Seine Werbekampagnen setzten erstmals auf flotte Sprüche wie »Sei kein Opfer des Kapitalismus – nutze ihn«. Und erstmals setzte IOS Spitzensportler und Politiker für seine Reklame ein. Den Durchbruch von IOS in der Bundesrepublik schaffte der Geld-Cowboy ausgerechnet 1968, als er Erich Mende, den FDP-Spitzenpolitiker und ehemaligen Vize-Bundeskanzler, für den Verwaltungsrat seiner Firma »IOS Deutschland« gewann.

Ende der 1960er Jahre lief das Geschäft wie geschmiert. Für den

Erfolg sorgte ein Heer von Vertretern, die langjährige Sparpläne verkauften. Dafür kassierten sie schon bald nach Vertragsabschluss bis zu 8,5 Prozent der gesamten vereinbarten Sparsumme. Allein in Westdeutschland hatten am Ende etwa 200 000 Promis und andere Bundesbürger Fondsanteile gekauft. Sie verloren viel Geld, als 1973 dann die Investmentgesellschaft zusammenbrach. In einer unüberschaubaren Kaskade aus Unterfonds war ein erheblicher Teil des Anlagevermögens auf Nimmerwiedersehen abgeflossen. Als Kunden ihre Anteile verkaufen wollten, platzte das Schneeballsystem. IOS-Angestellte, die Aktien ihrer Gesellschaft erworben hatten, erstatteten in der Schweiz Strafanzeige. In einem Prozess wurde Cornfeld freigesprochen. Eine der spektakulärsten Finanzpleiten aller Zeiten war zu Ende.

Seither hat sich einiges geändert. Ein Fall wie IOS scheint heute auf dem seither stärker regulierten Markt eigentlich ausgeschlossen zu sein. Investmentgesellschaften – einst als Glücksritter gestartet – unterliegen nun grundlegenden gesetzlichen Regeln, müssen Standards erfüllen und Normen einhalten. In Deutschland gibt es dafür das weitreichende Investmentgesetz (InvG). Danach ist jeder Investmentfonds ein sogenanntes Sondervermögen. Selbst wenn die verkaufende Gesellschaft – wie damals die IOS – pleiteginge, überlebte heute das Fondsvermögen eigenständig. Der Schaden der Anleger hielte sich in Grenzen.

Gäbe es da nicht den »grauen« Markt. Er ist weitgehend frei von staatlicher Regulierung und Überwachung. »Es gibt immer wieder Fälle, bei denen Anleger ihr gesamtes Anlagekapital auf Grund von Veruntreuung und Betrug verlieren«, warnt der Investmentverband BVI. Wo viel Geld ist, sind die Versuchungen auch für gierige Opfer besonders heiß. Dem amerikanischen Medienfinanzpopstar und Milliardenbetrüger Bernard Madoff brachte sein Schneeballsystem eine Haftstrafe von 150 Jahren ein.

Madoff hatte – wie vermutlich einst Bernie Cornfeld in der IOS – mit den Einlagen der neuen Anleger die Renditen der alten Anleger bezahlt. Das geht so lange gut, wie immer neue Anleger hinzukommen und die alten sich mit einer Rendite begnügen und nicht ihr eingezahltes Kapital abziehen wollen. So wurde der Schneeball immer größer. Irrsinn außerhalb des rationalen Irrsinns.

Der BVI repräsentiert jedenfalls die »weiße« Investmentbranche in Deutschland. Damit der Anleger leichter zwischen seriösen und unseriösen Anbietern unterscheiden kann, hat der Gesetzgeber eine Art Gütesiegel für bestimmte Begriffe eingeführt. Sie dürfen ausschließlich von weißen Gesellschaften im Sinne des Investmentgesetzes geführt werden.

Geschlossene und offene Fonds

Neben den »offenen« Fonds, deren Anteile man bei jeder Bank oder Sparkasse kaufen kann, gibt es auch »geschlossene« Fonds. Damit werden Schiffe und Flugzeuge, Kinofilme und Immobilien finanziert. Ein Beispiel dafür ist das Riesenrad in Singapur, das zu einem der größten Touristenmagneten der Welt hätte werden sollen. Die Macher im südostasiatischen Stadtstaat träumten von Menschenschlangen wie unter dem Eiffelturm oder wie vor Schloss Neuschwanstein. Zumindest aber kalkulierten sie für ihr Riesenrad »Singapore Flyer« mit ähnlich vielen Fahrgästen wie beim Riesenrad »London Eye« in der britischen Hauptstadt. 2008 begann sich das mit 165 Metern Höhe größte Rad der Welt in Singapur zu drehen, doch zu häufig blieben die Gondeln leer. Die Kalkulation der Investoren ging nicht auf, eine Pleite drohte.

Die schlechten Nachrichten aus Asien beunruhigten auch etwa 1000 Anleger in Deutschland, die sich an dem Investmentfonds »Singapore Flyer« beteiligt hatten. Die Anleger hatten den Versprechungen von Banken glauben wollen, dort im exotischen und wirtschaftlich erfolgreichen Stadtstaat, gelegen an der wichtigsten Schifffahrtsroute der Welt, warte das ganz große Geld auf sie.

Das Geld kassierten andere. Den Fonds aufgelegt hatte eine kleine Privatbank. Die gehörte zu einer holländischen Großbank. Verkauft wurden die Anteile am Riesenrad-Fonds zudem auch von mehreren Banken in Deutschland. Alle diese Akteure drehten mit an dem großen Rad, und sie »verdienten« mit, nämlich Verkaufsprovisionen. Allein die abschließend beratende Bank soll laut Fachanwälten mindestens 10 Prozent Vermittlungsprovision kassiert haben. Im Klartext heißt das: Wenn ein Sparer einen Riesenrad-Anteil für 1000 Euro kaufte, wurden davon zunächst 100 Euro Provision für den Verkäufer abgezweigt. Das ist sogar weniger, als teilweise in der Finanzbranche üblich ist.

Andere waren weniger glücklich. So wollte ein Kunde der Hypo-

Vereinsbank, der Anteile am Riesenrad-Fonds gekauft hatte, das Geschäft später rückgängig machen. Das war schwierig, denn das Riesenrad in Singapur wurde von einem »geschlossenen« Fonds mitfinanziert. Ein geschlossener Fonds ist eigentlich etwas für Experten und nichts für den kleinen Geldbeutel. Von 2005 bis 2010 wurden laut Angaben des Verbandes Geschlossene Fonds (VGF) rund 100 Milliarden Euro investiert. Üblicherweise werden sie in der Rechtsform einer GmbH & Co. KG aufgelegt, bei der die Anleger Kommanditisten mit allen unternehmerischen Rechten und Pflichten werden, zum Beispiel an einem Containerschiff, an einem Einkaufszentrum oder eben an einem Riesenrad. Im schlimmsten Fall müssten Anleger daher sogar Kapital nachschießen. »Geschlossen« heißen diese Fonds, weil Anleger sich nur bis zu einem bestimmten Zeitpunkt daran beteiligen können. Danach wird der Fonds geschlossen, und ein Ausstieg (oder Einstieg) ist normalerweise nicht mehr möglich. Lediglich über spezielle Fondsbörsen wie in Hamburg und einigen anderen Zweitmärkten können Anteile privat eventuell verkauft werden – wenn sich ein Käufer findet. Die Investition hat in der Regel eine Laufzeit von 10 bis 25 Jahren. Lange Laufzeiten sind Chance und Risiko zugleich. Beispiel Schifffahrt: Nach Jahren des stürmischen Aufschwungs standen die Zeichen nach dem Ausbruch der Wirtschaftskrise 2008 lange Zeit auf Flaute.

Dagegen kann man sich jederzeit an einem »offenen« Investmentfonds beteiligen und auch jederzeit wieder aussteigen. Der Fonds wird von einer Investmentgesellschaft (deutscher Fachbegriff: Kapitalanlagegesellschaft) aufgelegt. Sie sammelt dafür das Geld der Anleger ein und bündelt es in einem Sondervermögen – dem Investmentfonds. Der Fonds investiert dann in einen oder mehrere Anlagebereiche. Das Geld im Fonds wird nach vorher festgelegten Anlageprinzipien in Aktien, festverzinslichen Wertpapieren, am Geldmarkt oder in Immobilien investiert. Mit dem Kauf von Investmentfondsanteilen wird der Anleger Miteigentümer am Fondsvermögen und hat einen Anspruch auf Gewinnbeteiligung und Anteilsrückgabe zum jeweils gültigen Rücknahmepreis. Die Anteilscheine können in der Regel an jedem (Börsen-)Tag gehandelt werden.

Immobilienfonds galten lange als sichere Geldanlage und wurden als solche auch von Banken, Sparkassen und Versicherungen an den Mann oder die Frau gebracht. Die Idee dahinter: Teure Immobilien, die sich die meisten Menschen als Individuum selbstverständlich nicht leisten können, werden in einen Fonds gepackt und Anteile daran über Banken und Sparkassen verkauft. Mit 100 oder 1000 Euro Einsatz kann man so Miteigentümer eines Büroturmes oder Einkaufszentrums werden. Jahrzehntelang hat das Modell funktioniert. Bis zur Großen Krise hatte nie ein Immobilienfonds Verluste gemacht, und in guten Jahren waren die Renditen besser als bei hochsicheren Bundesschatzbriefen.

Doch seit 2008 kommen die Fonds nicht mehr richtig in Schwung, und der Untergang eines DEGI-Fonds blieb kein Einzelfall. Dabei hatte der frühere Dresdner-Bank-Fonds »DEGI Europa« lange als »erfolgreicher Klassiker« der Finanzbranche gegolten. Die Dresdner-Bank-Tochter DEGI war erst 2008 von der in London börsennotierten Aberdeen Asset Management übernommen worden. Kurze Zeit später, auf dem Höhepunkt der Finanzkrise, fror die britische Fondsgesellschaft, die über 200 Milliarden Euro verwaltet, ihren deutschen Fonds ein. Sie konnte Anleger, die ihre Anteile zurückgeben wollten, nicht mehr auszahlen. Massenhaft zitterten Sparer um ihr Geld, nicht nur in diesem Fall. Deutsche Immobilienfonds verwalteten insgesamt rund 88 Milliarden Euro; ein Dutzend Fonds mit einem Vermögen von 25 Milliarden Euro verweigerten zeitweilig wegen akuten Geldmangels die Rücknahme von Anteilsscheinen. Nach »DEGI Europa« gaben noch weitere Immobilienfonds auf.

Immerhin können die Anleger noch hoffen, einen großen Teil ihres eingesetzten Geldes zurückzubekommen. Großbanken wie Morgan Stanley oder Fondsgesellschaften wie Aberdeen werden versuchen, nach und nach das Immobilieneigentum ihrer Fonds in London, Berlin oder Madrid zu verkaufen. Das war und wird nicht einfach: In Spanien und Großbritannien droht nach wie vor das Platzen einer Immobilienblase. In Deutschland sind zwar die Preise vergleichsweise niedrig, doch zu viele Häuser und Büros stehen leer. Immobilien haben in der Finanzkrise außerhalb der absoluten Premiumlagen häufig erheblich an Wert verloren. Halbjährlich will Aberdeen bis 2013 Geld an seine Anleger zurückzahlen. Alle Anleger erhalten dann pro Anteilsschein einen bestimmten Betrag ihres Investments zurück. Wie hoch der Verlust der Anleger letztlich ausfallen wird, weiß noch niemand. Ungewiss bleibt auch die Zukunft des Fonds »Singapore Flyers«. Ihm könnten nur bessere Passagierzahlen helfen. Andernfalls müsste die Immobilie abgestoßen werden. Doch wer kauft schon ein unprofitables Riesenrad?

In ihrer Frühphase in den 1970er Jahren hatte die Investmentbranche in Deutschland umgerechnet rund 5 Milliarden Euro verwaltet, derzeit sind es ohne geschlossene Fonds mehr als 1800 Milliarden. Der größere Teil davon steckt in speziellen Fonds für institutionelle Kunden wie Banken und Versicherungen; knapp die Hälfte davon in offenen Publikumsfonds für jedermann. Die bei weitem größte deutsche Fondsgesellschaft DWS ist eine Tochtergesellschaft der Deutschen Bank.

Bei geschlossenen Fonds ist Deutschlands Kapital Spitze. Bei offenen Investmentfonds für das breite Publikum reicht es weltweit nur fürs Mittelfeld: Weniger als 9000 Euro beträgt das Investmentvermögen pro Bundesbürger, Schweden besitzen das Doppelte, Franzosen 19000 und US-Amerikaner umgerechnet 29000 Euro. Den größten Sprung nach oben seit ihrer Gründung in den 1950er Jahren machte die Branche in der Bundesrepublik während der rot-grünen Ära unter Gerhard Schröder und Joschka Fischer. In nur sieben Jahren wuchs unter Rot-Grün das Vermögen der deutschen Investmentbranche von rund 500 auf 1500 Milliarden Euro.

Die Politik hatte dem Geschäft schon kurz nach der Wiedervereinigung einen kräftigen Anstoß gegeben. Um die von Helmut Kohl versprochenen »blühenden Landschaften« mit Bauten vollzustellen, wurden von der Politik großzügige Abschreibungsmöglichkeiten für Fonds geschaffen: Aktuelle Gewinne aus anderen Geschäften durften Anleger mit den in Fonds angelegten Geldern (= Verluste) verrechnen, wodurch sie erheblich Steuern sparten. Das Ergebnis: Fonds, die ausschließlich auf Verluste in den Anlaufjahren aus waren, rechneten sich für die Investoren lange Zeit besser als solche, die tatsächlich auf Gewinn abzielten. Das Ergebnis waren ungezählte Bauruinen in den neuen Ländern und Firmenpleiten in der westdeutschen Immobilienwirtschaft.

Übrig blieben auch schätzungsweise mehr als 100000 Käufer von »Schrottimmobilien« im ganzen Land. Banken und Finanzvertriebe hatten beispielsweise heruntergekommene und kaum vermietbare Appartements in öden Industriegebieten oft leichtfertigen und begierigen Kunden angedreht, auf Pump. Einer der fiesesten Finanzskandale in der deutschen Wirtschaftsgeschichte. Versprochen wurde den Abgezockten von Maklern und Vertrieben eine phantastische Geldanlage mit sicheren Mieteinnahmen und tollen Steuerrabatten, die der Fiskus bereitwillig überweisen würde. Entsprechend überteuert waren die Preise, die Opfer für Eigentumswohnung zahlten. Die notwendigen Kredite für die Finanzierung der Schrottimmobilien-Deals kamen von der Commerzbank, der Hypo-Vereinsbank und anderen namhaften Banken.

Das sogenannte KG-Modell, also geschlossene Fonds, machte Deutschlands Reiche dann auch noch zu Eigentümern der größten Containerschiffsflotte der Welt: Jeder dritte Frachter gehört heute deutschem Kapital. Waren es in den 1990er Jahren und Anfang der 2000er noch die Abschreibungsmodelle, die Investoren und Anleger lockten, passte die Politik ihre Fördermöglichkeiten für die Finanzakteure den wirtschaftlichen Rahmenbedingungen an. Die Abschreibungsvorteile für Verluste wurden eingegrenzt, und Steuerprivilegien für Gewinne geschaffen. So hatte die CDU-FDP-Regierung im letzten Amtsjahr Kohls noch die international verbreitete »Tonnagesteuer« durchgewunken. Im September 1998 wurde die »Tonnagegewinnermittlung« eingeführt: Nicht der Gewinn, den ein Schiff einfährt, sollte versteuert werden, sondern lediglich seine Größe – und das nur mit einem symbolischen Ministeuersatz von ein paar Cent. Irrsinn. Nach und nach stellte die Fondsindustrie auf Produkte um, die auf der Tonnagesteuer beruhten. Es waren daher nicht allein die Reeder an der Waterkant, die von dem durch die Globalisierung ausgelösten Schifffahrtsboom im zurückliegenden Jahrzehnt irre profitierten, sondern auch Investoren, reiche Anleger und Banker, die das Kapital ihrer Bank, das Kapital ihrer Kunden oder das eigene Kapital in KG-Modellen anlegten.

Die Palette: Vom konservativen Renten- bis zum riskanten Hedgefonds

Auf dem Geldmarkt gibt es kaum etwas, was es nicht gibt. Manager von »Rentenfonds« legen das Geld ihrer Kunden vornehmlich in festverzinslichen Wertpapieren an. Dazu zählen vergleichsweise sichere Bundesschatzbriefe ebenso wie Pfandbriefe, aber auch Anleihen von Unternehmen, die allerdings durchaus etwas riskanter sein können.

Populär waren lange »Geldmarktfonds«. Früher nur etwas für Profis, boten sie sich bis zur Finanzkrise für private Anleger an, die ihr Geld eine Zeitlang parken wollten, um beispielsweise auf bessere Zinszeiten zu warten. Geldmarktfonds enthalten größtenteils Bankguthaben und kurzfristige festverzinsliche Wertpapiere. Die Rendite ist während besserer Zinszeiten in der Regel höher als bei Tagesgeldkonten. Infolge der Finanzkrise sank jedoch seit 2008 das allgemeine Zinsniveau so tief, dass Geldmarktfonds kaum noch angeboten werden. Zudem besteht auch ein leichtes Verlustrisiko, und (Ausgabe-)Aufschläge und Verwaltungsgebühren können, wie bei anderen Fondsarten auch, einen Teil des Gewinns auffressen.

Wer sein Geld lieber in Einkaufspaläste, Bürogebäude oder in Hotelanlagen investieren möchte, kann dies indirekt über »offene Immobilienfonds« tun, von denen bereits die Rede war.

Es geht auch riskanter und damit möglicherweise ertragreicher, nämlich mit »Aktienfonds«. Normalerweise legen die Fondsmanager nicht 100 Prozent des Fondsvermögens in Aktien an, aber doch den überwiegenden Teil. »Je nach Konzept«, erläuterte eine Fondsexpertin, »beziehen die jeweiligen Fondsmanager ihre Titelauswahl auf bestimmte Länder, Regionen, Branchen oder Themen.« Im Vergleich zur Einzelanlage in Aktien sind Fonds allerdings für den Anleger weniger gewagt, da das Verlustrisiko breiter gestreut wird. Auch »grüne« oder »nachhaltige« Fonds investieren in Aktien. Meist sind dies Anteilsscheine von kleineren Aktiengesellschaften aus aller Welt, die sauberen Ökostrom produzieren, als »schmutziges« Chemieunternehmen wenigstens bei der Müllvermeidung ihrer Branche weit voraus sind oder die ein besonders nettes Betriebsklima pflegen.

Die bunte Fonds-Palette wird ergänzt durch Spezialfonds, wie die seit 2004 auch in Deutschland zugelassenen »gemischten Fonds«, die Renten und Aktien mixen. Ein wichtiger Effekt dabei ist, dass sich durch die Mischung der Anlageklassen das Gesamtrisiko verringern soll. Daher wurden Mischfonds in der Krise zu einem Verkaufsschlager. »Dachfonds« verteilen ihr Vermögen auf mehrere Investmentfonds und bieten so eine doppelte Risikostreuung – was allerdings die Kosten und Gebühren in die Höhe treibt und die Rendite des Sparers schmälert.

Das gilt auch für »Garantiefonds«. Sie unterscheiden sich dadurch von anderen Investmentfonds, dass sie dem Anleger garantieren, mindestens einen bestimmten Prozentsatz seines eingesetzten Kapitals zu einem festgelegten Zeitpunkt zurückzuerhalten. Meistens sind das zwischen 90 und 100 Prozent des eingesetzten Kapitals. Eine Garantie auf Rendite ist selten.

Der weltweite Geldkapitalüberhang floss lange auch in neue Beteiligungsgesellschaften, »Private-Equity-Fonds«. Die »Heuschrecken«, wie der frühere SPD-Vorsitzende Franz Müntefering die Finanzinvestoren beschimpfte, beteiligten sich an Firmen, Industrieunternehmen oder Fußballvereinen wie Manchester United. Bis zur Großen Krise sollen sie allein in Europa schätzungsweise 400 Milliarden Euro investiert haben.

Mitt Romney, Präsidentschaftsanwärter der Republikaner in den USA, hat sein Vermögen von zig Millionen Dollar als Mitgründer der Private-Equity-Gesellschaft Bain Capital gemacht. In die Kritik geriet Romney, weil er nur einen durchschnittlichen Steuersatz von 14 Prozent zahle. Kapitaleinkommen werden in den USA weit niedriger besteuert als Löhne. Seit dem Ausbruch der Krise ist es ruhiger um die Beteiligungsbranche geworden, weil kaum noch Kapital in diese Anlageklasse floss und weil ein Ausstieg aus den Beteiligungen auf den kriselnden Finanzmärkten kaum noch möglich war.

Häufig fahren Private-Equity-Fonds in den aufgekauften Firmen einen besonders aggressiven Rationalisierungskurs, um ihre Profitziele zu erreichen, oder schlachten Unternehmen geradezu aus, indem sie einzelne profitable Firmenteile weiterverkaufen und den Rest pleite gehen lassen. Bei weitem nicht alle Beteiligungsgesellschaften sind allerdings »Heuschrecken«. So sicherte eine Beteiligungsgesellschaft das Überleben der angeschlagenen traditionsreichen deutschen Firma Nixdorf. »Die Frage ist: Wie viel Rendite wollen Investoren in wie kurzer Zeit?«, brachte die IG-Metall-Expertin Alexandra Schädler den Unterschied zwischen den Fonds auf den Punkt.

Die meisten Schlagzeilen haben in den letzten Jahren die hochriskanten Hedgefonds gemacht. Das englische Wort »hedge« steht zwar für »auf Nummer sicher gehen«, aber tatsächlich bieten viele Hedgefonds eine explosive Mischung: Sie wetten mittels Termingeschäft auf Euro oder Forint, auf irakisches Erdöl, niedersächsische Rinderhälften oder auf den Kurs der Daimler-Aktie im Juni 2012, und dies radikal und »gehebelt« mit riesigen Krediten. So tippen sie sogar auf den zukünftigen Verlust einer Währung oder Aktie. Dazu leihen sich Fonds-Manager von Börsenbrokern, das sind Händler von Wertpapieren, beispielsweise Microsoft-Aktien, die sie als überbewertet einschätzen, und verkaufen sie sofort wieder (Leerverkauf). Anschließend hofft man auf fallende Kurse, um später Microsoft-Aktien billiger zurückzukaufen und den Broker damit zu beliefern.

Hedgefonds sind zu einem Synonym geworden für alle Finanzzockereien, die Banken und Versicherungen aufgrund der schärferen politischen Regeln, die für sie gelten, nicht oder nur eingeschränkt tätigen dürfen. Also im Wesentlichen für das radikale Geschäft mit Derivaten, wie etwa Leerverkäufen, die per Kredit gehebelt werden. Gleichwohl stammen die befruchtenden Darlehen für den Hebel (»Leverage-Effekt«) zumeist von Banken. Hedgefonds sind daher überwiegend Banken-Kinder.

Lange mussten deutsche Anleger diese riskanten Fonds im Ausland erwerben. Dann ebnete die rot-grüne Regierung Schröder mit ihrer Kapitalmarktmodernisierungsoffensive für sie auch bei uns den Weg. Im Januar 2004 trat das neue Investmentgesetz in Deutschland in Kraft. Es erlaubte Banken und Fonds erstmals, Produkte aufzulegen, die in ihren Anlagemöglichkeiten weitgehend frei waren und bis heute sind, und es dürfen sogar zusätzliche Kredite aufgenommen werden. Diese Neuerung erlaubte es im April 2004 erstmals auch Amateur-Anlegern, diese gewagte Welt zu betreten. Bundesfinanzminister Hans Eichel (SPD) hatte den Weg freigemacht, um »die Attraktivität des Investmentstandortes Deutschland« zu heben – und damit ein von der SPD-FDP-Regierung 1974 erlassenes Verbot (»zu riskant für die Volkswirtschaft«) aufgehoben. Wirtschaftswissenschaftler Jörg Huffschmid hielt es schlicht für »skandalös, dass nun der Massenmarkt erschlossen wird, nachdem 1998 die US-Wirtschaft durch den Hedgefonds LTCM fast zusammengebrochen wäre«, ein Kollaps, von dem unten noch ausführlich die Rede sein wird. Huffschmid warnte: »Jeder normale Mensch sollte die Finger davon lassen.« Ganz anders sah man dies in der Finanzbranche. Der erst wenige Jahre zuvor gegründete Bundesverband Alternative Investments – ihm gehört alles mit Rang und Namen in der Banken-, Versicherungs- und Fondsbranche an – träumte von einem Boom der »Königsklasse«.

Und tatsächlich setzte, ausgelöst durch den Aktien-Crash im März 2000, in der Folge ein globaler Hedgefonds-Boom ein. Bis dahin hatten vor allem einfache Aktienspekulationen auf dem Neuen Markt mit neuen Internet- und Telekommunikationsaktien die Renditejäger befriedigt. Nun sollten es die riskanteren Fonds richten. Die massenhafte Jagd nach höheren Renditen hat jedoch viele große Hedgefonds in fast normale Aktienfonds verwandelt. Für Kapitalmarktexperten wie Friedrich Thießen von der TU Chemnitz-Zwickau wurden sie so zu »einem lahmen Schlachtross«. Wie bei anderen Fondsklassen zeigen Renditeübersichten für Hedgefonds auch viel Normales mit schwachen und mittleren Renditen und nur wenige Fonds mit hohen zweistelligen Superrenditen. Des einen Triumph war auch hier des anderen Niederlage.

Die Hedgefonds sind zum Inbegriff für die Gefährlichkeit der Spekulationen auf den Finanzmärkten geworden. Und in der Tat können sich in einzelnen Fonds so große Vermögenswerte sammeln, dass sie zum Risiko für die Stabilität der Finanzmärkte werden. Eine hervorgehobene Rolle spielten sie jedoch in der gegenwärtigen Großen Krise nicht, da kein Kollaps eines großen Hedgefonds die Krise auslöste. Eine Sicherheitsgarantie für die Zukunft ist das allerdings nicht.

Verkaufte Rente

Jahrzehntelang schuf der Trend zur Liberalisierung den Finanzmarktakteuren neue Märkte, ein wahres Schlaraffenland. Banken und Versicherungen wurde etwa durch die Schaffung des Europäischen Binnenmarktes für Finanzdienstleistungen Mitte der 1990er Jahre das Tor zu einem bislang verschlossenen weiten Feld sperrangelweit geöffnet. Statt 10, 30 oder 80 Millionen heimatlicher Verbraucher gerieten nun 300 Millionen EU-Bürger in den Fokus der Vertriebe. Andererseits drückte die deutschen Finanzdienstleister immer noch ein Regelkorsett mit Mindeststandards. Den bis dahin noch fehlenden Spielraum gegenüber der liberalistischeren, von vielen Zwängen befreiten meist angelsächsischen Konkurrenz verschaffte die deutsche Politik den hiesigen Akteuren einige Jahre später im Fondsgeschäft. Bis dahin hatten beispielsweise deutsche Gesellschaften neue Produkte in Großbritannien und vor allem in Luxemburg aufgelegt, um die dortige säumige Gesetzgebung sowie günstige Steuerregeln zu nutzen; amerikanische Gesellschaften hatten bis dahin ihre exportierten Finanzprodukte an oft noch naive europäische Anleger überdurchschnittlich erfolgreich verkaufen können.

In Deutschland war es dann auch in diesem Fall ausgerechnet eine rot-grüne Bundesregierung, die nur noch diese Not, aber kein Gebot mehr kannte und dem Fondsgeschäft gänzlich neue Möglichkeiten eröffnete, zum Beispiel mit dem bereits erwähnten Investmentmodernisierungsgesetz. Der Bundestag beschloss es 2003, mit den Stimmen der Regierungsparteien SPD und Bündnis 90/ Die Grünen sowie denen der Opposition von FDP und CDU/CSU. In der parlamentarischen Aussprache zu dem Gesetz im November 2003, mit dem erstmals auch Hedgefonds in Deutschland zugelassen wurden, sagte der Abgeordnete Leo Dautzenberg (CDU) den bemerkenswerten Satz: »Wir vertreten die Auffassung, dass das eine gute Grundlage für unsere Altersvorsorge sein kann.«

Hoffen wir für ihn, dass der Unternehmensberater Dautzenberg bereits sein Scherflein im Trockenen hatte, denn die staatliche Altersvorsorge hatten die politischen Eliten schon kurz zuvor zum privaten Absch(l)uss freigegeben. »Der erste deutsche Pensionsfonds kann starten«, lautete ihr Slogan für das Jahr 2002. Im Sommer hatte das Bundesaufsichtsamt für das Versicherungswesen (später Bafin) den von der Spitze der Industriegewerkschaft Bergbau, Chemie, Energie und dem Bundesarbeitgeberverband Chemie gegründeten »Chemie Pensionsfonds« als ersten Pensionsfonds in der Geschichte der Bundesrepublik zugelassen. Gemanagt wurde der Fonds für die private Rente von einer Bank, von der Hypo-Vereinsbank in München. Weitere Zulassungen, auch unter Beihilfe von Gewerkschaften wie der IG Metall, folgten. 600 000 Beschäftigte in der Chemieindustrie konnten fortan ihre Altersvorsorge über den Pensionsfonds regeln – wenn ihr Betrieb es wollte.

»Der Vorteil«, schrieb die Stiftung Warentest im Hinblick auf Pensionsfonds, »ist ihre Anlagefreiheit«, das Kapital könne nämlich bis zu 100 Prozent in Aktien fließen, also in die Spekulation. »Das Anlagerisiko soll durch die langfristig guten Ertragsaussichten ausgeglichen werden«, beruhigten die Verbraucherschützer Zweifler. Zudem muss der Chemiefonds per Gesetz mindestens die bis zum Rentenbeginn eingezahlten Beiträge garantieren. Zugang zu dem Chemiefonds erhielten auch Betriebe aus dem Bergbau und dem Energiesektor mit noch einmal rund 600 000 Beschäftigten.

Schon damals war offensichtlich, dass Pensionsfonds nicht das Wundermittel für sichere und hohe Renten waren, wofür es viele hielten und als was es die Lobbyisten aus Banken und Versicherer bewarben. Das belegte schon seinerzeit die schlechte Entwicklung der fondsgedeckten Pensionspläne in der EU, in Großbritannien und in den USA. Eine Studie der New Yorker Unternehmensberatung Towers Perrin warnte vor den heiklen Unwägbarkeiten. »Die schlechte Entwicklung auf den Kapitalmärkten hat weltweit negativen Einfluss auf die Performance von fondsgedeckten Pensionsplänen genommen«, sagte ein Sprecher. Pensionsfonds hatten allein im Jahr 2001 bis zu 15 Prozent ihres Wertes verloren, so das Fazit der Studie »Global Capital Market Update 2001«. Der Report verzeichnete sogar im zweiten Jahr in Folge eine enttäuschende Entwicklung. . So verloren Pensionsfonds in den USA, Großbritannien, Japan und innerhalb der Europäischen Union in diesem Zeitraum rund 25 Prozent ihres Wertes. In Kanada und Australien verlief der Wertabbau etwas weniger drastisch, dort addierten sich die Verluste aus den Jahren 2000 und 2001 auf rund 15 Prozent. Ein Fonds könne halt, schrieb Towers Perrin, aufgrund nicht vorhersehbarer Kapitalmarktentwicklungen »unter Wasser« rutschen, und das »über lange Zeit«. So konnten in einigen Ländern die Fonds nur wegen der überdurchschnittlich guten Entwicklung Ende der 1990er Jahre und der damals aufgebauten finanziellen Polster die Krise 2000/01 einigermaßen kompensieren. Doch von traumhaften Renditen ließ sich selbst damals schon nicht mehr sprechen.

Erstaunlich ist daher die breite politische Akzeptanz und sogar begeisterte Zustimmung, selbst bei Kapitalismus-Skeptikern. Deutsche Gewerkschaftsbosse erhofften sich mehr ökonomische Macht für ihre Organisationen, wie sie das von Pensionsfonds der Gewerkschaften und Berufsverbände in den USA kannten. Grüne Politiker bauten auf »grüne« Fonds, die ihr Kapital in ökologisch oder sozial vorbildliche Aktiengesellschaften investieren, und linke

Sozialdemokraten sahen in den Fonds ein Mittel, um die Macht der Großbanken zu brechen.

Hierzulande hatte die Riester-Reform wenigstens eine Sicherheitslinie für Sparer gezogen. So müssen deutsche Pensionsfonds – im Unterschied zu ihrer angelsächsischen Konkurrenz – nach wie vor die geleisteten Beiträge garantieren. Aber auch diese Sicherheit kostet: Dadurch entstehen den Fonds jährliche Kosten in Höhe von etwa 1,5 Prozentpunkten der Rendite; Kosten, die für die »Versicherung« der Beiträge aufgebracht werden müssen. Würde sich die Talfahrt der Pensionsfonds fortsetzen, stiegen auch die Kosten für die Kapitalgarantie, und letztlich müssten die Rentenversicherten höhere Beiträge zahlen. »Ein pauschaler Rückgriff auf Pensionsfonds ist vor diesem Hintergrund nicht zu empfehlen«, riet Manfred Guggi von Towers Perrin Germany in Frankfurt. Und das war lange vor der Großen Krise. Doch solche Warnungen konnten »Riester« nicht verhindern.

Riester-Falle

Namensgeber für die »Riester-Rente« war Walter Riester (SPD), der als Bundesminister für Arbeit und Sozialordnung die Förderung der privaten Altersvorsorge durch eine staatliche Zulage vorschlug. Der frühere Vizevorsitzende der IG Metall trat später als Referent auf Veranstaltungen des Finanzdienstleisters AWD auf, einer Vertriebsorganisation, die mit der Vermittlung von Riester-Rentenverträgen viel Geld verdiente und unter Verbraucherschützern einen bestenfalls schlechten Ruf genießt. Riester ließ sich zudem auf Fotos vor dem Firmenlogo mit AWD-Leuten ablichten. Solche Verflechtungen politischer und persönlicher Interessen sind kein Einzelfall im wirtschaftsliberalen Polit-Werbe-Deutschland. Staatssekretäre, Minister, selbst unvergessene wie Hans-Dietrich Genscher (FDP), oder Kanzler wie Helmut Kohl (CDU) und Gerhard Schröder (SPD) bändelten vor, während oder nach ihren Politkarrieren mit Finanzdienstleistern und Fondsverkäufern an. Kanzler Schröder ließ sich vom Mitgründer der AWD in Hannover – derselbe, der mitten im niedersächsischen Wahlkampf Zeitungsannoncen für einen Gesprächsband des späteren Bundespräsidenten Wulff zahlte – seinen Wahlkampf und seine Biografie finanzieren.

Die AWD Holding AG gehört inzwischen der Suisse Life, einem großen Versicherungskonzern. Doch AWD ist nur ein Fall unter vielen. Wiedervereinigungskanzler Kohl beispielsweise ist heute noch Beiratsvorsitzender der »Allfinanzberatung« DVAG, die hauptsächlich Produkte der Generali-Versicherung sowie der Deutschen Bank an mehrere Millionen Kunden verkauft. Minister a. D. Walter Riester selbst zog noch für die Kapitalseite in den Aufsichtsrat der Investmentgesellschaften der genossenschaftlichen Zentralbank DZ Bank ein (Werbung: »Riester-Rente vom Marktführer«).

Anlass für den dynamischen Ausbau der privaten Altersvorsorge war die rot-grüne Reform der gesetzlichen Rentenversicherung in den Jahren 2000/01. Diese orientierte sich am sogenannten Eckrentner, einem idealtypischen sozialversicherungspflichtigen Beschäftigten, der 45 (!) Jahre lang Sozialversicherungsbeiträge eingezahlt hat. Das Rentenniveau des »Eckrentners« wurde nun von 70 auf 67 Prozent des früheren Einkommens gesenkt. In der Realität fällt die durchschnittliche Rente noch deutlich geringer aus. Dieses von der Politik gebuddelte Rentenloch sollte zukünftig durch privates Sparen geschlossen werden, entschieden Walter Riester und die rot-grüne Bundesregierung Gerhard Schröders. Als wichtigste Begründung wurde auf den demografischen Wandel, »die Überalterung der Gesellschaft«, verwiesen, die den bisherigen Gesellschaftsvertrag zwischen Jung und Alt sprenge.

Das ist eine Argumentation, die den für uns alle erfreulichen Trend zu einer längeren Lebenserwartung bewusst negativ auslegt. Zukunftsszenarien zeigen aber keineswegs eine dramatische Entwicklung, wie etwa nach Kriegszeiten, sondern lediglich einen moderaten Wandel der Altersstruktur unserer Gesellschaften. Im bewährten Generationenvertrag schuf jede junge Generation reale Produkte und Dienstleistungen für die Älteren, bis sie selbst an die Reihe der Nutznießer kam. Der Vertrag funktionierte selbst in der noch relativ ohnmächtigen Nachkriegsbundesrepublik, er funktionierte zu Zeiten, als nur die Hälfte oder ein Drittel der heutigen Werte geschaffen wurde. Angesichts einer durchschnittlichen Steigerung der Produktivität der Wirtschaft von jährlich etwa 2 Prozent wird der zu verteilende gesellschaftliche Reichtum sogar noch deutlich größer werden. Beides reicht allemal, um die demografischen Freuden ausschweifend zu genießen.

Mit der Privatisierung durch »Riester«, so die Kritik aus Gewerkschaften und Sozialverbänden, wurde die gesetzliche Rentenversicherung weiter ausgehöhlt. Schon vorher hatte dazu die betriebliche Altersvorsorge beigetragen. Ein weiterer Kritikpunkt: Für viele, vor allem einkommensschwächere Bürger, dürfte »die Private« in zwei, drei Jahrzehnten nicht ausreichen, um das verordnete Loch in der gesetzlichen Rente zu stopfen. Der Trend zu Altersarmut und wachsender Einkommenskluft war durch den Wandel der Beschäftigungssituation im modernen Kapitalismus mit vielen Niedriglohnjobs und gebrochenen Erwerbsbiografien schon in der »Gesetzlichen« angelegt, die Teilprivatisierung der Rente verschärft diesen Trend noch. So dürfen schätzungsweise fünf Millionen Beschäftigte auf eine erhebliche Betriebsrente hoffen und Beamte auf eine im Schnitt mehr als doppelt so hohe Pension wie der normale Rentner – während die Masse der Bevölkerung in vielen finanzakteursgetriebenen Ländern einem Alter mit knappen Kassen entgegenlebt.

Mittlerweile gibt es rund 15 Millionen abgeschlossene Riester-Verträge. Bislang hauptsächlich zur Freude der Banken, Versicherungen und Fondsgesellschaften. Ein durchschnittlicher Riester-Vertrag bringt dem Finanzvertrieb einen Jahresbeitrag und mehr ein, dazu noch fortlaufend Verwaltungsgebühren. »Berufseinsteiger bezahlen für den Abschluss einer Riester-Rente oft über 3000 Euro Abschlusskosten«, kritisiert Niels Nauhauser, Finanzexperte der Verbraucherzentrale Baden-Württemberg. In einem Beispielfall kostete die Provision bei einer Vertragslaufzeit von 40 Jahren rund 20 Monatsbeiträge. »Ohne die üblichen Kosten eines Riester-Vertrages wäre die Altersrente im Fall von Berufseinsteigern etwa doppelt so hoch.« Letztlich hat »Riester« den Anteil am erwirtschafteten gesellschaftlichen Produkt, den sich Finanzdienstleister aneignen, nochmals vergrößert.

Riester-Verträge können unterm Strich trotzdem für Sparer durchaus attraktiv sein, weil (fast) jede und jeder mit einer relativ üppigen Zulage vom Staat und/oder mit Steuervorteilen bezuschusst wird. Von 2002 bis 2011 dürften mehr als 10 Milliarden Euro an staatlichen Zuschüssen geflossen sein. Davon hätten gerade Menschen mit niedrigem und mittlerem Einkommen profitieren können. Das taten viele aber nicht: In den größten überbetrieblichen Pensionsfonds, den oben vorgestellten »Chemie

Pensionsfonds«, haben nach einer Dekade gerade mal 66 000 Beschäftigte von über einer Million möglichen Berechtigten eingezahlt, und per Riester-Vertrag spart nicht einmal jeder zweite Bürger.

Beim »Riestern« haben wir alles Wesentliche beisammen, was in den letzten Dekaden die Finanzmärkte aufgebläht hat und damit eine Bedingung für die Große Krise ist. Ein funktionierendes »realwirtschaftliches« System wird mutwillig zerstört, aus teils sachlichen Gründen, aus teils egoistischen Interessen der Täter heraus. Das modernisierte Gebilde hält nicht, was die Akteure und Macher versprachen. Dafür ist es komplexer (was immer zusätzliche Unwägbarkeiten mit sich bringt), vertieft die soziale Kluft und ist insgesamt krisenanfälliger als das alte.

Junk-Bonds

Allianz-Versicherung und ihre Kapitalanlagegesellschaft Pimco gehören sicherlich nicht zu den wagemutigsten Zockern. Doch wie wohl bei allen Großen in der Finanzbranche gibt es einen Graubereich von vielleicht 5 oder 10 Prozent des Geschäftsvolumens, der in spannendere Produkte fließt als in griechische Staatsanleihen, die ja noch bis vor kurzem als sichere Langweiler galten. Einer gewissen Beliebtheit bei Banken, Versicherungen, Hedgefonds und deren Kunden erfreuen sich »Junk-Bonds«, die auch »High-Yields« genannt werden, »Müllanleihen«. Diese Wertpapiere sind spekulative Anleihen oder Aktien, die vornehmlich von Unternehmen mit bestenfalls mittelmäßiger Kreditwürdigkeit herausgegeben werden. Auch Anleihen von einigen Schwellenländern gelten als Abfall für Junkies. Der Reiz dabei: Weil bei diesen Anleihen das Risiko größer – groß oder unkalkulierbar – ist, werden die Anleger mit einem üppigen Renditeaufschlag belohnt (wenn es gut geht).

Doug Forsyth, Manager des »AGIC High Yield Bond Fund« von Pimco, erzählte in einem Interview, dass der »Spread« (Abstand) zwischen sicheren Staatspapieren und Junk-Bonds zu dieser Zeit bei 7 Prozentpunkten lag. Wenn also beispielsweise Bundesschatzbriefe 3 Prozent Zinsen abwarfen, brachte es die durchschnittliche Müllanleihe auf 10 Prozent. Selbstverständlich schwanken diese

Zahlen – sie lassen uns aber die Versuchung ahnen, der Fondsmanager ausgesetzt sind.

Um das Risiko oder die Unwägbarkeit rechnerisch überschaubar zu machen, leisten sich die großen Spieler aufwändige Forschungsabteilungen, nicht immer zur Freude der Ratingagenturen. »Wir fanden heraus, dass die meisten Unternehmen – etwa 80 Prozent – von den Ratingagenturen falsch eingeschätzt werden«, prahlte Forsyth. Er und seine Mannschaft versuchen nämlich, Unternehmen zu identifizieren, deren Wert unterschätzt wird, deren Risiko in Wahrheit also deutlich geringer ist, als von Ratingagenturen angenommen wird, und die daher eine eigentlich zu hohe, also besonders attraktive Rendite versprechen.

Was bleibt?

Investmentgesellschaften und Fonds sind wichtige Spieler auf den Finanzmärkten. Vor allem Hedgefonds gehen dabei erheblich »ins Risiko«. Andere orientieren sich an eher soliden Gewinnvorgaben. Bei den Fonds gibt es eben, wie auch bei Banken und Versicherungen, solche und solche. Latent droht ein Dominoeffekt für Teile der Finanzmärkte, sollte sich ein Großer verkalkulieren. Dabei ist es egal, ob seine Ziele »solide« oder »unsolide« ausgerichtet sind. Es gibt auch große selbständige, teilweise börsennotierte Fondsgesellschaften und Pensionsfonds, doch die eigentlichen Eigentümer, Nutznießer und Finanziers sind wenige Großbanken. Banken sind es auch, die mit ihren Krediten Hedgefonds helfen, die klassische Welt der Spekulation aus den Angeln zu heben.

Nervenkitzel und Gier –
Kleines Panoptikum der Zocker

Die Jagd nach dem Extraprofit

»Ich träume von einer neuen Krise«, platzte es in einem Live-Interview mit dem britischen Fernsehsender BBC aus einem Londoner Aktienhändler heraus. Alessio Rastani löste damit zwischen Dover und Dundee einen Sturm der Entrüstung aus. In der Öffentlichkeit kamen Zweifel an der Echtheit des vermeintlichen Bankers auf. Man spekulierte über seinen Heroinkonsum und wollte nicht wahrhaben, dass der Typ nur aussprach, was alle »Trader« heimlich hoffen, deren Geschäft die Spekulation auf fallende Zinsen, auf fallende Kurse, auf fallende Konjunkturen ist: »Anyone can make money from a crash« – jedermann kann durch eine Krise viel Geld verdienen.

Profi-Investoren machen mit dem Niedergang mindestens genauso prachtvolle Geschäfte wie mit aufsteigenden Bullen-Börsen. Der Bulle ist das Symbol für steigende Aktienkurse. Ob auf- oder abwärts, das ist egal. Allein Stabilität mögen Investmentbanker und Fondsmanager nicht: Stabile Kurse bedeuten keine Bewegung an den Börsen und damit das Ende der Spekulation.

»Wir spekulieren doch alle. Auch Du!« Mit dieser Erklärung verteidigen sich Investmentbanker vor ihren Bekannten und vor sich selbst. Man spekuliere, wenn man Geld auf die Bank trägt und es auf einem Sparbuch anlegt. »Dann spekulierst Du darauf, dass die Bank Zinsen zahlt und Dir am Ende der Laufzeit auch noch das einst eingezahlte Geld brav zurückgibt.« Wer Lotto spielt, spekuliere entgegen jeglicher Wahrscheinlichkeitsrechnung auf den Millionengewinn. Und tagtäglich spekuliere der Mensch darauf, dass er heil und gesund die Fahrt zur Arbeit übersteht, ja, das ganze Leben sei eine einzige Spekulation darauf, dass es schon irgendwie gut gehen werde.

Sind Banken und die anderen Akteure auf den Finanzmärkten

also nur stinknormale Zocker? Keineswegs. Sie gieren im Unterschied zu den Kleinanlegern nach dem Extraprofit. Es geht also nicht um 3 oder 5 Prozent Rendite in zwölf langen Monaten, sondern um weit höhere, um manchmal irrsinnig hohe Profite. Und es geht um Extrarisiken: Wer irrsinnig hohe Renditen will – man denke nur an Deutsche-Bank-Chef Ackermanns Ziel »25 Prozent plus X« –, muss irrsinnig hohe Risiken eingehen. So und nur so lautet das eherne Gesetz jeder Geldanlage!

Banker mögen als Individuen nicht gieriger als der Durchschnittsbürger sein, doch sie haben andere Möglichkeiten. Sie verfügen über Geld, viel Geld. Und wenn der Einsatz nur groß genug ist und – physikalisch ausgedrückt – die kritische Masse erreicht hat, dann kann eine Spekulation eine Volkswirtschaft gefährden. Schauen wir uns exemplarisch ein paar der großen Zocker an und die Mittel, mit denen sie versuchten, die Welt – in ihren Augen »die Märkte« – aus den Angeln zu heben.

George Soros und die Leerverkäufe

Der amerikanisch-ungarische Finanzier George Soros bekennt sich zu zwei Berufen: »erfolgreicher Fondsverwalter« und »Philanthrop«. Der selbsternannte Menschenfreund gründete 1969 die milliardenschwere Investmentgruppe Quantum, und er stand an der Spitze von mindestens zwei Dutzend Stiftungen. In unseren Tagen wohl weltweit der berühmteste Spekulant, legte sich der knallharte Kritiker von US-Präsident George W. Bush mit der Bank of England an. Da war Soros bereits über 60 Jahre alt und ein bewegtes Leben lag hinter ihm.

1930 als Sohn eines jüdischen Rechtsanwalts in Budapest geboren, hatte seine Familie die deutsche Besatzung mit falschen Pässen überlebt. 1947 floh der Teenager gen England. Nach Berufsunfähigkeit, Studium und Hilfsarbeiten lernte er die Börse von innen kennen. Da Briten auf persönliche Beziehungen stehen, die der Fremde nicht besaß, emigrierte Soros ein zweites Mal, dieses Mal in die USA. Dort überzeugte das »Genie an der Grenze zum Wahnsinn« (Munzinger-Archiv) einige Finanziers von seiner Geschäftsidee, und die hieß »Short-Seller« oder »Leerverkauf« und erfreut sich seither größter Beliebtheit.

Soros' Idee: Er verkaufte am Tag X Aktien, Wertpapiere oder Devisen, die er noch gar nicht besaß, auf Termin Y; sein Portefeuille ist also am Anfang jeweils »leer«. Seine Hoffnung war, dass er die fehlenden Wertpapiere am Stichtag Y billiger als am Tag X erwerben kann. Ein fiktives Beispiel: Soros verkauft am 1. Mai, dem Tag der Arbeit, 10 000 Aktien zum Preis von einer Milliarde Dollar an den Spekulanten XY-Fonds (obwohl Soros diese Aktien noch nicht besitzt). Als Liefertermin wird der 1. September vereinbart. An diesem Tag kauft Soros die 10 000 Aktien für nur eine halbe Milliarde Dollar, da der Kurs der Aktie wie erwartet gefallen ist. Er macht also durch diesen Leerverkauf einen Reibach von einer halben Milliarde Dollar – die Zeche dafür zahlt der gelackmeierte XY-Fonds. Wäre der Aktienkurs in die andere Richtung gelaufen, hätte XY-Fonds gewonnen und Soros verloren. Im Grunde kann durch Leerverkäufe also mit null Kapital eine gewaltige Wirkung erzielt werden. Andererseits droht die Pleite.

Soros hatte mit seiner Methode hinreichend Glück, und so verfügte er 1992 über das Kapital, um gegen die Bank von England auf Augenhöhe spekulieren zu können. Und das äußerst erfolgreich. Soros hatte etwa 10 Milliarden Dollar in einer Wette nach dem gerade beschriebenem Muster des Leerverkaufs gegen die britische Zentralbank auf eine Abwertung des englischen Pfundes gesetzt. Tatsächlich wertete die Zentralbank das britische Pfund Sterling ab, um dadurch britische Exporte billiger zu machen und die Wirtschaft anzukurbeln. Auf diesen realwirtschaftlichen Aspekt hatte Soros seine Hoffnungen gesetzt. Zum Tag Y konnte er dann die zuvor am Tag X für 10 Milliarden Dollar verkauften britischen Pfund preiswert für 9 Milliarden Dollar erstehen und liefern. Übrig blieb ihm, so wird berichtet, ein Gewinn von 1 Milliarde Dollar.

Soros' Attacke auf die Bank von England stellt eine Zäsur dar. In der Geschichte gibt es keine eindeutigen Anfänge, gewiss, und keine endgültigen Enden. Doch Soros steht hier als erster typischer Akteur des modernen finanzmarktgetriebenen Kapitalismus. Wenn sich Despoten und absolute Fürsten im Feudalismus verzockten, ist das etwas grundlegend anderes, als wenn demokratische Staaten im postindustriellen Kapitalismus von Finanzakteuren in die Knie gezwungen werden.

Seine geschäftstüchtigen Praktiken deutet Soros, soweit mir geläufig, in seinen Büchern, die er nach dem England-Triumph und weiteren geschäftlichen Erfolgen schrieb, nur vornehm an. Verständlicherweise, denn darauffolgende Finanzkrisen, namentlich die katastrophale Asienkrise 1997/98, wurden durch solche Leerverkäufe erheblich beflügelt. Das dürfte auch Soros wissen. Gleichwohl hat er sich mit seinem Coup eine gewisse Popularität erworben, auch bei manchen Linken, die in ihm einen antistaatlichen David sehen, und in Osteuropa, wo Soros Millionen in zivilgesellschaftliche Stiftungen gesteckt hat. Bemerkenswert also, dass George Soros um den »Zusammenbruch des kapitalistischen Weltsystems« fürchtet. Sollte es dazu kommen, so der Spekulant, wären freie Märkte und die globale Finanzkrise daran schuld.

Nick Leeson und die Derivate

Die Bank von England und das britische Pfund überlebten die Soros-Attacke. Wie schnell eine jahrhundertealte Bank zu ruinieren ist, bewies dann Nick Leeson. Sein Arbeitgeber, die britische Investmentbank Barings Plc. – lange Zeit Bank der britischen Könige – schickte den jungen Mann nach Singapur. Dort sollte er Preisdifferenzen zwischen japanischen Derivaten ausnutzen.

Derivate ermöglichen eine Wette auf die Wette. Mit diesen »abgeleiteten Mitteln« kann beispielsweise auf den Kurs des Dollars oder der Siemens-Aktie gewettet werden, ohne dass man wirklich Dollar oder Aktien des Elektronikkonzerns besitzt. Eingebaut in die Derivate ist eine Hebelwirkung, die Verluste erheblich verstärken kann. So wird für ein Derivat zunächst weit weniger Kapital benötigt, als der nominelle Gegenwert beträgt. Geht die Wette schief, müsste dieser Gegenwert aber theoretisch bezahlt werden. Wird das Derivat obendrein mit einem Kredit finanziert, verdoppelt oder ver-x-facht sich das ohnehin große Hebel-Risiko.

Unbemerkt von der hausinternen Kontrolle bei Barings, die es wohl gar nicht wirklich gab, drehte Leeson ein immer größeres Rad, verspekulierte sich und hinterließ einen Verlust von 1,4 Milliarden Dollar (rund 1 Milliarde Euro) und eine marode Bank. Sie wurde später zum stolzen Preis von 1 Pfund von der niederländischen ING-Allfinanzgruppe gekauft. Leeson wurde 1995 zu sechseinhalb Jahren Haft verurteilt. Der Bankrotteur schrieb später den Bestseller *Das Milliarden-Spiel. Wie ich die Barings-Bank ruinierte.*

Einige Bobachter meinen, Leesons Fehlspekulationen hätten zu einer Devisenkrise geführt, weil das britische Pfund unter Druck geriet. Der gleiche Vorwurf war gegen George Soros erhoben worden. Kritiker warfen Soros vor, mit seiner damals kaum bekannten Spekulationsvariante den Sturz des britischen Pfundes ausgelöst zu haben. Doch Soros bestritt dies und dürfte damit Recht haben: Auch ohne sein Zutun hätte die Währung aufgrund der Schwäche der britischen Wirtschaft an Wert verloren.

Nachhaltiger wirkte der Fall des möglicherweise »spielsüchtigen« Leeson in der realen Bankenwelt. Die Banken entwickelten fortan ihre Kontrollmechanismen weiter, und vor allem wurde der bisherige Gemischtwarenladen in einzelne Abteilungen getrennt. So wurde der Handel auf eigene Rechnung der Bank klarer vom Handel für Kunden geschieden, der Vertrieb im »Frontoffice«, der Filiale, von der Abwicklung und Verwaltung im »Backoffice« der Banktürme und in riesigen Computerzentren in der Provinz. Das »Controlling«, mit dem die Beschäftigten und ihr Tun überprüft werden, wurde ebenso aufgewertet wie das »Risikomanagement«, also die Steuerung der Geschäfte nach den vorgegebenen Zielen für Rendite-Risiko-Liquidität. All dies konnte jedoch nicht verhindern, dass es zu weiteren spektakulären Zocker-Fällen kam. Schließlich gehört die Spekulation mit Wertpapieren aller Art zum Kerngeschäft einer modernen Bank. Nur die Abschaffung des Investmentbankings könnte diese Zockerei beenden.

Doch ein Ende des Hangs zur Spekulation ist nicht abzusehen. »Es gibt heute mehr Spekulanten«, war der »rechte« Wirtschaftswissenschaftler Wolfgang Gerke schon vor Jahren mit seinem »linken« Kollegen Jörg Huffschmid einer Meinung. Die aktuellen Statistiken vom Internationalen Währungsfonds oder von der Bank für Internationalen Zahlungsausgleich stützen diese These: Immer mehr Geld kreist auf den Umlaufbahnen des kapitalen Kosmos und sucht verzweifelt nach Profit. Früher kam nur ein kleiner Kreis von Personen für Spekulationen in Frage, heute sind es sehr viele. Man denke, sagte Gerke, nur an den »Neuen Markt« oder an diejenigen, die ganze Unternehmen einkaufen und die Menschen rausschmeißen. »Insofern sind die Vorgänge die gleichen, aber die Fälle häufiger« – und spektakulärer. »Eine Folge des modernen Kapitalismus und der Globalisierung«, so Gerke.

Jérôme Kerviel und die Warentermingeschäfte

Fälle in jüngerer Zeit stützen diese Es-wird-immer-schlimmer-Haltung. Trotz Leesons Bankpleite dürfte der Erste unter Gleichen Jérôme Kerviel heißen. Der »schöne Jérôme«, wie ihn der französische Boulevard taufte, hatte 850 000 sogenannte Terminkontrakte auf den deutschen Dax und andere Aktienindizes abgeschlossen. Er selbst profitierte anfänglich von hohen Bonuszahlungen. Dann kam eine Pechsträhne »am Markt«, er verdoppelte die Einsätze, bis er schließlich Verträge auf einen Umsatz von 50 Milliarden Euro abgeschlossen hatte und sich die Derivate-Börse Eurex verwundert bei Kerviels Arbeitgeber, der Société Générale, meldete.

Bei Derivaten, wie diesen Termingeschäften, wird am heutigen Tag ein Kontrakt mit einem Geschäftspartner abgeschlossen, der beispielsweise in drei Monaten »auf Termin« fällig wird. Zu diesem Zeitpunkt müssen dann etwa Daimler-Aktien oder Schweinehälften zu einem bestimmten Kurs bzw. Preis ge- oder verkauft werden – im Prinzip ganz ähnlich wie bei George Soros.

Mit seinem Glücksspiel setzte Kerviel wie zuvor Leeson das gesamte Eigenkapital einer Bank aufs Spiel. Plus X. Wiederum schuf ein einziger Angestellter solch ein Untergangsszenario. Kaum zu glauben. Entsprechend bunte Verschwörungstheorien schossen danach ins Kraut.

Im Fall Kerviel ging es 2008 sogar um das Überleben einer der weltweit wichtigsten Geldgiganten. Unterm Strich verlor der kaum 30-Jährige dann »nur« 4,9 Milliarden Euro seiner Société Générale an siegreiche Zocker. Die internen Kontrolleure der Pariser Bank wollen jahrelang nichts gemerkt haben, und Kerviels Vorgesetzter soll gestanden haben, vom Handel mit komplexen Finanzprodukten wie den Derivaten wenig zu verstehen. Das ist in der heutigen Finanzbranche durchaus möglich. Letztlich entging die überforderte Großbank dem Totalschaden nur durch Glück. Kerviels Spiel soll durch einen Zufall aufgeflogen sein. Ein Gericht in Paris verurteilte den »schönen Jérôme« im Herbst 2010 zu drei Jahren Gefängnis. Es spricht für hinreichend schwarzen Humor, dass die Pariser Richter Kerviel obendrein dazu verdonnerten, seinem früheren Geldgeber die Summe zurückzuerstatten, die er verzockt hatte.

Kweku Adoboli und die Delta-One-Kontrakte

Auch aus dem Fall Kerviel lernten die Banken und überprüften noch einmal Controlling und Risikomanagement. Trotzdem wurde eine weitere milliardenschwere Zocker-Pleite bekannt. Kweku Adoboli wurde im September 2011 von der Londoner Polizei wegen Betrugs vor Gericht gestellt. Der 31-jährige Händler, zum Zeitpunkt der Tat jung wie seine berühmten Kollegen Leeson und Kerviel, wird für den Verlust von – laut UBS – schätzungsweise 2 Milliarden Dollar verantwortlich gemacht (etwa 1,4 Milliarden Euro). Die Londoner Finanzaufsicht, die Financial Services Authority (FSA), und die schweizerische Aufsicht untersuchen, warum der Händler den Verlust anhäufen konnte und die Risikosysteme der Bank nicht rechtzeitig Alarm schlugen. Adoboli soll nach Angaben der BBC seine Kollegen selbst über seine Verluste und »nicht autorisierten« Transaktionen informiert haben. Kurz darauf nahm der Chef der Schweizer Großbank UBS, Oswald Grübel, seinen Hut. Die interne Kontrolle der Händler hat offensichtlich noch nicht den Stellenwert, den sie angesichts der Risiken im Handel haben müsste. Brancheninsider bestätigen dies auch für US-amerikanische und deutsche Banken.

In einer allerersten Mitteilung der UBS hieß es, kaum waren Meldungen über das Desaster an die Öffentlichkeit gelangt, verräterisch, »es ist möglich, dass UBS deshalb einen Verlust bekannt geben wird«. Kunden seien keine betroffen. Das erstaunt insofern, als die UBS sich, als eine Lehre aus der Finanzkrise 2007/08, aus Hochrisikopositionen zurückziehen wollte. Die zu den wichtigsten Banken der Welt zählende Union Bank of Switzerland hatte in der amerikanischen Immobilienkrise mehr als 50 Milliarden Dollar Verlust angehäuft und war im Herbst 2008 erst durch den Schweizer Staat gerettet worden. 2009 sprang ihr die Regierung in Bern ein weiteres Mal zur Seite, als der Bank wegen Beihilfe zur Steuerflucht Gerichtsklagen in den Vereinigten Staaten drohten. Sie zahlte in diesem Zusammenhang 780 Millionen Dollar. Ein Staatsvertrag im Sommer führte zur Auslieferung von über 4400 Kundendateien an amerikanische Behörden.

Zurück zu Kweku Adoboli. Er war in einer Abteilung namens »Delta One« beschäftigt. Delta bezeichnet das Ausmaß der Korrelation zwischen einem bestimmten Basiswert, also einem Index wie dem Dax, einem Aktienkurs oder der Notierung eines Rohstoffes oder Edelmetalls wie Silber, und einem Wertpapier. Dieses Wertpapier bildet den Basiswert künstlich nach. Die Bank erspart es sich dadurch, beispielsweise die 30 Aktien im Dax und das auch noch in der richtigen Mischung zu kaufen. Stattdessen wird ein Dax-Zertifikat konstruiert und dieses den Kunden angeboten. Ein Delta von »eins« bedeutet dann, dass sich der Preis des künstlich geschaffenen Wertpapiers in Einklang mit dem Dax und seinem Kursverlauf bewegt. Die Aufgabe der Adobolis an den »Delta One«-Computern in allen Finanzinstituten ist es, synthetische Produkte zu konstruieren und den Warenkorb der Kunden mit mehreren davon zu füllen. Die Händler und Analysten werden dafür bezahlt, dass sie den Kunden direkt Gebühren abknöpfen und dass die Produkte mit bankinternen Transaktionen verbunden werden, aus denen das Institut ebenfalls Gewinn zieht. Im Idealfall sind die Wertpapiere so konstruiert, dass die Bank immer gewinnt, egal ob die Kurse nach oben oder unten laufen. Irrsinn? Jedenfalls widerspricht es der offiziellen kapitalen Logik eines fairen Wettbewerbs und ist volkswirtschaftlich sinnlos.

Die geschilderten Fälle dieser großen Zocker gestatten einen Blick ins Innenleben der Finanzmärkte. Aber nicht solche spektakulären Fälle sind das Problem. Sie sind eher Ausdruck der beiden Kernprobleme: des Geldüberhangs, der von Ausbeutung und Reichtum übrigbleibt und nach Anlagemöglichkeiten sucht, und des dadurch aufgeblähten Finanzkapitalismus. Darum spekulierten dieselben Akteure nach der Asienkrise 1997 ebenso munter weiter wie nach dem Zusammenbruch des Neuen Marktes im März 2000 und nun nach der geplatzten Immobilienblase 2007.

Was bleibt?

Geschäft, das nur einen Nutzen schafft, nämlich den Gewinn seiner Akteure, ist volkswirtschaftlich zwecklos und riskant. Dieses Verdikt trifft auf einen Großteil der Finanzgeschäfte zu. Diese Spekulation im engen Sinne unterscheidet sich von den »guten« Finanzgeschäften, wie Krediten für Firmen oder der finanziellen Absicherung von Wechselkursen oder Lebensrisiken.

Vom Gutachter zum Akteur – Die Ratingagenturen

Die großen Drei

Herbst 2011: Die Krise zieht immer weitere Kreise. Während den Vereinigten Staaten angesichts der festgefahrenen Verhandlungen im Kongress in Washington um die Schuldenobergrenze der Verlust des AAA-Ratings droht, spitzt sich die Lage in Europa weiter zu: Auch Frankreich sorgt sich um seine Bestnote; um das zweite Griechenland-Rettungspaket findet eine zähe politische Hängepartie statt; irische Anleihen sind auf Ramschniveau abgesunken, und die Krise schwappt auf Italien und damit auf das erste große Euro-Land über. »Renditen und Versicherungsprämien italienischer Staatspapiere«, beklagten die Analysten der italienischen Unicredit Bank, »sind geradezu hochgeschossen.« Und mitten drin in der Krise tummeln sich drei Ratingagenturen.

An sich machen Ratingagenturen einen nützlichen Job als eine Art »Stiftung Warentest« für Finanzprofis. Will eine Bank, ein Industriekonzern oder ein Staat sich Geld leihen, werden Wertpapiere aufgelegt und diese Anleihen an Investoren in alle Welt verkauft. Jeden Tag werden unzählige solcher Anleihen oder Zertifikate neu auf den Finanzmärkten angeboten. Viel zu viele, um den Überblick zu behalten – selbst für Profis und Großbanker. Hier kommen nun Ratingagenturen ins Spiel. Sie prüfen die Solidität der Wertpapiere, die Kreditwürdigkeit der Bank, des Fonds oder eines Staates, der sich durch die Ausgabe eines Wertpapiers viel Geld auf Pump verschaffen will. Wie steht es also beispielsweise um die Bonität Italiens: Wird Italien seine Schulden aus einer zehnjährigen Anleihe im Jahr 2022 tatsächlich zurückzahlen können? Und wird Rom, dessen Schuldenlast ähnlich schwer wie die Athens wiegt, bis dahin Monat für Monat seine Zinsen brav begleichen?

Solche Fragen beantworten die Agenturen und nehmen eine Bewertung (engl. rating) in Form von Noten vor, beispielsweise vom hervorragenden »AAA« (Schulnote 1+) über »BB« bis hin zum grottenschlechten »C« (6–). In der jeweiligen Note drückt sich dann eine Art von Kosten-Nutzen-Rechnung aus: Eine gute Note steht für geringes Risiko, aber auch für eine niedrige Rendite, eine schlechte Note entsprechend für hohes Risiko, aber auch für die Chance auf hohe Gewinne. Wenn ein Land – oder ein Unternehmen, eine Bank, ein Wertpapier – herabgestuft wird, müssen das Land und seine Wirtschaft höhere Zinsaufschläge für Anleihen aufbringen. Das kostet, und dabei geht es nicht um »Peanuts« (wie Deutsch-Banker Hilmar Kopper einst über offene Handwerkerrechnungen von ein paar Dutzend Millionen DM befand). Wo jeder Cent im Konkurrenzkampf der Staaten, Konzerne und Menschen zählt, kann ein Risikoaufschlag von mehr als drei Prozentpunkten gegenüber deutschen AAA-Anleihen einer ganzen Volkswirtschaft und der Regierung in Athen, Rom oder Madrid fast schon den Todesstoß versetzen. Genau das kann aber passieren, wenn ein Land seine sehr gute Ratingnote verliert. Dann gelten seine Anleihen und auch die seiner Unternehmen als riskant(er) und die Anleger erwarten einen entsprechenden Risikoaufschlag in Form von höheren Zinszahlungen. Nehmen wir die Staatsverschuldung eines typischen kleineren Landes von 100 Milliarden Euro; im Vergleich zu Premium-Deutschland zahlte dafür ein Mittelklasseland in zehn Jahren etwa 40 Milliarden Euro mehr an Zinsen, ein »Schrottland« sogar um die 100 Milliarden. Irrsinn.

Offensichtlich fallen durch diese Zinseszinsfalle Krisenländer noch weiter zurück, und vor allem die Realwirtschaft droht noch mehr von ihrer internationalen Wettbewerbsfähigkeit einzubüßen, da die Kosten der Unternehmen dramatisch ansteigen, wenn die Zinssätze zulegen.

Die Geschichte der Ratingagenturen reicht zurück bis zum Eisenbahnbau in den USA um 1900. Unabhängige Dritte sollten die Aktien der jungen Eisenbahngesellschaften bewerten, von denen in der Öffentlichkeit kaum mehr bekannt war als ihre abenteuerlichen Pläne, ein gewaltiges Streckennetz quer durch den Kontinent von Ost nach West zu bauen. In der Folgezeit blieben die Ratingagenturen eng mit der Entwicklung der Finanzmärkte verbunden. Und da diese besonders in den Vereinigten Staaten an Bedeutung gewannen, nimmt es nicht Wunder, dass die größten Ratingagenturen aus Amerika stammen. Als die Finanzmärkte in den 1990er

Jahren dann weltweit boomten, gewannen auch die Ratingagenturen global an Gewicht.

Von der Politik wurden die Rater lange unterschätzt. Dabei dominieren den Weltmarkt lediglich drei Firmen: die US-Giganten Standard & Poor's und Moody's mit jeweils etwa 40 Prozent Marktanteil sowie die wesentlich kleinere Agentur Fitch. Daneben gibt es einige Spezialanbieter etwa für Schiffsfinanzierungen und jeweils eine Agentur in Kanada und China, also in Ländern, die auf einer gewissen Distanz zu den USA beharren.

Standard & Poor's (S&P) gehört mit einem Umsatz von 3 Milliarden Dollar zum Gemischtwarenkonzern McGraw-Hill, einem börsennotierten Medienkonzern, der unter anderem Schulbücher verlegt. An McGraw-Hill wiederum sind große Investmentfonds beteiligt, darunter risikogeneigte Hedgefonds und langfristig ausgerichtete Pensionsfonds von Lehrern. Das Interesse von Medienkonzernen an Ratingagenturen irritiert nur auf den ersten Blick: Der Markt für Wirtschaftsinformationen boomt und dürfte langfristig weiter wachsen; außerdem entwickeln Rater Indizes für alle möglichen Finanzprodukte, auf die beispielsweise Fondsgesellschaften und Banken für ihre Zertifikate-Entwicklungsabteilungen gern zurückgreifen, als Vergleichsmaßstab oder um ihn eins zu eins nachzubilden. So betreibt Standard & Poor's das bekannte amerikanische Börsenbarometer »S&P 500«, das die Kursentwicklung von 500 Aktienwerten in einer Kennzahl zusammenfasst.

Dauerkonkurrent Moody's beherrscht mit seinen gerade mal 4700 Beschäftigten ebenfalls etwa 40 Prozent des Weltmarktes und ist selbst börsennotiert. Anteile an Moody's halten Investmentfonds, aber auch Investoren-Legende Warren Buffett, der auf mehr als 10 Prozent der Moody's-Anteile kommt. Die kleinere Nummer drei geht ebenfalls auf einen US-amerikanischen Gründer zurück, hat heute aber eine zweite Konzernzentrale in London und gehört zu 60 Prozent dem börsennotierten französischen Finanzinvestor Fimalac. Die restlichen Anteile hält der US-Medienkonzern Hearst (*Cosmopolitan*, *Elle* und Sportsender ESPN). Hinter Fimalac steht der in Frankreich gut vernetzte Geschäftsmann Marc Ladreit de Lacharrière. Er gehört wie der spätere EZB-Präsident Trichet und ein Großteil der französischen Elite zu den Absolventen der École nationale d'administration, kurz ENA, die traditionell Spitzenpositionen in Staat und Wirtschaft besetzen.

Unabhängig im Urteil?

Wie gesehen, sind die Oberschiedsrichter der Finanzmärkte selbst Teil des Spiels. Die damit verbundene Betriebsblindheit dürfte nicht nur zu Fehlurteilen beigetragen haben. Hinzu kommt, dass sich Ratingagenturen, deren genaue Spielregeln nur ihnen bekannt sind, ausgerechnet von den Beurteilten bezahlen lassen, den Emittenten von Wertpapieren.

Wie übrigens Wirtschaftsprüfer, welche die Bilanzen der Konzerne prüfen, von diesen entlohnt werden. Auch diese für die Stabilität wichtige Branche wird von wenigen überwiegend angelsächsisch geprägten Akteuren dominiert: KPMG, PWC, Ernst & Young und Deloitte. Interessenkonflikte und Betriebsblindheiten sind also beim Beurteilen vorprogrammiert.

Am Image nagt zudem, dass Ratingagenturen immer wieder zu spät oder gar nicht reagierten, wie etwa im Jahr 2001 beim spektakulären Untergang des US-amerikanischen Energiekonzerns Enron. Der Gigant hatte seine Bilanzen massiv gefälscht, und plötzlich saß »The World's Greatest Company« auf 40 Milliarden Dollar Schulden fest. Enron meldete Insolvenz an. Ratingagenturen hatten Enron noch bis wenige Tage vor der Pleite mit Bestnoten bewertet.

Ähnlich schlecht lief es bei dem italienischen Parmesankäsehersteller Parmalat und bei Worldcom, der weltweit drittgrößten Telefongesellschaft, die 2002 ohne Rating-Vorwarnung Insolvenz anmeldete. Selbst vor der Finanzkrise 2007 blieb eine rechtzeitige Warnung aus, als Hunderte nur mit zweit- und drittklassigen Hypotheken abgesicherte und daher hochriskante US-Immobilienpapiere bis zuletzt noch mit »kein Risiko« bewertet wurden. Und vor der Pleite der US-Investmentbank Lehman Brothers im Herbst 2008 war ebenfalls von den Oberschiedsrichtern nichts zu vernehmen.

Dazu kamen peinliche Pannen. Bei einer Analyse deutscher Versicherungskonzerne sollen wichtige Bilanzpositionen doppelt gezählt worden sein; im vergangenen Sommer warf das US-Finanzministerium den Ratern einen Rechenfehler von über 2000 Milliarden Dollar vor; eine Herabstufung Frankreichs entpuppte sich 2011 als angeblich technischer Fehler.

Folgenschwerer als solche Entgleisungen, die in ihrer Art (allerdings nicht in ihrer Größe) überall im Geschäftsleben auftreten, dürfte die augenfällige Nähe der Ratingagenturen zum angelsächsischen Wirtschaftsmodell sein, was ihren Urteilen grundsätzlich eine gewisse Schlagseite verleiht. Und selbst Ratingbefürworter hegen obendrein den begründeten Verdacht einer politischen Instrumentalisierung. Als die amerikanische Ratingagentur Standard & Poor's Ende 2011 sogar die Bonitätseinschätzung AAA von Deutschland infrage stellte, platzte dem CDU-Abgeordneten Michael Fuchs der Kragen: Das »Verhalten« der Ratingagentur sei »unverantwortlich«. Schließlich vertraue »die ganze Welt« der Tragfähigkeit der deutschen Staatsfinanzen. Ratingagenturen sollten sich auf ihre Kernaufgabe konzentrieren und »nicht politischen Interessen dienen«. Damit waren die Interessen der Vereinigten Staaten gemeint. Die USA haben selbst große Haushaltsprobleme zu bewältigen, so der stellvertretende CDU-Fraktionsvorsitzende, und davon solle offensichtlich abgelenkt werden. In diese Rubrik dürfte auch der Freifahrtschein gehören, den die Ratingagentur Fitch Frankreich Anfang 2012 überraschenderweise ausstellte: »Eine Herabstufung in diesem Jahr ist nicht zu erwarten«, sagte der für Europa zuständige Fitch-Manager Ed Parker der Nachrichtenagentur Reuters. Ein Schelm, wer hier das Wirken der französischen Eigentümer von Fitch raushört und an Sarkozys Präsidentenwahlkampf denkt. Mit all diesen Unzulänglichkeiten ließe sich im wirklichen Wirtschaftsleben gut leben, wenn die Noten als das genommen würden, was sie sind: eine Meinungsäußerung, eine unter vielen, wenn es um Staaten und ihre Bonität geht. Solche Gelassenheit ist jedoch unmöglich. Und die Schuld daran trägt die Politik. In den gesetzlichen Richtlinien vieler Länder ist den Versicherern und Pensionsfonds vorgeschrieben, die Kundengelder nur in Anlagen mit bestimmten Noten zu investieren. In Deutschland hat das Bundesministerium der Finanzen (BMF) den Banken noch 2007 verordnet, externe Ratings heranzuziehen. Minister war damals der heutige Finanzmarktkritiker Peer Steinbrück (SPD). Nach »Basel II«, einem internationalen Regelwerk für die Stabilität der Banken, dem sich bis auf die USA alle führenden Finanzplätze angeschlossen haben, müssen die Anlagen der Banken je nach Risiko mit Eigenkapital unterlegt werden, das in der Regel knapp ist. Über das »Risiko« und damit über das Volumen, welches Banken verleihen können, entscheiden aber letztlich die Noten der Ratingagenturen.

Selbst die Europäische Zentralbank hat sich von den angelsächsischen privaten Ratern abhängig gemacht. So änderte die EZB erst 2011 endlich ihre hausinternen Regeln und senkte die erforderliche Mindestnote von »A« ab, damit sie weiterhin von Banken portugiesische und später andere Staatspapiere, die von den Ratingagenturen als »Ramschpapiere« mit »B«- oder »C«-Note bewertet wurden, als Sicherheit annehmen konnte. Ratingagenturen hatten die Portugalpapiere zuvor als das eingestuft, für was sie jeder hielt: als »hochriskant«. Ähnlich war die EZB schon mit Griechenland im Mai 2010 verfahren. Seither akzeptiert sie griechische Staatsanleihen unabhängig von deren Ratingnote als Sicherheit. Das ergibt durchaus Sinn, nicht aber, im EZB-Regelwerk die Schulnoten der Rater festzuschreiben.

Dass es auf den Finanzmärkten ein Rating gibt, ist nicht das Problem, zumal die meisten der aus Zahlen und Meinungen zusammengesetzten Urteile der Ratingagenturen zutreffen dürften. Oftmals verkaufen sie sogar Binsenweisheiten. So sind die Zahlen über Staatsverschuldung, Wirtschaft etc. einzelner Länder den Analysten, Bankern, Volkswirten ebenso bekannt wie den Ratern.

Das Problem ist, dass die drei großen Ratingagenturen durch die allgemeine Akzeptanz ihrer Beurteilungen vom Gutachter zu einem maßgeblichen Akteur geworden sind. Sogar wenn Ratingagenturen billige Binsenweisheiten verbreiten, kann dies Folgen haben. Mit dem Urteil »hochriskant« werden Staatsanleihen erst recht hochriskant. Jede Einschätzung einer der großen Agenturen verstärkt den Trend, den sie behauptet. Selbsterfüllende Prophezeiung, ein Teufelskreis? Zwar ist das kein durchschlagendes Argument, um gänzlich auf externe Urteile zu verzichten, denn was hochriskant ist, muss auch als »hochriskant« bezeichnet werden dürfen. Aber die Realität ist nie eindimensional, und finanzkapitalistische Kennzahlen, die ja zudem auf zumindest umstrittenen theoretischen Annahmen fußen, sind nicht der Weisheit letzter Schluss, wenn man Konzerne und Volkswirtschaften bewertet.

Konkurrenz belebt das Geschäft

Seit 2011 erwächst den drei Großen immerhin Konkurrenz. So haben der private Hamburger Kreditversicherer Hermes und dessen Pariser Konkurrentin Coface – die beide eine gewisse Staatsnähe haben – eine Zulassung als Ratingagentur erworben. Andere Unternehmen folgten. Frühere Versuche von deutschen Banken, Börsen und dem Medienkonzern Bertelsmann, den großen amerikanischen Agenturen privat Paroli zu bieten, sind eingeschlafen.

Ein weiterer Versuchsballon der Unternehmensberatung Roland Berger mit Akteuren aus der Finanzwirtschaft soll in zwei, drei Jahren marktreif sein. Berger will sich laut Medienberichten im Unterschied zu den alten Agenturen nicht von Unternehmen und Ländern bezahlen lassen, deren Wertpapiere er bewertet, sondern von den Investoren, also von Pensionsfonds, Versicherungskonzernen und anderen Großanlegern, die diese Papiere kaufen möchten. Damit, so das Kalkül, würde die Agentur unabhängiger und glaubwürdiger. Der Bankenverband BdB hält die Chancen, dass sich Berger gegen die großen Drei behaupten könnte, für gering. Zumindest zeigen aber solche Pläne, dass es im Finanzkapitalismus eine Nachfrage nach unabhängigen Marktbeobachtern gibt.

EU-Politiker träumen indes von einer öffentlichen europäischen Ratingbehörde. Das ist durchaus wirtschaftspolitisch sinnvoll, wird aber bestenfalls dauern. Und wer »am Markt« wird letztlich deren Urteile ernst nehmen? Auch in Amerika ist den Aufsichtsbehörden die Macht der »Big Three« ein Dorn im Auge; ihr Einfluss soll beschränkt werden, aber cleverer: Das 2010 beschlossene Dodd-Frank-Gesetz, mit dem die US-Regierung auf die Finanzkrise reagierte, will den politisch erzwungenen dominanten Einfluss der Rater zurückfahren und den großen Banken alternative Methoden vorschreiben. So sollen sie bei der Einstufung von Länderrisiken auf Daten der Organisation für wirtschaftliche Zusammenarbeit (OECD) und bei Unternehmensanleihen auf neue Rechenmodelle der Aufsichtsbehörden zugreifen.

Was im Einzelnen an Veränderungen kommt, ist ungewiss, aber so viel zeichnet sich schon ab: Die großen Drei werden auf absehbare Zeit ihre marktbeherrschende Position beibehalten; aber sie werden sich mit stärkerer Konkurrenz herumschlagen müssen.

Das ist gut so, denn im Zweifel ist echter Wettbewerb dem Oligopol, das im modernen Kapitalismus üblich ist, vorzuziehen. Wichtiger wird es aber sein, dass sich Politik, Wirtschaft und Öffentlichkeit von den Zensoren emanzipieren, die für ihre Noten von den Beurteilten bezahlt werden.

Was bleibt?

Ratingagenturen spielen in der Wirtschaft als außenstehende Bewerter von Unternehmen und Finanzprodukten seit über einem Jahrhundert eine sinnvolle Rolle. Ihre Urteile werden allerdings durch ihre Nähe zu angelsächsischen Finanzmarktakteuren, ihre Geschäftsmodelle und durch das Oligopol der großen Drei getrübt. In der Krise spielten diese an sich eher kleinen Akteure auf den Finanzmärken und in der Politik eine unangemessene Hauptrolle. Schuld daran sind nicht die Agenturen, sondern viele Regierungen, staatliche Institutionen wie die EZB und Konzerne, die den Noten der Ratingagenturen bis zur Großen Krise in ihren eigenen Regelwerken eine zu große Bedeutung gegeben hatten.

II Werkzeuge

Orte der geregelten Spekulation – Die Börsen

Markt- und Finanzplätze

In der Vlamingstraat in der alten Hansestadt Brügge steht rechter Hand noch immer das uralte Haus der Familie Van der Beurse. Achtlos zieht der heutige Touristenstrom an dem vergleichsweise unauffälligen Giebelhaus vorbei, das im farbigen Meer uralter Herrenhäuser und Kaufmannspaläste untergeht. Hier bot Robert van der Beurse im 13. Jahrhundert erstmals Warenhändlern aus drei Kontinenten einen Treffpunkt, um ihre Handelsgeschäfte abzuwickeln und Geldkurse festzulegen. Belgische Historiker haben für Van der Beurses Arbeit den anheimelnden Begriff »Hotelier-Makler« geprägt.

Von diesem Gasthaus aus begann der moderne Finanzkapitalismus seinen Siegeszug um die Welt. Flämisch wird der Familienname der Hotelier-Makler »Böhrse« ausgesprochen, und so wurde dieser multinationale Treffpunkt im Zentrum des mittelalterlichen Brügge später zum Vorbild und Namensgeber der heutigen Börsen.

Weltweit führend sind die Börsenplätze London und die Wall Street in New York. Eine international bedeutende Rolle spielen auch Tokio, Shanghai und Hongkong sowie in Europa Frankfurt am Main. Dort ist die größte und bedeutendste Börse in Deutschland angesiedelt, die Deutsche Börse AG. Sie ist selbst börsennotiert.

Doch die große Zeit der Börsen scheint vorbei zu sein. Immer mehr Wertpapierhandel wandert in die Banken und in kaum regulierte Brokerfirmen, das sind Makler, ab. Die früheren Tempel des Kapitalismus reagieren auf die wachsende Konkurrenz mit zunehmender Größe. So gehört zur »Gruppe Deutsche Börse« die Börse Frankfurt, das elektronische Handelssystem Xetra für Banken, die Börse Tradegate für Kleinanleger und die europäische Terminbörse Eurex für Derivate. Die Gruppe beschäftigt etwa 3000 Menschen.

Die Muttergesellschaft Deutsche Börse AG ist eigentlich in angelsächsischer Hand: Nur 18 Prozent wird von deutschen Investoren gehalten, fast die Hälfte gehört institutionellen Anlegern aus Großbritannien (16 Prozent) und den USA (32). Zur ebenfalls börsennotierten New York Stock Exchange (NYSE) gehören neben der Wall Street auch Euronext N. V. mit mehreren europäischen Börsen, darunter Paris, Amsterdam und Lissabon sowie die Derivate-Börse Liffe in London. Insgesamt arbeiten ebenfalls etwa 3000 Menschen für die NYSE-Euronext. Eine lange geplante Fusion von Deutsche Börse AG und der amerikanischen NYSE-Euronext ist Anfang 2012 am Veto der EU-Kommission gescheitert, die ein »Monopol« im europäischen Derivate-Handel befürchtete. Außerdem gab es in Politik und Wirtschaft Sorgen, dass die Amerikaner die Frankfurter über den Tisch ziehen würden. Vor allem beim lukrativen und allein über Computer abgewickelten Massengeschäft mit Derivaten hätte die Fusion eine begehrte Eintrittskarte ins europäische Geschäft bedeutet. Nun ist ein »Ranking« der Finanzmetropolen nach Größe an sich kaum von Belang, aber die Hitliste entwickelt – wie das Rating eines Landes oder eines Wertpapiers – eine Eigendynamik: Die Nummer eins zieht quasi automatisch weitere Geschäfte an. Nun könnte man meinen, dass es in einer globalisierten Welt nicht mehr um schiere Größe vor Ort geht, denn schließlich erscheinen internationale Netze für die Versorgung von Wirtschaft, Staat und Gesellschaft mit Kredit und Kapital in einer multipolaren Welt zweckmäßiger. Diese Ansicht wird von Politikern offensichtlich nicht geteilt. So haben zum Beispiel die wechselnden Bundesregierungen seit dem Finanzmarktförderungsgesetz von 1990 bis zum Risikobegrenzungsgesetz 2008 den Finanzplatz Deutschland laufend dereguliert und liberalisiert, hauptsächlich mit der Begründung, die nationale Börsen-Metropole Frankfurt wenigstens in der ersten Reihe der europäischen Finanzplätze zu halten.

Börsen gelten bis heute als die Zockerbuden schlechthin. Das ist ein Irrtum. Zum einen boten sie von jeher als Marktplatz, auf dem die Händler miteinander persönlich in Kontakt treten konnten, eine gewisse Übersicht und Verlässlichkeit. Zum anderen sichern sie in der heutigen Zeit des elektronischen Handels ein bestimmtes Maß an Seriosität durch eine doppelte Regulierung: Auf dem Börsenparkett gelten spezifische Regeln, nach denen gehandelt wird, und es gibt üblicherweise – wie in Deutschland – ein Börsengesetz und eine Wertpapieraufsicht. In Deutschland sind dafür die Bundesländer und die staatliche Bundesanstalt für Finanzdienstleistungsaufsicht (Bafin) in Bonn und Frankfurt am Main zuständig. Letztere überwacht auch Banken, Versicherungen und Fondsgesellschaften.

Börsen sind keine Akteure, sondern Werkzeuge der Akteure. Mit ihrer Hilfe werden nicht allein Aktien sowie Anleihen von Staaten und Unternehmen bewegt, sondern auch Rohstoffe. So wird etwa Kaffee (grüne ungeröstete Bohnen) vor allem an der Intercontinental Exchange in New York gehandelt und in London. In der zweiten Kaffeeliga spielen noch Terminbörsen in Brasilien und Japan. An Börsen gehandelt werden Getreide, Orangensaft oder Fleisch, Soja und vor allem Mais. Große Agrar-Börsenplätze liegen in Chicago, London und Paris; aber auch in Hamburg, in Ungarn, Korea, Japan und China werden reale Rohstoffe gehandelt. Real meint hier, dass sich die Geschäfte immer noch auf wirkliche Güter beziehen und nicht nur auf abgeleitete Preiswetten.

Eine andere Realität ist dagegen inzwischen nicht mehr zwingend:»Börse« meinte noch lange nach der Brügge-Ära von Van der Beurse auch ein Gebäude. Diese Zeiten sind vorbei, heute können Börsen aus einigen Büros und einer Unzahl von Computern bestehen. Und Träger dieser Veranstaltung muss auch nicht mehr unbedingt eine Börse sein, sondern es können beispielsweise auch multilaterale Handelssysteme sein, wie sie Banken untereinander nutzen. Auch hier gelten entsprechende Regeln wie bei Börsen. Alle Teilnehmer sind schließlich an einer gewissen Transparenz auf dem Markt und an der Zuverlässigkeit des Gegenübers – des Käufers oder Verkäufers – interessiert.

Das Auf und Ab der Kurse

An den Börsen wird zumeist mit Wertpapieren und Devisen gehandelt, was im Volksmund kurz spekulieren genannt wird. Allerdings hat diese Spekulation keinen unmittelbaren Einfluss auf die zugrundeliegenden Werte. Ein Beispiel: Im Jahr 2005 wird die Firma XY als Aktiengesellschaft gegründet. Dazu werden eine Million Aktien zu 18 Euro das Stück über mehrere Banken an Tausende Anleger und Investoren verkauft. Nach Abzug der Bankgebühren und der Marketingkosten bleibt dem Unternehmen von den 18 Millionen ein Erlös von 15 Millionen Euro übrig. Das Geld wird in eine neue Halle und Maschinen investiert. Am Tag dieser Emission wird die Aktie auch erstmals in Frankfurt an der Börse notiert. Dieser Börsengang wird neudeutsch »IPO« (Initial Public Offering) genannt. Ob fortan der Aktienkurs an den Börsen steigt oder fällt, ist für die Aktiengesellschaft XY an sich egal, sie hat ihr Geld aus dem Börsengang längst einkassiert.

An der Börse kommen nun Dritte ins Spiel: Potentielle Verkäufer, die für die Zukunft sinkende Kurse befürchten, plus potentielle Käufer, die einen steigenden Kurs der Aktie erwarten. Beide treffen sich bei einem bestimmten Preis, den der eine für seine Aktie mindestens verlangt und die der andere gerade noch bereit ist, zu zahlen. Dieser Preis ist dann der neue Kurs der Aktie XY.

Ob und für wen das ein Gewinn oder ein Verlust ist, hängt davon ab, zu welchem Preis der Verkäufer die Aktie zuvor erworben hat bzw. zu welchem Preis der Käufer sie wieder verkaufen wird. Steigen die Kurse für die gehandelten Aktien insgesamt an, spricht man von Bullenmarkt oder Hausse (frz., Anstieg), stehen die Zeichen auf »Fallen«, nennen Börsianer dies Bärenmarkt oder Baisse. Wichtig zum Verständnis ist, dass die Geschäfte als Ganzes betrachtet ein Nullsummenspiel sind. Nehmen wir der Einfachheit halber an, es gibt lediglich einen Verkäufer und einen Käufer, dann gewinnt der eine, was der andere verliert, und was der eine verliert, gewinnt der andere: Stand beispielsweise morgens der Kurs einer Aktie auf 100 Dollar und fällt bis mittags auf 80, so hat der Verkäufer 20 Dollar verloren, der Käufer (gemessen am Morgenwert) 20 Dollar gewonnen. Das ganze System kommt nur in Schieflage, wenn einer den Verlust nicht verkraften kann und pleitegeht oder einer nicht physisch liefern kann – was etwa bei Rohstoffen oder Derivaten grundsätzlich ein großes Risikopotential darstellt.

Die meisten Aktienwerte sind so unbedeutend, dass tatsächlich am Tag nur 200, 100 oder sogar nur zwei, drei Verkäufe zustande kommen. Hier kann der Kurs dann rauf- und runterhoppeln, wie das Familiengefährt auf dem Sonntagsausflug über eine norddeutsche Kreisstraße. Anders geht es bei etwa zwei Dutzend Aktien zu, die beispielsweise »an« der Börse in Frankfurt und tatsächlich über ihr globales elektronisches Handelssystem Xetra in Tausenden und Abertausenden Käufen und Verkäufen gehandelt werden. Bei diesen Bestsellern sind die Kurssprünge aufgrund der großen Zahl der Akteure selbstverständlich in der Regel wesentlich gedämpfter als bei den Liebhaberstücken.

Gedämpft und in vermeintlich verträglichen Häppchen erreicht daher die Öffentlichkeit, was ihr in Form des »Dax« oder »Dow Jones« in den Nachrichten über das Börsengeschehen mitgeteilt wird. Beides sind namhafte Indizes, welche die Kursentwicklung der größten Aktienwerte in Deutschland und den USA anzeigen, wie ein Barometer den Wettertrend. Im Fall des Deutschen Aktienindex (Dax) sind es 30 Aktienwerte von Adidas bis Volkswagen. Der Dax ist dann mal um 56 Punkte gefallen oder um 32 geklettert. Prozentual geht es angesichts eines Dax-Kurses von 5000 oder – in Spitzenzeiten – 8000 Punkten normalerweise nur um Prozentpunkte hinter dem Komma. An besonderen Tagen verliert oder gewinnt der Dax aber auch einmal 2 oder 3 Prozent, und fällt er gar um 5 Prozent, ist Krisenstimmung angesagt.

Dabei sind es innerhalb selbst dieser kleinen Spitzengruppe meist nur wenige Werte, die den Großteil des Umsatzes auf sich vereinen. Am Tag, an dem ich dieses schreibe, entfällt fast die Hälfte des Frankfurter Tagesumsatzes von rund 170 Millionen Dax-Aktien allein auf die Commerzbank. Aus der Großbank waren zuvor schlechte Nachrichten zu hören gewesen. Für die Bedeutung des Aktienwertes im Dax ist aber der Umsatz einerlei. Dafür mag es durchaus gute Gründe geben. Trotzdem nützt es, diese und andere Verzerrungen einzukalkulieren und daher Indizes wie Ratingurteile nicht allzu ernst zu nehmen. Sie senden Signale, die durchaus zu berücksichtigen sind, sie besitzen aber keineswegs das exklusive Privileg, die Wirklichkeit richtig wiederzugeben.

Eine gelassene Ernsthaftigkeit im Umgang mit den vielen, oft schrillen Signalen vermisse ich allerdings. Mit der Privatisierung der Deutschen Post und der Einführung der Telekom-Aktie als »Volksaktie« wurden 1996 Börsenkurse und Dax fernsehtauglich und zum festen Bestandteil der Nachrichtensendungen in Hörfunk, TV und Internet. Der Dax, über dessen Verlauf wenige Finanzjongleure bestimmen, drang in unseren Alltag ein als Indikator für das wirtschaftliche Wohl und Wehe einer Nation und bald ganz Europas. Irrsinn.

Durch den Einzug des Internets »in« die Börsen haben diese sich von den ursprünglichen Orten emanzipiert und global virtualisiert. Elektronische Handelsplattformen wie Xetra der Deutschen Börse haben weltweit die Rolle der »Präsenzbörsen« mit lebendigen Menschen übernommen. Durch das Internet wurde der Handel gegenüber den Zeiten von Telefon und Telegraf beschleunigt.

Geschwindigkeit und der daraus entstehende Informationsvorsprung haben im Handel mit Aktien, anderen Wertpapieren und Devisen schon immer eine Rolle gespielt. Früher waren es Brieftauben, Kutschen und Pferdekuriere, die den Spekulanten halfen. 1815 soll Nathan Rothschild noch vor der Regierung in London erfahren haben, dass Napoleon in Belgien bei Waterloo von britischen und preußischen Truppen geschlagen worden war. Der Familienlegende nach hatte er ein schnelles Schiff und einen reitenden Boten als »Internet« gechartert. Rothschild kaufte eine große Menge Wertpapiere, weil die Siegesmeldung an der Londoner Börse sicher zu einer Hausse führen würde – er sollte recht behalten.

Boten wurden bald durch Telegrafen, dieses durch das Telefon und letztlich durch Computer und Datenautobahn abgelöst. Der Zeitraum eines geldwerten Wissensvorsprungs verringerte sich von Tagen auf Minuten und heute auf Millisekunden – das Prinzip aber blieb dasselbe. Das gilt auch für den mit dieser informierten Zockerei verwandten Arbitrage-Handel. Hierbei werden kleine Kursunterschiede zwischen verschiedenen Handelsplätzen technisch ausgenutzt: Die Aktie XY kostet in Tokio kurzzeitig einen Cent weniger als in London, der Devisenkurs des Dollars ist einen Moment lang günstiger in Frankfurt als in Johannesburg. Auf solchen Unterschieden basieren sogenannte Hochfrequenz-Handelssysteme, von Menschen programmierte Computersysteme, die ohne weiteren direkten menschlichen Eingriff funktionieren. Durch die beschleunigte Technik und die Vernetzung der Handelsplätze – Banken, Börsen, Broker – sind die Gewinnspannen gegenüber den Zeiten von Waterloo auf ein Minimum geschrumpft. Auch diese Industrialisierung führte wie in der Realwirtschaft zu großen Stückzahlen. Immer mehr Aktien werden automatisiert gehandelt, weltweit und in blitzartiger Geschwindigkeit.

Manoj Narang, ein Mann mit Ziegenbärtchen und in einen dunkelgrauen Pulli gekleidet, hat gerade 15 Millionen Aktien im Gesamtwert von 600 Millionen Dollar gekauft und verkauft. »Solche Umsätze sind für Narang nur der Start in einen ganz normalen

Tag. Es ist Freitag, 12 Uhr, und er hat gerade erst angefangen«, beschreibt das Technikfachblatt *Technology Review* den Job eines Computer-Brokers. Narang ist Chef von Tradeworx, einer Finanztechnologie-Firma in New York, die sich auf den computergelenkten Aktienhandel spezialisiert hat. Das bedeutet, alle aktuellen Entscheidungen werden von Hochfrequenz-Rechnern getroffen. Am Ende des Tages werden die Computer 60 bis 80 Millionen Aktien gehandelt haben.

Den größten Gewinn auf dem Markt macht das Unternehmen mit der schnellsten Hardware und den besten Algorithmen. Das sind selbstverständlich die großen Börsen und Banken. Tradeworx ist da nur ein kleiner Spieler. Die Deutsche Börse und die Deutsche Bank haben deswegen viel in Technik investiert und gelten auf dem Massenmarkt etwa mit Derivaten als Vorreiter.

Daneben gibt es einen fast ungeregelten Schwarzhandel zwischen mehreren Akteuren, außerhalb von Börsen und regulierenden Handelssystemen. »Over the Counter« (OTC) heißen solche Geschäfte, über den Tresen hinweg. »Ungeregelt« klingt gefährlicher als »Börse« und ist es wohl für die Stabilität der Finanzmärkte auch. Vor allem, weil hier keinerlei Sicherheitsstandards eingehalten werden müssen und weil die ganze OTC-Veranstaltung für die Akteure wie für die Finanzaufsicht undurchschaubar bleibt. So stehen denn auch meist solche OTC-Deals im Fokus der Finanzmarkt-Kritik, zumal sie schier unglaubliche Dimensionen angenommen haben. »Over the Counter« ist das Reich der Derivate, von denen nun ausführlich die Rede sein soll.

Was bleibt?

Die große Zeit der Börsen ist vorbei. Das Parkett wurde in die Computer der Broker verlegt. Die Konkurrenz von außen wächst. Die Börsen kontern mit Fusionen, um Marktanteile zu halten.

Die bunte Welt der neuen Finanzprodukte – Die Derivate

Derivate-Boom: 600 Billionen Dollar im Umlauf

Traditionell spekulieren Banken, Fonds und Reiche mit Aktien, Wertpapieren und Rohstoffanteilscheinen, die einen realen Wert verkörpern und theoretisch sogar in diesen eingetauscht werden könnten (in der Praxis wäre dies schwierig, denn schließlich kann man 1000 Aktien schlecht in ein Achtel Werkzeugmaschine oder ein halbes Auto umtauschen). Im Normalfall hoffen Anleger aber auch hier auf Kursgewinne, wenn sie später ihren Anteilschein verkaufen, oder auf Dividenden und Renditen durch Zinszahlungen.

Bis hierher besteht die Welt der Ökonomie in der Theorie aus zwei annähernd gleichgroßen Bereichen: die reale Wirtschaft und ihre Verdoppelung in Form von Finanzanlagen. Mit den Derivaten kommt nun eine neue Dimension hinzu, ein schier unendlicher Kosmos an Spekulationen, mit und ohne Rückkoppelung an die reale Wirtschaft. Mit dem Begriff »Derivat« (lat., abgeleitet) werden Finanzgeschäfte bezeichnet, die sich heute üblicherweise nicht mehr auf Werte, sondern auf Wertentwicklungen beziehen und in diesem Sinne »abgeleitet« sind.

Derivate sind eine Weiterentwicklung klassischer Finanzprodukte. Deren Käufer ordern keine echten Euros oder Franken mehr und auch keine Aktien, sondern wetten mittels Termingeschäft oder Zertifikat indirekt auf steigende Devisenkurse, auf Erdölpreise oder auf den Kurs der Daimler-Aktie zu Weihnachten. Getippt werden kann und wird jedoch nicht allein auf »Gewinn«, sondern auch auf den zukünftigen »Verlust« einer Währung oder Aktie. Die Masse der Derivate wird weltweit allerdings eher bieder eingesetzt, nämlich um auf fallende oder steigende Kurse, Zinssätze, Preise zu setzen, um sich dadurch vor einem gegenläufigen Trend zu schützen.

In Deutschland ist traditionell die Deutsche Bank die Nummer eins im Derivate-Geschäft, gefolgt von Commerzbank und Hypo-Vereinsbank. Aber auch einige Spitzeninstitute aus der Sparkassen-Gruppe, die großen Landesbanken in Nordrhein-Westfalen, Baden-Württemberg, Berlin und Bayern, tummeln sich im Risiko-Segment. 2011 überholte die genossenschaftliche DZ Bank, zentrale Einrichtung der Volks- und Raiffeisenbanken, beim Handel mit Derivaten zeitweilig sogar die Deutsche Bank.

Der Markt für Derivate ist in letzter Zeit geradezu explodiert. Vor einem halben Jahrzehnt erregte es noch große öffentliche Aufmerksamkeit, als in nur einem Jahr das Volumen aller laufenden Derivate-Kontrakte um rund 40 Prozent zunahm und auf unfassbare 200 Billionen US-Dollar anstieg. Bis heute hat sich das Volumen noch einmal verdreifacht: Derivate stehen inzwischen mit einem nominalen Volumen von mehr als 600 Billionen US-Dollar in den Büchern – ein Wert, der zehn Mal größer ist als das globale BIP, als die Summe aller weltweit erwirtschafteten Güter und Dienstleistungen.

Sicher darf dabei das Volumen nicht eins zu eins genommen werden. Häufig wird von Wettern, die passende Wettpartner benötigen, sowohl auf »steigende Kurse« wie auf »sinkende Kurse« gesetzt, um das Risiko insgesamt zu minimieren, auch wenn sich dabei gleichzeitig die Gewinnchancen reduzieren. Ziel ist es normalerweise, die Gewinnspitze mitzunehmen. Dazu kann man einen Terminkontrakt über eine Million Euro in Frankfurt abschließen auf »Fallen« und einen etwas größeren auf »Steigen« in Tokio. Gewinnt »Steigen«, macht man einen ordentlichen Reibach, gewinnt »Fallen«, hält sich der Verlust in den vorher kalkulierten Grenzen. Wenn daher in den genannten 600 Billionen US-Dollar massenhaft Luftbuchungen drinstecken mögen und sich der reale Risikowert – nach einer üblichen Umrechnung – auf gut 20 Billionen Dollar zahlenmäßig erheblich reduziert, so haben wir es immer noch mit einem gewaltigen Potential zu tun, welches noch das der größten Volkswirtschaft der Welt weit übersteigt. Aber genau kennt auch diese Summe niemand: Denn vier von fünf Derivaten werden außerhalb von Börsen direkt von Bank zu Bank, von Investor zu Investor, von Zocker zu Zocker gehandelt – jenseits aller Kontrolle.

Die solide Grundlage: Warentermingeschäfte

Termingeschäfte an sich sind keine Erfindung risiko- und geldgeiler Zocker, sondern basieren auf traditionsreichen, durchaus nützlichen Finanztransaktionen. Die ersten waren Handelsgeschäfte auf Termin, die etwa dem Schutz des Landwirts vor den Unbilden des Wetters während der Ernte und den Unwägbarkeiten der Preisentwicklung im kommenden Jahr dienten. Mit einem Termingeschäft wie der Lieferung von, sagen wir, zehn Zentnern Weizen zu einem festgesetzten Preis im darauffolgenden Spätsommer ließ sich zwar nicht die Erntemenge absichern, wohl aber der Preis des Getreides. Ein Handschlag genügte oft zur Besiegelung eines solchen unverbrieften Derivats. Später wurde diese Art von Termingeschäft in Schriftform fixiert und so als Wertpapier verbrieft. Auch der ehrbare Kaufmann der Hanse oder der venetianische Mercante sicherten sich gegen die Risiken grenzüberschreitender Geschäfte mit abgeleiteten Finanzprodukten – also Derivaten – ab, etwa mit einem Wechsel auf die fremde Währung im Empfängerland, in das die wertvollen Waren geliefert wurden. In jüngerer Zeit schrieben ausgerechnet die heute meist hochriskanten Hedgefonds diese Versicherungsgeschichte fort, indem sie Finanzprodukte, die eigentlich zur Absicherung dienten, zum Zocken einsetzten.

Finanzmarktakteure können also durchaus eine nützliche Funktion innehaben, wenn sich etwa, wie erläutert, Bauern und Agrarproduzenten per Warentermingeschäft gegen einen Preisverfall absichern. Doch wenn sich alle Landwirte gleichzeitig gegen fallende Preise absichern wollten, benötigten sie Finanzjongleure, die dagegen wetteten. Gegen »den Markt«, also hochriskant! Weniger riskant nutzen heutzutage beispielsweise Bremer und Hamburger Exportfirmen Derivate, um sich gegen einen steigenden Euro-Kurs abzusichern; ein zweites Derivat sichert den Exporteur gegen einen fallenden Dollarkurs und ein drittes sichert den Preis der nächsten Rohstofflieferung ab. Umgekehrt schützt auch der Importeur seine Lieferung. Woraus sich dann allein aus einer einzigen realwirtschaftlichen Transaktion sechs Derivate-Positionen ergeben. Dazu kommen dann noch im engen Sinne Versicherungen hinzu, etwa gegen den Zahlungsausfall des Gegenübers oder gegen die Beschädigung oder den Verlust der Ware.

Termingeschäfte: Forwards, Futures und Optionen

Termingeschäfte können verschiedene Formen annehmen. Je nach Art eines Termingeschäfts sind die Vertragsparteien verpflichtet oder berechtigt, eine Getreidemenge, eine bestimmte Anzahl von Aktien oder eine bestimmte Summe einer Währung zu kaufen oder zu verkaufen. Wird dieses Geschäft zu einem bestimmten zukünftigen Zeitpunkt abgewickelt, so handelt es sich um ein fest zugesagtes, also um ein »unbedingtes Termingeschäft«. Solche unbedingten Termingeschäfte werden unterteilt in »Forwards« und »Futures«. Letztere werden an Börsen gehandelt; außerbörslich gehandelte Vereinbarungen heißen Forwards. Neben den unbedingten Termingeschäften gibt es auch »bedingte« Kontrakte. Besteht lediglich die Berechtigung, das Geschäft zu einem bestimmten Zeitpunkt abzuwickeln, so handelt es sich um ein bedingtes Termingeschäft, um eine »Option« im Wortsinne, eine Möglichkeit. Eine tatsächliche Lieferung von Mais, Daimler-Aktien oder Yen muss normalerweise in keiner der genannten Varianten erfolgen und erfolgt so in der Praxis auch meist nicht. Im Regelfall wird lediglich die Differenz zwischen tatsächlichem aktuellen Marktpreis und dem einst verabredeten Preis »glattgestellt«, also ausgezahlt.

Kreditversicherer

Bei einer Kreditversicherung geht es unmittelbar um ein handfestes Im- oder Exportgeschäft. Kreditversicherer wie die deutsche Hermes oder die französische Coface versichern einen sogenannten Lieferantenkredit: Der deutsche Exporteur liefert seine Waren nach China; die Waren könnten verloren gehen, gestohlen werden, oder – der häufigste Fall – der Importeur zahlt zu spät oder gar nicht, beispielsweise weil er in der Zwischenzeit pleitegegangen ist. Hier springt der Kreditversicherer ein, oft mittels staatlicher Garantien (»Hermes-Bürgschaft«).
Die Branche war während der Großen Krise in die Kritik geraten, weil sie sehr schnell ihre Konditionen zuungunsten der Kundschaft verschlechtert hatte. Kaum fing es an zu regnen, hieß es frei nach Mark Twain, klappten die Kreditversicherer den Regenschirm zu. Schon daher dürfen sie nicht mit Kreditausfallversicherern und deren derivativen »Credit-Default-Swaps« (CDS) verwechselt werden, die Bankkredite absichern und erst in der Krise richtig aufblühten. Ein gutes Geschäft scheint beides zu sein: Zuletzt hieß es, die Kreditversicherer müssten nur 58 Prozent ihrer Prämieneinnahmen für Schäden und Kosten aufwenden. 42 Prozent ist also der Gewinn oder – wie die Versicherer meinen – die Rücklage für noch schlechtere Zeiten.

Kurzum, die Einfuhr eines Sacks Kaffee oder eines Containers mit Tausenden Tablet-Computern aus China, die Ausfuhr einer Drehbank oder einer Stuttgarter Luxuskarosse nach Großbritannien lösen üblicherweise jeweils eine Handvoll Finanzgeschäfte aus, manchmal gleich ein Dutzend. Diese monetäre Vervielfachung eines handfesten Geschäftsabschlusses erklärt nur einen kleinen Teil der aufgeblähten Finanzmärkte, aber sie zeigt, dass viele, viele Finanz-Deals durchaus nützlich für die Realwirtschaft sind.

Grenzenlose Phantasie: 800 000 Zertifikate an einer Börse

Zertifikate gehören zu den Finanzinnovationen, die ausnahmsweise nicht aus Nordamerika oder London stammen: Im Sommer 1990 war die Dresdner Bank die Erste, die ein Zertifikat auflegte. Es wurde eine Erfolgsgeschichte. In Deutschland werden pro Jahr etwa 50 Milliarden Euro in Zertifikaten angelegt, in Hongkong 500 Milliarden – ein warmer Geldregen für die ausgebenden Banken, die beim Verkauf der Zertifikate führend sind. Nach Angaben des Deutschen Derivate Verbandes (DDV) haben Filialbanken einen Marktanteil von 82 Prozent. Ihre Tausende von Filialen und das Online-Banking dienen als Absatzkanal für die Zockerprodukte.

Zertifikate sind bei Banken nicht zuletzt deswegen so beliebt, weil die aus ihnen erzielten Einnahmen nicht zweckgebunden sind. In der Großen Krise wurden Zertifikate daher besonders für schwächelnde Kreditinstitute interessant, um sich frisches Kapital billiger zu beschaffen. Der normale Weg, sich über die Ausgabe von Bankanleihen Geld zu leihen, wurde immer teurer, da marode Institute einen hohen Risikoaufschlag an professionelle Investoren zahlen müssen. Das gilt theoretisch auch bei Zertifikaten. Wie bei einer Anleihe hängt diese Schuldverschreibung an dem Gedeihen der ausgebenden Bank und deren Bonität: Geht diese pleite, ist auch das Zertifikat wertlos; für dieses Risiko möchten die Anleger eine höhere Verzinsung haben. Doch ist der Zertifikatemarkt dermaßen voluminös, unübersichtlich, und ein Großteil des Angebots wird von Amateuren gekauft, so dass Zertifikate die Bank oft billiger kommen als klassische Anleihen. So fällt auf, dass vor allem angeschlagene Institute wie WestLB und Commerzbank eine überproportional wichtige Rolle als Nummer eins und zwei auf dem

Zertifikatemarkt spielen. Dass solche wenig attraktiven Zertifikate trotzdem weggehen wie warme Semmeln, hängt mit üppigen Provisionen zusammen. Mit ihnen werden freie Vertreter und die Bankangestellten im Vertrieb motiviert, die Zertifikate an den Mann oder die Frau zu bringen. Irre.

Doch die grenzenlose Freiheit winkt auch hier nicht, denn die Bank muss sich absichern. Beispielsweise könnte sie die Wette verlieren, und das dann nicht nur in einem Fall, sondern vielleicht in 1000 oder gar 10 000 Fällen. Das kostet. Also muss die Bank die Wetteinsätze entsprechend in anderen Finanzprodukten zur Absicherung platzieren.

Zertifikate statt Fonds

Anleger können direkt ihr Geld in Aktien, Wertpapiere oder Rohstoffe investieren. Besonders für Kleinanleger und Vermögende, die ihren Tag nicht mit Börsenkursen und monetären Optimierungsstrategien zubringen möchten, bieten sich stattdessen Fondsanteile oder eben Zertifikate an, die eine breite Wirklichkeit widerspiegeln, oft ohne selbst in diese Wirklichkeit einzugreifen.

Zertifikate garantieren eine Anbindung an den Verlauf einer beliebigen Geldanlage, beispielsweise an den Dax. Zertifikate sind jedoch reine Wetten zwischen Kunde und Bank. Was die Bank mit dem Geld macht, ist ihre Sache. Sie verpflichtet sich nur, etwa den Kursgewinn oder -verlust des Dax proportional an die Zertifikate-Besitzer weiterzureichen.

Bei »strukturierten Anleihen« werden Zertifikate mit einem Kredit an Dritte gekoppelt. Zahlt dieser sein Darlehen nicht rechtzeitig zurück, muss dafür der Bankkunde geradestehen. Läuft die Sache also nicht wie erhofft, kann der Anleger erhebliche Verluste erleiden. Macht die Bank gar pleite, wie im schon legendären Fall der US-Investmentbank Lehman Brothers, droht sogar ein Totalverlust des eingezahlten Geldes. Dagegen ist ein Totalverlust bei einem Fonds nahezu ausgeschlossen, da das eingezahlte Geld der Kunden in ein »Sondervermögen« fließt, welches dann beispielsweise aus Aktien von Siemens, Daimler und Allianz besteht.

So sind die Produkte im Frontoffice, im Vertrieb, eine simple Wette. Doch hinten, im Backoffice der Produktdesigner und Konstrukteure, rauchen die Köpfe und sausen die Einsen und Nullen durch die Computer. Jedes einzelne Produkt soll nach vorn wie nach hinten so gestaltet sein, das es mit möglichst hoher Wahrscheinlichkeit Gewinn abwirft – selbst wenn der Spieler/Kunde mit seinem Tipp recht behält. Das kann nicht immer klappen, aber zumindest sollten einzelne Produktfamilien unterm Strich dauerhaft profitabel wirtschaften.

Das ist nicht ganz einfach. Einerseits müssen immer wieder neue Produkte kreiert werden, obwohl (fast) alles schon mal da war, und andererseits darf die Nische, die Marktlücke, nicht zu klein ausfallen, denn sonst sind die Kosten zu hoch, und ein möglicher Handel über eine Börse ist ausgeschlossen. Unterschiedlich lange Laufzeiten sind ebenso zu berücksichtigen wie die verschiedensten Risiken, etwa der Ausfall von Kreditgebern, Risiken durch Wechselkurse und steigende oder fallende Zinsen. Die Häufung bestimmter Produktmodelle, Käufergruppen oder Anlageländer sollte gemieden werden, wegen des sogenannten Klumpenrisikos etc. Dieses ganze Risikomanagement muss die Vielzahl der eigenen Produkte abdecken. Zu bedenken ist ebenfalls die noch gigantischere Zahl der Produkte von anderen Anbietern, die für die eigene Kapitalanlage und die der eigenen Kundschaft in Frage kommen.

Vor welche Herausforderungen die Akteure damit gestellt werden, zeigt eine Zahl: An der kleinen Börse in Stuttgart, die sich auf Derivate spezialisiert hat, werden über 800 000 verschiedene Zertifikate gehandelt. Angestrebt, so ein Börsensprecher, werde die Million.

Der Phantasie der Manager in Banken, Versicherungen und Fondsgesellschaften sind bei der Entwicklung von Zertifikaten kaum Grenzen gezogen bei der Vergeudung menschlicher Kreativität. So werden Kredite und Hypotheken von norddeutschen Häuslebauern, oder von Bürohochhäusern in New York verbrieft und dadurch in Wertpapiere verwandelt, die anschließend als »Mortgage Backed Security« an Anleger verkauft werden. Solche Spekulationsgeschäfte trugen erheblich zur Großen Krise bei, und zwar weit mehr als die popularisierten Leerverkäufe, Heuschrecken oder Staatsschulden und weitere »wilde Säue«, die aus Kalkül und Gedankenlosigkeit über den medialen Dorfboulevard gejagt wurden.

Als eine der »innovativsten Innovationen« befand Bernd Skiera in einer Art Schönheitswettbewerb das »Temperature Certificate«. Es wirft eine jährliche Rendite auf Basis des Wetters am Flughafen Roma-Ciampino aus. Preisrichter Skiera arbeitet als »E-Finance

Lab« und Betriebswirtschaftsprofessor ausgerechnet an der Frankfurter Goethe-Universität, und das Siegerprodukt beschreibt der Finanzexperte bezeichnenderweise im Zentralorgan eines Bankenverbandes.

Persönlich neige ich eher dem »Brazil-2014-Active-Basket-Zertifikat« zu. Im Jahr 2014 wird die Fußball-Weltmeisterschaft in Brasilien stattfinden. Das Land dürfte dadurch einen wirtschaftlichen Schub erhalten, denn ein solches sportliches Großereignis sorgt in der Regel im Vorfeld für enorme Investitionen, beispielsweise in neue Stadien, Straßen und Sicherheitsdienste. Davon profitieren bestimmte Branchen und Unternehmen stärker als andere. Das Zertifikat bildet daher einen Aktienkorb nach, in dem die elf der vielversprechendsten brasilianischen Einzelwerte abgebildet liegen – Baukonzerne, Einzelhandelsketten oder Fluglinien. Das Wertpapier mit einer Laufzeit bis kurz nach dem voraussichtlichen Endspieltermin bildet die Entwicklung des Korbes eins zu eins nach.

Wie erfolgreich solche Event-Zertifikate für Anleger sein können, zeigte ein Produkt, entwickelt zur Olympiade 2008 in Peking, das trotz Finanzmarktkrise jährlich eine zweistellige Rendite einbrachte. Und die Fußball-WM der Männer in Deutschland entwickelte sich auch für Anleger zum »Sommermärchen«, ihr Zertifikat legte um mehr als 250 Prozent zu.

Dieser Derivate-Boom fordert auch die ohnehin strapazierte Bankenaufsicht. Da die Produktstrukturen der Zertifikate meistens altbekannt sind, genehmigt sie die deutsche Finanzaufsicht Bafin laut dem Handelsportal Scoach »innerhalb weniger Tage«, und es fällt dafür lediglich eine Gebühr von 1,55 Euro pro Wertpapier an. Da die meisten Derivate im Kern simpel sind, mag die ohnehin sich nur aufs Formale beschränkende Zulassungspraxis akzeptabel sein. Zertifikate und die anderen Derivate stellen aber in der Summe die staatliche Aufsicht sowie die Banken, Versicherungen und Fonds vor ein ganz, ganz großes und bis auf weiteres ungelöstes Problem: die Komplexität.

Schreckgespenster: Leerverkäufe, Kreditausfallversicherungen und Carry-Trades

Auf dem Derivate-Markt dreht sich fast alles um Terminkontrakte. Darunter sind nicht nur nützliche und unnütze Derivate, sondern auch gefährliche wie beispielsweise die im Zusammenhang mit der griechischen Staatsschuldenkrise populär gewordenen »Leerverkäufe« und »Kreditausfallversicherungen«. Diese bis dahin hauptsächlich Experten bekannten Zocker-Instrumente haben nach Ansicht vieler Politiker und Volkswirte zur Verschärfung der Weltfinanz- und der Euro-Krise erheblich beigetragen.

Bei Leerverkäufen oder »Short sellings« verkaufen Händler Aktien und andere Wertpapiere, die sie noch nicht besitzen oder nur ausgeliehen haben. Wenn der Kurs des Papiers unter den eigenen Verkaufspreis gefallen ist, kaufen sie die Aktien zurück und verdienen an der Differenz. Bei »ungedeckten« Leerverkäufen werden die verkauften Wertpapiere nicht einmal ausgeliehen. Der Short-Seller hat bei dieser Form dann bis zum Stichtag lange Zeit, sich die Wertpapiere, die er bereits verkauft hat, nachträglich zu beschaffen. Das berühmteste Beispiel lieferte George Soros, der wie bereits ausführlicher geschildert, erfolgreich gegen das englische Pfund wettete. Damit kann theoretisch ein Vielfaches der aktuell auf dem Markt verfügbaren Papiere verkauft werden, was starke Kursverwerfungen nach sich ziehen kann.

Auch Kreditausfallversicherungen oder »Credit-Default-Swaps« (CDS) haben es in sich. Sie sind keine klassischen Versicherungspolicen, sondern ein Finanzderivat. Sie dienen traditionell Banken und Unternehmen zu dem Zweck, sich gegen mögliche Verluste bei Exportkrediten, Staatsanleihen oder anderen Darlehen abzusichern. In jüngerer Zeit erwarben zunehmend Spekulanten solche CDS, ohne überhaupt Staatsanleihen zu besitzen (= leer), und wetteten damit auf die Pleite von Euro-Staaten. Da die Risikoprämien der Zertifikate und deren Auf und Ab von wichtigen Akteuren auf den Finanzmärkten als Signal wahrgenommen werden, können sie den Kursverfall von Staatsanleihen beschleunigen.

Laut dem Finanzserviceunternehmen Depository Trust & Clearing Corporation finden weltweit drei Viertel des Handels mit diesen Produkten zwischen nur 20 Banken statt. »Die Finanzinstitute versichern sich gegenseitig«, heißt es zudem beim konzernnahen

Institut der deutschen Wirtschaft. Das war, da Staaten selten pleitegehen, ein bis vor kurzem sicheres Geschäft, und da die Kosten für die Kreditausfall-Zertifikate im Regelfall an die Kunden weitergegeben werden, ist es ein lukratives für die Banken zudem.

Besonders gefährlich kann es für die Stabilität der globalen Finanzmärkte werden, wenn beispielsweise Leerverkäufe oder Kreditausfallversicherungen auf Pump finanziert werden, also ein zusätzlicher Hebel eingesetzt wird. Die Hebelwirkung entsteht folgendermaßen: Jemand besitzt eine Summe Geld. Zusätzlich nimmt er einen Kredit auf. Eigenkapital und Kredit setzt er dann zusammen für eine Spekulation ein. Der Hebel zahlt sich aus, wenn der zusätzliche Gewinn aus der Spekulation höher ausfällt als die Kosten für den Kredit.

Dieser sogenannte Leverage-Effekt tritt bei vielen Finanzgeschäften auf. Selbst wer ein kleines Häuslein kauft – der Klassiker schlechthin unter den sicheren Geldanlagen –, wird dieses im Regelfall weitgehend durch einen Kredit finanzieren. Das Darlehen dürfte jedoch normalerweise weniger Zinsen kosten, als das Haus beispielsweise an Miete netto abwirft. Ein Leverage-Effekt, denn das eigene, bereits angesparte Geld (»Eigenkapital«) wurde durch den Kredit gehebelt (vervielfacht), und erst dadurch wurde der Kauf der Immobilie möglich. Bei riskanten Derivaten kann durch Kredite der Hebeleffekt enorme Auswirkungen auf Chancen und Risikopotential haben.

Ein anderes gefährliches Finanzgeschäft wird durch die aktuelle Große Krise noch befeuert. Führende Notenbanken antworteten auf die wirtschaftliche Rezession 2008/09 mit der Senkung ihrer Leitzinsen. Geld wurde billiger. Das wiederum ermöglichte Währungsspekulationen besonderer Art, sogenannte Carry-Trades. Bei »Carry-Trades« leihen sich Investoren Geld in Währungen mit niedrigen Zinsen und investieren es anschließend in Währungen mit hohen Zinsen. Seriöse Statistiken darüber sind mir nicht bekannt, aber das hochriskante Dreiecksgeschäft begann zu blühen, als die Notenbanken in Washington und London anfingen, Pfund und Dollar quasi für lau zu verleihen. Das viele neue Geld wurde dann umgehend in alle möglichen und oft risikoreichen Kapitalklassen investiert, nicht zuletzt in anderen Staaten. »Wer nicht die ›Warmduscher-Strategie‹ verfolgt, sondern es etwas mehr ›spicy‹ möchte, nutzte die visionäre Version mit den kommenden Stars«, beschrieb Michael Rottmann die Strategie der Carry-Trader. Rottmann war Analyst der italienischen Unicredit-Bankengruppe, zu der auch die Hypo-Vereinsbank in München gehört. Mit den kommenden Stars waren osteuropäische Währungen gemeint. Und »Kaltduscher« drehten den Dollarhahn voll auf, um in den brasilianischen Real oder die indonesische Rupiah zu investieren. In einem halben Jahr konnten so bis zu 70 Prozent Rendite eingefahren werden.

Diesen Gewinnern stehen wie üblich Verlierer gegenüber. Für die unfreiwilligen Empfängerländer war dieser spekulative Geldstrom in der Wirtschaftskrise gefährlich. Er trieb ihre Devisenkurse nach oben, mit der Folge, dass die eigenen Waren im Ausland teurer wurden. Was wiederum das Exportgeschäft erschwerte und damit das Comeback von Industrie und Gewerbe. Besonders brisant war Carry-Trade für wirtschaftlich schwache Länder wie die baltischen Staaten oder die Ukraine, die 2009/10 knapp vor dem Staatsbankrott standen, während die Nutznießer in England und den USA saßen, deren Regierungen versuchten, den Kurs von Dollar und Pfund niedrigzuhalten, um die eigenen Warenausfuhren zu puschen. Aufgepumpt wurde die ganze Blase vor allem mit einem schwachen Dollar. Eines Tages könnte diese globale Spekulationsblase platzen. Damit rechnet auch Bankanalyst Rottmann: »Der Tag der Abrechnung wird kommen.«

Lernen aus der Krise

Wie gesehen, sind Derivate nicht gleich Derivate. Manche können zum Schutz von Anlegern und Unternehmen zweckmäßig sein, andere dienen allein spekulativen Zwecken. Und hier ist auch die Unterscheidung zwischen »guten« und »bösen« Derivaten zu treffen: »Die rote Linie verläuft da, wo die Finanzprodukte keinen Bezug mehr zur Güterwirtschaft haben«, bringt es ein Vorstand der genossenschaftlichen DZ Bank, immerhin einer der Marktführer in Deutschland bei Derivaten, auf den Punkt. »Wettspekulationen«, nennt Jörg Huffschmid dies: »Bei diesen geht es nur darum, von einem künftigen Preis zu profitieren, ohne, dass man irgendetwas selber dazu tun muss und ohne eigene Arbeit.«

Dass der Derivate-Handel zu einer volkswirtschaftlich existenzgefährdenden Größe heranwachsen konnte, liegt an der in den letzten drei Jahrzehnten erfolgten Deregulierung und Liberalisierung der Märkte. Regierungspolitiker dienten damit der eigenen Klientel, waren schlicht korrupt oder glaubten wirklich daran, dass eine regellose Freiheit der Märkte den Wohlstand befördert.

Die Krise hat nun bei manchem ein Umdenken ausgelöst, der Ruf nach einer Rückbesinnung auf Regulierung ist lauter geworden. Doch schlechte Zeiten sind keine günstigen Zeiten für gezielte Veränderungen, gute Zeiten sind es erfahrungsgemäß aber auch nicht. So hat sich bis heute, nahezu fünf Jahre nach Ausbruch der Großen Krise, die Regulation der Finanzmarktakteure nur unwesentlich in Richtung Stabilität und finanzieller Nutzen für die ganze Gesellschaft entwickelt.

Beispiel Leerverkäufe: Ihnen geben viele eine Mitschuld am Ausbruch der Krise. In Europa legte die Bundesregierung erst im Juni 2010 einen Gesetzentwurf vor, der zumindest »ungedeckte« Leerverkäufe in Deutschland verbietet. Bei ungedeckten Leerverkäufen besitzen die Akteure, wie beschrieben, überhaupt keine Wertpapiere. Kritiker halten das Gesetz allerdings für reine Symbolpolitik: Höchstens jede hundertste Währungsspekulation findet in Deutschland statt. Allein eine internationale Regelung könnte das Spekulationsunwesen eindämmen, heißt es leider nicht ganz zu Unrecht. Andererseits ist das ein Totschlagargument gegen jede Reform: Wenn die anderen nicht mitspielen, können wir auch nichts machen. Das wissen auch andere Regierungen, und preschen gern einmal mit kecken Forderungen vor, um das heimische Publikum zu besänftigen, wohlwissend, dass spätestens in der Gruppe der EU-Finanzminister der Plan auf die lange Bank geschoben würde und eines Tages unbeachtet ad acta gelegt werden wird.

Auch die EU-Kommission in Brüssel entschloss sich 2011, die Möglichkeiten von Spekulanten auf den Finanzmärkten einzuschränken. Unterhändler des Europäischen Parlaments und der EU-Staaten einigten sich nach zähen Verhandlungen auf schärfere Regeln für Leerverkäufe und Kreditausfallversicherungen. Eine entsprechende Verordnung wurde am 15. November 2011 im EU-Parlament mit 507 Ja-Stimmen gegen 25 Nein-Stimmen bei 109 Enthaltungen angenommen und soll im November 2012 in Kraft treten.

Die Regelungen schreiben ein größeres Maß an Transparenz vor und verbieten bestimmte Formen des Handels, um die Spekulation mit dem Zahlungsausfall eines Landes zu erschweren. »Dies ist eine der wichtigsten Verordnungen, die die Kommission hervorgebracht hat, um die Finanzkrise zu bewältigen«, gratuliert das EU-Parlament in seiner Pressemitteilung. Tatsächlich haben wir es hier mit dem üblichen Kompromiss zu tun, der den Zockern das Geschäft erschweren wird, aber nur ein bisschen.

Zudem erstaunt ein wenig der Glaube an die Macht der Aufsicht. Die deutsche Bafin ist für Banken, Versicherungen, Fonds und Wertpapiere zuständig. Sie beschäftigt derzeit knapp 2000 Mitarbeiter, vom Hausmeister über die Sekretärin bis zum Versicherungsexperten. Nur ein Viertel der Angestellten ist in Frankfurt am Main tätig. Seit langem sind berechtigte Klagen aus dem Hause zu hören, die jeweilige Regierung halte die Aufsicht bewusst klein.

Diese wenigen Leute sollen allen Ernstes die Kreditwirtschaft kontrollieren. Dabei haben sie es dann unter anderem mit der Deutschen Bank, 100 000 Beschäftigten und einer Bilanzsumme von rund zwei Billionen Euro zu tun. Allein der 408 Seiten starke Finanzbericht der Deutschen Bank stellt mit den darin enthaltenen Fakten, Fakten, Fakten eine Herausforderung dar; dazu kommen Jahresberichte, Quartalsberichte, Treffen mit Vorständen und Abteilungsleitern; obendrein Kontrollen der Bücher, Nachforschungen, Quervergleiche, Dispute mit der Bundesbank, die in einer traditionellen Doppelung ebenfalls für die Beaufsichtigung des Bankwesens zuständig ist; wichtig sind auch persönliche Kontakte zu ausländischen Aufsichtsämtern und fortan auch mit der erst im Januar 2011 gestarteten Europäischen Bankenaufsichtsbehörde EBA, deren Mitarbeiterzahl in den kommenden Jahren auf 90 (in Worten: neunzig) verdoppelt werden soll. Schon in den Frankfurter Doppeltürmen lauert also ein Irrgarten, in dem sich eine Handvoll Bafin-Experten verlaufen muss. Unterstützung von ihren Kollegen ist nicht zu erwarten, denn die haben genug zu tun mit den mehr als 1900 anderen Kreditinstituten, die ebenfalls in Deutschland heimisch sind.

Ist schon die Kontrolle der Finanzgeschäfte der Banken im Allgemeinen so gut wie aussichtslos, so sieht sich die Kontrolle und Bewertung des Derivate-Geschäfts noch mit einer zweifachen Herausforderung konfrontiert. Das betrifft zum einen die Bilanzen.

Das Derivate-Volumen wird überhaupt erst seit Dezember 2010 in den Bilanzen europäischer Banken unter der Rubrik »Sonstige Aktiva/Passiva« ausgewiesen. Bis dahin genügte das weit kleinere und noch willkürlichere Netto-Risiko aller Derivate-Positionen. Vorausgegangen war eine Modernisierung des Bilanzrechtes im Jahr 2009, eine Reaktion auf die Krise. Erstaunlich stark erhöhte sich dadurch die Bilanzsumme in jenem Dezember 2010: Bei den deutschen privaten Banken legte die Bilanzsumme gegenüber dem Vormonat um sage und schreibe 30 Prozent zu, bei den drei Großbanken sogar um mehr als 50 Prozent. Dabei buchen Banken ihre Derivate nach dem finanzmarktgetriebenen Bilanzprinzip des »Fair Value« ab: Der Wert der Papiere wird nach mehr oder weniger freiem Belieben geschätzt. Fair Value, so die Deutsche Bank, ist der Betrag, »zu dem ein Vermögenswert oder eine Verbindlichkeit im Rahmen einer aktuellen Transaktion zwischen sachverständigen, vertragswilligen und unabhängigen Geschäftspartnern (ausgenommen im Rahmen eines Zwangsverkaufs oder einer Notabwicklung) ausgetauscht werden könnte«. Klingt solide, ist es aber nicht: Das Wörtchen »könnte« lässt den Gestaltungsspielraum erahnen, den jeder Konzernvorstand besitzt.

Noch unübersichtlicher wird die Bewertung durch die gängige Praxis, Finanzprodukte nicht in Reinform zu konstruieren, sondern als »Hybrid«: als Bastard aus derivativen Elementen, die entweder mit konventionellen Produkten wie Aktien oder Kredit gekoppelt werden oder auf dem Geldmarkt als Spareinlage oder bei der Zentralbank geparkt werden.

Zum zweiten ist es schwierig, das Derivate-Geschäft überhaupt in den Blick zu bekommen, denn in vier von fünf Fällen läuft es von Anbieter zu Abnehmer und wird zudem häufig über »Schattenbanken« – bankähnliche Unternehmen, die nicht den Bankregeln unterliegen – in Steuer- und Finanzoasen abgewickelt. Es entzieht sich also der öffentlichen Aufsicht in den USA, in Deutschland oder China.

Für diese mutmaßlich besonders risikoreichen Derivate »Over the Counter« zeichnen sich ab Ende 2012 neue regulatorische Auflagen ab. Mit der European Market Infrastructure Regulation (EMIR) und dem US-amerikanischen Dodd-Frank Wall Street Reform and Consumer Protection Act (DFA) wollen Gesetzgeber und Regulierer auf beiden Seiten des Atlantiks für mehr Transparenz und Sicherheit sorgen und Akteure sowie Produkte gewisserma-ßen in regulierte Börsen reinzwingen. Der im Juli 2010 durch die Unterzeichnung von Präsident Barack Obama unterzeichnete 541 Gesetzesartikel umfassende Dodd-Frank-Act sieht beispielsweise vor, dass ein Großteil der OTC-Derivate ab Januar 2013 über »zen-trale Kontrahenten« – also über eine Art Börse – abgewickelt wer-den muss. Für die verbleibenden bilateralen Geschäfte steigen die Anforderungen im Hinblick auf Eigenkapitalunterlegung und Ri-sikomanagement stark an. Zudem sind künftig sämtliche Transak-tionen an zentrale Register zu melden.

Bisher hat allerdings nur eine geringe Zahl international tätiger Institute auf die neuen Gesetze reagiert. Die Mehrzahl hingegen zeige sich aus finanziellen und organisatorischen Gründen zö-gerlich und drohe bei der Umsetzung in Verzug zu geraten, wie Marktbeobachtungen von der Unternehmensberatung Steria Mummert Consulting Ende 2011 ergaben. »Von diesen Over-the-Counter-Derivaten geht eine erhebliche Gefahr für die Finanz-marktstabilität aus«, warnen deren Experten. Das Fehlen jeglichen Regelungsrahmens ist für sie »eine der entscheidenden Ursachen für die Finanzkrise«. Das wiederum erscheint mir übertrieben: Es sind nicht die Werkzeuge schuld an der Krise, sondern diejenigen, die sie anwenden. Doch zwingen neue staatliche Auflagen lobens-werterweise fortan Banken, Versicherungen und Fonds, andere Strukturen und Prozesse einzurichten.

Und sogleich entsteht ein neuer Markt: »Insbesondere kleinere Institute und Asset Manager [Vermögensverwalter; HP] stehen deshalb vor der Herausforderung, Dienstleister für die Abwicklung von OTC-Derivaten auszuwählen«, sagt Jens Schuback, Experte für OTC-Derivate bei Steria Mummert Consulting in Hamburg. Was die Komplexität und damit Fehleranfälligkeit erhöhen wird. Ob je-doch die weitere Ebene, die hier in das Derivate-Geschäft eingezo-gen wird, tatsächlich zumindest für etwas Klarsicht bei den Akteu-ren sorgt, darf nach aller bisherigen Erfahrung bezweifelt werden.

Hier wird wieder eines der Kernprobleme sichtbar: Überbor-dender Reichtum, verselbständigte Finanzmärkte und die Gier nach Maximalprofit treffen hier wie auch bei den Zertifikaten auf ein unbeherrschtes Komplexitätsproblem. Krisen drohen daher zwangsläufig und permanent.

Was bleibt?

Leerverkäufe, Kreditausfallversicherungen und Hebel wurden in der Großen Krise an den Pranger gestellt. Man schlug den Sack, um den Esel zu schonen. Jedes Derivat ist nur ein Werkzeug, ein Instrument, eine Möglichkeit. Damit das Werkzeug Unheil anrichten oder immense Schätze hervorbringen kann, muss es jemand in die Hand nehmen und es an jemanden verkaufen. Gläubiger und Schuldner, Kunde und Banker sind verstrickt und tragen ihren Teil zum Irrsinn bei, der nur für wenige profitabel ist, aber ganze Volkswirtschaften gefährdet.

Im Kern geht es beim einzelnen Finanzgeschäft nur um den kleinen Unterschied zwischen Kassakurs, der den aktuellen Preis angibt, und dem Terminkurs, der einen zukünftigen Preis angibt. Doch aus diesen unzähligen kleinen Problemen kann ein großes entstehen. Die Komplexität der Finanzmärkte, ihre Größe und vor allem die Bereitschaft einiger Akteure, irrsinnig hohe Risiken und Unwägbarkeiten einzugehen, haben eine Gesellschaft entstehen lassen, deren finanzielle Risiken im Dunkeln liegen.

Versuchungen der öffentlichen Hand – Swaps und Cross-Border-Leasing

Auch Bürgermeister zocken

In Deutschlands Städten spielen Bürgermeister und Kämmerer das gleiche traurige Spiel, wie es in Griechenland bis zum Krach im Mai 2010 aufgeführt wurde: Mit Zinswetten und anderen riskanten Finanzgeschäften soll die Verschuldung schöngerechnet werden. Die dazu notwendigen, unübersichtlichen Werkzeuge liefern die Banken.

Gemeindeordnungen und Runderlasse des Innenministeriums verbieten eigentlich den Kommunen riskante Transaktionen. Trotzdem zockten und zocken allein in Nordrhein-Westfalen laut Bund der Steuerzahler mindestens 160 Kommunen auf den Finanzmärkten. Das gewagte Spiel findet meist hinter verschlossenen Türen statt, es wurde von den Räten verschleiert, und demokratische Spielregeln wurden missachtet. Meistens blieb es bei dem Verdacht, dass da etwas nicht mit rechten Dingen zugeht. Anders im nordrhein-westfälischen Bad Oeynhausen. Von dort wurden mir 2010 mehrere Aktenordner mit Hunderten Seiten interner Dokumente zugespielt, die den Verdacht der Zockerei erhärteten. Danach hat die Stadt Oeynhausen jahrelang in mehreren Blöcken an die zwei Dutzend Devisen- und Swap-Geschäfte über die WestLB abgeschlossen, die teilweise bis mindestens 2017 laufen. Bei einem »Swap« werden beispielsweise Zinsen »getauscht« (engl. to swap): Je nach Marktlage werden mit anderen Akteuren feste gegen variable Zinssätze, Euros gegen Franken, lange gegen kurze Vertragslaufzeiten getauscht. Damit sollte vermutlich die Zinslast Oeynhausens reduziert werden. Wetten auf Zinsen und Schweizer Franken bergen jedoch auch Risiken, basieren sie doch auf einer Spekulation. Die öffentlich-rechtliche WestLB aus der Landesmetropole Düsseldorf vermittelte die Swaps an die Verantwortlichen in der Kurstadt. Sehr zum Verdruss der städtischen Rechnungsprüfer.

Swaps

Ein Swap ist eine Vereinbarung zwischen zwei Parteien über »den Austausch von Zahlungsströmen«, so die Bundesbank. Also ein ordinäres Tauschgeschäft, allerdings eines »auf Termin«. Ein Termingeschäft, das zwar jetzt abgeschlossen, das aber erst in Zukunft wirksam wird. Es könnte zum Beispiel von einer Bank eine Devisenzahlung, die am 9. Juni fällig wäre, gegen eine Devisenzahlung, die am 15. Dezember fällig wird, getauscht werden. Für beide Banken kann das günstig sein, etwa weil die eine Bank am 15. Dezember eine größere Euro-Zahlung erwartet und die andere Bank am 9. Juni an einen Dritten Dollar überweisen muss. Oder zwei Kreditinstitute tauschen zukünftige (!) Zahlungsverpflichtungen in Dollar gegen solche in Euro.

»Inzwischen«, erklärte ein Bundesbanksprecher, »ein weit verbreitetes Instrument im Finanzmanagement von Banken und Wirtschaftsunternehmen.« Mit Swaps können sich Unternehmen beispielsweise gegen die Schwankungen der Währungskurse absichern. Besonders interessant ist das für den Im- und Export. Durch geschicktes Tauschen lässt es sich erreichen, dass ein Zahlungsausgang über 100 000 Yen zum selben Zeitpunkt erfolgt wie ein Zahlungseingang über dieselbe Summe.

Die Revisoren kritisieren in einem internen Bericht alle Swaps als »Wettgeschäfte« und einen Großteil davon als »unzulässige Spekulationsgeschäfte«. Der Bericht hält die Strategie der Verantwortlichen für »zumindest zweifelhaft«. Dabei kritisieren die lokalen Revisoren Grundsätzliches: Einen »sittenwidrigen Vertrag«, eine »nicht mehr zu vertretende Abhängigkeit« von einer (!) Bank, die öffentliche Risikokontrolle sei »bei Weitem nicht ausreichend«, und – am schlimmsten – die Information der politischen parlamentarischen Gremien durch Bürgermeister und Kämmerer sei »lückenhaft« gewesen. Bei einer angemessenen Analyse hätte die Stadt anders entscheiden müssen.

Hinzugezogene Wirtschaftsprüfer bestätigten die von den städtischen Beamten erhobene Kritik am riskanten Spiel der Kommune. Die möglichen Verluste für die mittelgroße Stadt mit weniger als 50 000 Einwohnern wurden von Mitgliedern des Rates auf bis zu 7,8 Millionen Euro geschätzt.

Bürgermeister des bekannten Badeortes ist seit 2004 Klaus Mueller-Zahlmann. Der aus Hamburg stammende Sozialdemokrat wurde im August 2009 im Amt bestätigt. Beamtenrechtlich konnte er nach »nur einer« Missbilligung durch den SPD-Landrat nicht mehr in die Haftung genommen werden. Für Mueller-Zahl-mann, so ließ dieser durchblicken, schien damit der Fall abge-schlossen zu sein. Konkret zu den Zinswetten wollte er sich nicht äußern, aber Zins- und Schuldenmanagement seien »eine übliche Aufgabe«, sagte er. Das sah die Opposition aus Linkspartei und Freien Wählergemeinschaften anders. »Aus unserer Sicht ist das nicht abgeschlossen«, sagte Matthias Köhler vom Verein Bürger für Bad Oeynhausen (BBO). Schließlich würden die Steuerzahler un-ter Umständen später für Millionenverluste aufkommen müssen.

Für eine juristische Verlängerung sorgte dann Ende 2009 der Bielefelder Staatsanwalt Christoph Mackel. Nachdem auch er inter-ne Unterlagen erhalten hatte, begann er zu prüfen, »ob die Stadt geschädigt worden ist« und ob das von Bürgermeister und Stadt-kämmerer »billigend in Kauf genommen wurde«. Mehrere Anzei-gen kamen hinzu. Die Ermittlungsergebnisse des Staatsanwaltes, sie liefen bei Redaktionsschluss noch, könnten das kleine Bad Oeynhausen zum Musterfall für ganz Deutschland machen.

Klamme Kommunen

Ohne eine grundlegende Neuordnung der Finanzierung droht vie-len Gemeinden und Städten die Pleite, befürchtet Axel Troost, Öko-nom und Finanzfachmann der Linksfraktion im Bundestag. Troost warnt vor einem »strukturellen Defizit«: Die Einnahmen seien grundsätzlich zu niedrig für die Fülle der gestellten Aufgaben, und dies seit längerem und nicht allein in Bad Oeynhausen.

Trotz schon seit 1998 schwächelnder Einnahmen sind die Auf-gaben einer Kommune rapide gewachsen. Diese reichen von der Instandhaltung des lokalen Straßennetzes über die Finanzierung von Kindergärten und Schulen bis zum Unterhalt von Schwimm-bad und Feuerwehr, Musikschule und Sportvereinen. Der Deut-sche Städte- und Gemeindetag beklagt vor allem die Kostenexplo-sion bei den Sozialausgaben.

Angesichts dieser Situation könnte auch in Zukunft für Bürger-meister und Kämmerer die Versuchung wachsen, auf spekulative Finanzinstrumente zurückzugreifen, wie es der Städtetag und die Banken empfehlen. »Das muss nicht sein«, kritisiert dagegen Eberhard Kanski, Haushaltsexperte des Bundes der Steuerzahler.

Kanski und andere unabhängige Fachleute verweisen stattdessen auf langfristige Kommunalkredite. Den klassischen Kommunalkredit gibt es schon für etwa 2 Prozent Zinsen, auf 30 Jahre, das ist fast geschenkt. Welcher Hasardeur will da eigentlich spekulieren? Irrsinn!

Doch Bad Oeynhausen ist fast überall. Dubiose Deals wurden bis zum Ausbruch der Großen Krise von Banken flächendeckend den Kommunen und Betrieben angeboten. Auch in diesen Fällen sind nicht irgendwelche windigen Vertriebsorganisationen die Haupttäter, sondern die Banken. »Besonders hervor tat sich die Deutsche Bank«, hat Liane Allmann von Rössner Rechtsanwälte festgestellt, eine Kanzlei, die sich auf Swap-Geschäfte spezialisiert hat. Aber »andere Banken, wie die WestLB, die Commerzbank oder die Hypo-Vereinsbank, waren selbstverständlich auch im Geschäft«.

Den ersichtlich meist überforderten Kunden wurden Swaps und andere Derivate als Chance verkauft, die Zinsen zu optimieren, um Steuergelder zu sparen oder die Gewinne zu steigern. Im Kern sind die Produkte jedoch eine einseitige und riskante Wette. Gleichzeitig verbargen die Finanzinstitute nämlich die eigenen sicheren Gewinne in einer raffinierten Vertragskonstruktion. Als sich unter den Opfern herumgesprochen hatte, dass man nicht der einzige Narr gewesen und zudem nicht immer alles mit rechten Dingen zugegangen war, kam eine Prozesslawine ins Rollen, welche die Gerichte noch jahrelang beschäftigen dürfte.

Einer der ersten Kläger war der Hygienebedarfshersteller Ille aus dem Wetterau-Städtchen Altenstadt in Hessen. Der Prozess landete in Karlsruhe beim Bundesgerichtshof (BGH). Das Unternehmen hatte 2005 einen Swap von der Deutschen Bank gekauft, einen »Spread-Ladder-Swap« (auch CMS-Swap genannt). Bei diesen in vielen Prozessen am Pranger stehenden Derivaten wettet ein Unternehmen oder eine Kommune auf den Zinsabstand beispielsweise zwischen zwei- und zehnjährigen Staatsanleihen in den nächsten Jahren. Auf den ersten Blick ein solides Geschäft mit verlockender Rendite, denn normalerweise sind langfristige Zinsen höher als kurzfristige. Und so konnten viele Stadtkämmerer und Geschäftsführer dem Deal nicht widerstehen. Als 2006 der tatsächlich recht seltene Fall einer »inversen Zinskurve« auftrat und langfristige Zinsen niedriger ausfielen als kurzfristige, machten die Bankkunden mit ihren Zinswetten hohe Verluste. Dagegen hatten die Banken meist ihr Scherflein schon vorab ins Trockene gebracht, weil der Kunde in jedem Fall seinen Obolus an sie entrichten muss. Ein typischer Spread-Ladder-Swap ist entsprechend konstruiert. Die eigentliche Wette findet dann nicht zwischen Bank und Kunde statt, was man bei ausreichender Beratung als fair bezeichnen könnte, sondern zwischen Kunde und »Markt«. Der Rest ist für den Bankkunden reine Glückssache.

In der mündlichen Verhandlung des Ille-Falls im Februar 2011 äußerte BGH-Chefrichter Ulrich Wiechers Zweifel daran, dass eine der weltweit mächtigsten Banken ihre Kunden richtig aufgeklärt habe. Das Deutsche-Bank-Produkt nannte Wiechers »eine Art spekulative Wette«. Sein Tipp: »Vielleicht hätte es von der Bank daher eher heißen müssen: Finger weg.« Der Dax-Konzern will jedoch seine Kunden auf die Risiken der Anlage hingewiesen und angemessen beraten haben. Der Deutsche-Bank-Anwalt warnte den Bundesgerichtshof vor der erheblichen Tragweite des Urteils, es drohe »eine zweite Finanzkrise«. Tatsächlich drohte durch den Präzedenzfall keine neue Finanzkrise, wohl aber drohen den Banken beträchtliche Entschädigungszahlungen. Im März 2011 verurteilte der Bundesgerichtshof die Deutsche Bank wegen der Zinswetten zu 540 000 Euro Schadenersatz und löste »eine Revolution der Finanzbranche« (Handelsblatt) aus: Die Institute müssten nun viel umfangreicher beraten.

Der falsche Goldesel: Cross-Border-Leasing

Der Fall Bad Oeynhausen ist typisch für die langjährige Praxis in deutschen Kommunen, aber auch in Land und Bund. Das Schuldenmanagement der Bundesregierung betreibt seit einigen Jahren eine GmbH, eine Gesellschaft mit beschränkter Haftung. Dass viele Kämmerer im Boom mal mitzocken wollten, um den Staatssäckel zu entlasten, mag man noch nachvollziehen. Das gilt selbst für die funktionale Privatisierung durch Öffentlich-Private Partnerschaften oder dubiose Leasing-Projekte mit US-Zinsbonus.

Im Spätsommer 2011 stieg die größte Messegesellschaft in Deutschland, die Deutsche Messe AG in Hannover, als Erste komplett aus einem Cross-Border-Leasing-Geschäft aus, welches das

Unternehmen über Jahrzehnte gebunden hätte. »Wir sind jetzt wieder alleiniger Herr über alle Hallen auf unserem Messegelände«, freute sich der Vorstandsvorsitzende Wolfram von Fritsch. Alle sieben (!) Vertragspartner seien ohne Verluste aus dem riskanten Eine-Milliarde-Dollar-Deal ausgestiegen. Angesichts der undurchsichtigen Vertragskonstruktion bleibt selbst Fachleuten nichts anderes übrig, als dies zu glauben oder nicht. Doch erwartet wird nun, dass weitere öffentliche Einrichtungen und Kommunen 2012 dem Beispiel Hannovers versuchen werden zu folgen.

Mit dem Cross-Border-Leasing (wörtlich: grenzüberschreitendes Leasing) wollte man lukrative Steuerschlupflöcher in den Vereinigten Staaten ausnutzen. Besonders beliebt war dies in Frankreich und der Schweiz, in Belgien und der Bundesrepublik. Und das ging so: Mitte der 1990er Jahre begannen Städte und Gemeinden Schulgebäude, Straßenbahnen oder Kläranlagen an US-Finanzinvestoren langfristig zu verleasen, um sie anschließend sofort wieder zurückzumieten. Verträge liefen in der Regel über 99 oder 100 Jahre. Da solche Mietgeschäfte in den USA als Investition galten, wurden sie steuerlich begünstigt. Dadurch erzielten die US-Partner Millionengewinne, die sie mit der Kommune in Europa teilten.

Mehr als 50 deutsche Kommunen und Zweckverbände haben seit 1995 öffentliches Eigentum in solche Leasing-Verträge eingebracht. Nordrhein-Westfalen steht mit insgesamt der Hälfte des deutschlandweiten Transaktionsvolumens auch bei diesem Zockerprodukt an der Spitze, gefolgt von Sachsen und Baden-Württemberg. In Bayern und Niedersachsen wurden dagegen nur wenige und in Schleswig-Holstein, Brandenburg und im Saarland gar keine Vertragsabschlüsse verzeichnet. Die Städte mit den größten Überkreuz-Beteiligungen sind Düsseldorf, Leipzig, Berlin und Stuttgart. Das Volumen der etwa 150 Verträge schätzt Dirk Hänsgen vom Leibniz-Institut für Länderkunde auf rund 50 Milliarden Dollar.

Kritiker warnten von Anfang an vor dem hochspekulativen Geschäftsmodell. Cross-Border-Leasing sei eine »Büchse der Pandora«, so Hänsgen. Nicht nur wegen der Höhe des Einsatzes, sondern auch wegen unübersichtlicher Verträge von mehr als 1000 Seiten und jahrzehntelangen Laufzeiten, die eine seriöse Kalkulation nahezu unmöglich machten. »Zwischenzeitlich haben sich die Befürchtungen bestätigt, dass vor dem Hintergrund der Finanzkrise aufgrund der vertraglichen Haftungsverpflichtungen den Kommunen zusätzliche Kosten entstehen können«, bilanzierte der Wissenschaftliche Dienst des Bundestages in einer Studie. So kann der US-Investor den Austausch der Bank gegen ein Institut mit einer besseren Ratingnote verlangen oder die Bereitstellung zusätzlicher Sicherheiten – auf Kosten der deutschen Kommune.

Und 2004 war dann auch noch Schluss mit dem Geldsegen: Cross-Border-Geschäfte wurden durch die US-amerikanische Steuerbehörde zu rechtswidrigen Scheingeschäften erklärt. Die Steuerquelle versiegte, die Verträge blieben. Seitdem wurden keine neuen Geschäfte mehr abgeschlossen. Die alten Verträge beinhalten aber weiterhin »ein nicht kalkulierbares Problem- und Risikopotential«, warnt Thomas Hartmann-Wendels, Leasing-Spezialist von der Uni Köln. Er erwartet, dass die Verträge »sukzessive aufgelöst werden«. Doch nicht immer würden die öffentlichen Institutionen, wie im Fall der Deutschen Messe, mit einem blauen Auge davonkommen.

Langzeitbindung durch Öffentlich-Private Partnerschaften

Da das Kernproblem der klammen Kassen bleibt, steht zu befürchten, dass die öffentliche Hand auch weiterhin unübersichtliche Geschäfte eingehen wird. »Die tiefe Ursache ist die Finanzmisere der Kommunen«, sagte auch Hartmann-Wendels. Wem das Wasser bis zum Halse stehe, der greife auch nach einem Strohhalm. So will Schleswig-Holstein seine Uniklinik über einen Zeitraum von »voraussichtlich 25 Jahren« verleasen und zurückmieten, und die Bundeswehr orderte 2011 nach ähnlichem Modell zwei Transportschiffe von Reedern. In beiden Fällen handelt es sich um Öffentlich-Private Partnerschaften (ÖPP; auch Public Private Partnerships, PPP). Dies sind keine Steuersparmodelle wie beim Cross-Border, sondern günstige Finanzierungen für den Bau von Straßen oder die Renovierungen von Krankenhäusern. Der Staat lässt von Banken und Privatwirtschaft Autobahnstrecken, Kläranlagen oder Schulen finanzieren, bauen und betreiben. Angesichts klammer öffentlicher Kassen sollen so Projekte verwirklicht werden, die ansonsten als unbezahlbar gelten.

Man mag es kaum noch erwähnen, doch auch in diesem Fall gebührt den rot-grünen Regierungen Schröder-Fischer das Verdienst der Vorreiterroller. Mit dem im September 2005 in Kraft getretenen ÖPP-Beschleunigungsgesetz wurde die Umsetzung Öffentlich-Privater Partnerschaften erleichtert. Zurzeit werden mehr als 100 solcher Projekte vorbereitet. Davon entfallen etwa 75 Prozent auf die Kommunen und 20 Prozent auf die Länder. Auf Bundesebene hat man nach der Fertigstellung der ersten vier Autobahn-Teilstücke acht weitere Streckenabschnitte für ÖPP ausgewählt.

So verlockend diese Geschäftsidee für die öffentliche Hand auf den ersten Blick erscheinen mag, so vorsichtig ist mit ihr umzugehen. In einer ungewöhnlichen Gemeinschaftsaktion – allein dies sollte Warnung genug sein – verabschiedeten alle Präsidentinnen und Präsidenten der Rechnungshöfe des Bundes und der Länder im Dezember 2011 einen gemeinsamen Erfahrungsbericht zur Wirtschaftlichkeit von Öffentlich-Privaten Partnerschaften – ein »kritischer Blick« war die betreffende Pressemitteilung überschrieben. In dem Bericht hieß es, bei der Entscheidung über ÖPP und ihre Durchführung seien die Grundsätze für den Umgang mit ÖPP-Projekten, auf die sich die Rechnungshöfe schon im Jahre 2006 verständigt hatten, »noch nicht ausreichend beachtet worden«. Die Grundsätze sollten sicherstellen, dass der Staat keinen Schaden durch solche Projekte nimmt. Doch oft habe man sie mit einfachen Tricks unterlaufen und etwa die Messlatte für die staatliche Bauträgerschaft besonders hoch gelegt, damit die Privaten mit ihren Angeboten leicht darunter hindurchschlüpfen konnten. Dem Bericht ist zu entnehmen, dass die Staatswächter ÖPP durchaus für ein gutes Geschäft halten – jedoch nur für Unternehmen und finanzierende Banken.

Es steht zu befürchten, dass die Komplexität solcher Projekte und die Langlebigkeit der Verträge viele Kämmerer und Finanzminister auch künftig überfordern dürfte. Und wie beim Cross-Border oder den Swaps könnten auf die kommende Wahl schielende Politiker der Versuchung erliegen, kurzfristige Vorteile zu suchen, trotz langfristiger Unwägbarkeiten und Risiken für das Gemeinwesen. Die schwarz-gelbe Bundesregierung beflügelt zudem solche Risiko-Partnerschaften mit ihrer ÖPP Deutschland AG (die heißt wirklich so) – und zwar mit Erfolg: Im Vergleich zu 2010 hatte sich das Investitionsvolumen von ÖPP im ersten Halbjahr 2011 bereits mehr als verdoppelt.

Was bleibt?

Viele Kommunen zahlen heute bitteres Lehrgeld für ihren früheren Leichtsinn. Und es scheint, dass viele Akteure zu wenig aus der Krise gelernt haben. Das kann zu weiteren Demokratiedefiziten führen, zu verselbständigten Fachbehörden, die machen, was sie wollen, und zu schlecht informierten Gemeinderäten und Bundestagsabgeordneten. Nach vielen schlechten Erfahrungen etwa mit Cross-Border-Modellen schien die Teilprivatisierung von Staatsaufgaben auf dem Rückzug. Doch mehren sich nun die Anzeichen, dass angesichts knapper öffentlicher Haushalte der Trend zu Swaps, ÖPP und wirtschaftsliberalem Staatsgebaren wieder stärker wird.

Spekulation auf doppeltem Boden – Wetten auf Lebensmittelpreise

Agrarprodukte als Anlageobjekte

»Wollten Sie nicht schon immer Bauer werden?« Mit solchen Reklamesprüchen wird für Geldanlageprodukte geworben, die auf Weizen, Mais oder Pflanzenöl spekulieren. Kein Irrsinn, ganz im Gegenteil: Solche Angebote liegen im Trend. Denn obwohl die Spekulation mit landwirtschaftlichen Produkten wahrlich nichts Neues ist – schon der griechische Philosoph Thales von Milet hat sie vor 3000 Jahren betrieben – sind Anlagen von agrarfremden Finanzmarktakteuren auf den internationalen Terminmärkten für Mais, Soja und Weizen seit den 1990er Jahren en vogue. Ihr Vormarsch ist eine Folge der Liberalisierung der globalen Finanzmärkte.

In jüngster Zeit hat die Attraktivität dieser Anlageklasse noch einmal rasant zugenommen. Dafür gibt es eine Reihe von Gründen. So scheinen die Preise von Getreide und Soja unaufhaltsam zu steigen, weil immer mehr Menschen satt werden wollen, aber auch, weil menschliche Nahrungsmittel als Tierfutter und zur Produktion von Ethanol verwendet werden. Preissteigernd wirkt besonders der Nachfragezuwachs in Schwellenländern. Zugleich stagnieren die Erträge in wichtigen Anbauländern. »Nur auf der Grundlage dieses strukturellen Preisauftriebs konnten die Getreide für Finanzmarktanleger interessant werden«, meint Hans-Heinrich Bass von der Universität Bremen. Zu demselben Schluss kommt eine Studie von Südwind, Institut für Ökonomie und Ökumene in Siegburg. Unter Wissenschaftlern herrsche »Einigkeit darüber«, dass von Spekulanten erzeugte Preisveränderungen nur kurz- bis mittelfristig wirken, die Preise langfristig aber »die Fundamentaldaten widerspiegeln«, das heißt, diese für das Steigen der Preise verantwortlich sind. Mit Fundamentaldaten meinen Ökonomen Anbauflächen, Erntemengen und Logistik (mindestens ein Drittel jeder Ernte kann auf dem Weg zum Verbraucher vergammeln) sowie die Zahl der Konsumenten, ihre Konsumgewohnheiten etc. Diese fundamentalen Faktoren bestimmen letztlich das tatsächliche Angebot und die tatsächliche Nachfrage nach Kaffee, Weizen oder Schweinefleisch und damit den Preis.

Die Nachfrage nach Agrarprodukten auf den Finanzmärkten ist auch deshalb so groß, weil viele Finanzakteure meinen, dass sie jede Vermögensanlage abrunden, da ihre Kursentwicklung antizyklisch etwa zu Aktien verläuft. Obendrein haben die Große Krise und die dadurch niedrigen Leitzinsen die Nahrungsmittelzockerei beflügelt, erscheinen Nahrungsmittel doch als relativ sicheres Geschäft mit vergleichsweise hohen Renditen.

Die meisten Spekulationen haben paradoxerweise keinen oder nur einen geringen Einfluss auf die wirkliche landwirtschaftliche Produktion und deren Preise. Es gibt im Wesentlichen drei rein monetäre Zockervarianten. Da ist zunächst das klassische Termingeschäft auf Rohstoffe wie Kaffee oder Schweinehälften, um damit heute Preise für die Zukunft abzusichern. Das passiert häufig, ist aber keine Finanzspekulation im engen Sinne, doch der Vorläufer als Werkzeug dazu. Dann gibt es die Spekulation mit realen Finanzwerten (Aktien von Agrarkonzernen) – die können mittelbar, beispielsweise bei der Ausgabe neuer Aktien, Einfluss auf das realwirtschaftliche Geschehen haben, etwa auf die Preise von Weizen. Und dann gibt es – und das ist für die Finanzmarktakteure mit Abstand der wichtigste Posten – die Spekulation mit virtuellen Finanzwerten wie Zertifikaten und finanzspekulativen Termingeschäften.

Alle Bankengruppen in Deutschland haben Agrarrohstoffe im Angebot, sogar für Kleinsparer. Schon mit 250 Euro können »Investoren« bei der Deutschen Bank einen Fondsanteil kaufen, etwa an dem in Luxemburg aufgelegten Investmentfonds »DB Platinum Agriculture Euro Fonds«. Dieser Fonds bildet den von der Deutschen Bank entwickelten Index »db Agriculture Euro Index« ab, der die Preisentwicklung von sieben Agrarrohstoffen nachzeichnet: Schwergewichte sind Weizen und Mais, Sojabohnen und Zucker, dazu kommen noch Baumwolle, Kaffee und Kakao. Steigt deren Preis in der Realität, steigt indirekt der errechnete Kurs des Indizes und damit der Wert des entsprechenden Fondsanteils.

Wetten können auch in die umgekehrte Richtung erfolgen: Dann wetten Anleger auf fallende Preise. Das ist allerdings im Agrarsektor, anders als bei Gold, Währungen oder Bankaktien, kaum der Fall, da die Analysten fast allesamt bei Agrarrohstoffen von auch mittelfristig steigenden Preisen ausgehen. Gewettet wird also auf »stark« oder auf »weniger stark« steigende Preise. Andere Banken und Investmentgesellschaften orientieren sich an ähnlichen Indizes wie demjenigen der Deutschen Bank, etwa dem des amerikanischen Informationsdienstes Dow Jones, der Schweizer Großbank UBS oder des schillernden US-amerikanischen Investors, Hedgefonds-Managers und Schriftstellers Jim Rogers.

Genau wie bei den beschriebenen Aktivitäten der Deutschen Bank – deren damaliger Chef Ackermann im Herbst 2011 auf öffentliche Kritik an den Geschäften seines Geldinstitutes mit der Ankündigung reagierte, das Engagement des Konzerns in diesem Bereich zu überprüfen – wird jedoch tatsächlich kaum oder gar kein Geld in wirkliche Nahrungsmittelrohstoffe angelegt. Stattdessen wird eine papierene Zweitwelt für Investoren geschaffen, ein doppelter Boden. Banken und Anleger orientieren sich an einem Barometer, dem Index, der die Preisentwicklungen auf den realen Märkten abbildet, aber nicht hervorruft – so wie die Bundesligatabelle die Fußballspiele dieser Saison abbildet, aber keinen unmittelbaren Einfluss auf die Ergebnisse der Partien hat. Auf den jeweiligen Index wird ein Zertifikat gelegt, oder ein Fonds bildet den Index künstlich nach. Der Preis des Weizens in der wirklichen Welt der Landwirtschaft ist dann wie das Ergebnis der Fußballpartie zwischen dem Hamburger Sportverein und dem FC Bayern München. Er fließt in die Tabelle (Index) ein. Der Kauf eines Zertifikats oder eines Anteils an einem solchen Indexfonds ist wie das Tippen beim Fußball-Toto und die Abgabe des Tippscheines in dem Lottoladen an der Ecke.

Volks- und Raiffeisenbanken setzen ebenfalls auf die grüne Scheinwelt der Agrarfinanzprodukte. Sie bieten durch die verbundeigene Fondsgesellschaft Union Investment etwa den »Uni Commodities« an. Ein Fonds, der neben Energie und Metallen auch auf Getreide, Fleisch und Pflanzenöl setzt. Auch Sparkassen bieten Agrarfinanzprodukte an, die beispielsweise auf den Index »LBBW Rohstoffe 1 R« der Landesbank Baden-Württemberg setzen. Ein Drittel des Index sind Agrarrohstoffe wie Weizen und Mais. Auch hier wird nicht handfest in Getreide investiert.

Typisch für die Agrar-Finanzmärkte ist also das indirekte Spekulieren auf Indizes, wodurch auf den Finanzmärkten der echte Agrarmarkt noch einmal gedoubelt wird. Da sich die Spekulationen auf doppeltem Boden abspielen, sind die Auswirkungen auf die echten Preise von Nahrungsmitteln für Bauern, Händler und Verbraucher gering. Dass es sie überhaupt gibt, dazu trägt die »Psychologie der Märkte« bei – Assoziationen, Gefühle und Denken der Akteure. Professor Bass, der für die Welthungerhilfe eine Studie verfasst hat und insofern Partei ist, schätzt den Spielraum für Preisniveauerhöhungen durch Finanzspekulation unterm Strich grob auf »bis zu 15 Prozent«. Im Klartext: Er tendiert gegen null. Der volkswirtschaftliche Nutzen solcher indirekten Agraranlagen ist allerdings noch geringer: Er ist null.

Der geringe Einfluss auf Preise und Mengen gilt nicht für jedes Agrarprodukt, vor allem nicht für Kaffee. Die teuren Bohnen gehören nach ihrem Preisvolumen zu den schwergewichtigsten Handelsgütern und lassen sich – anders als Getreide – über einen Zeitraum von mehreren Monaten bis zu über einem Jahr lagern. Kaffee bietet sich daher wie sonst wohl nur Rohöl für »reale« Finanzspekulationen mit dem wirklichen Rohstoff geradezu an. So gibt es im Hamburger Hafen, einem Zentrum des Welthandels und der handfesten Kaffeespekulation, Hallen voller Spekulationskaffee. Dadurch wird das physische Angebot vor allem an teuren Kaffeesorten künstlich verknappt, um so die Preise, die Händler und Röster direkt oder an der Kaffeebörse in New York zahlen, in die Höhe zu treiben.

Moderner Landraub

Einige Fonds, institutionelle Investoren und wohl auch Versicherer wetten nicht auf Agrarpreise, sondern legen Geld in »echte« Aktien von Agrofirmen oder direkt in »echte« Termingeschäfte auf Weizen oder Mais und landwirtschaftliche Flächen an. Reis spielt übrigens auf den Finanzmärkten nahezu keine Rolle, weil es zu viele unterschiedliche Sorten gibt, der potentielle Markt für Finanzspekulationen daher zu klein ist.

So erwarb der thailändische Zuckerkonzern Khon Kaen Sugar Industry Public Company Limited (KSL) in einem »Joint Venture« (Gemeinschaftsunternehmen) mit dem taiwanesischen Nahrungsmittelkonzern Ve Wong und einem kambodschanischen Senator knapp 19 000 Hektar Land in der kambodschanischen Provinz Koh Kong. Dort wird Zuckerrohr für den Export insbesondere nach Europa angebaut. Große Teile der Konzession wurden traditionell von lokalen Kleinbauernfamilien zum Anbau von Nahrungsmitteln genutzt. »Etwa 5000 Hektar der neuen Landkonzession wurden so der lokalen Bevölkerung geraubt, und ihr Menschenrecht auf Nahrung wurde verletzt«, beklagt FIAN, eine Menschenrechtsorganisation für das Recht auf Nahrung. Dies geschehe teilweise gewaltsam. So trug laut FIAN eine Frau bei Protesten gegen den Raub ihres Ackerlandes Schussverletzungen davon. Weitere schwere Menschenrechtsverletzungen seien 2007 vom Menschenrechtskommissariat der Vereinten Nationen dokumentiert worden. »Bis heute kämpfen 456 Bauernfamilien um ihr Land.« In einer mittlerweile errichteten Zuckerraffinerie dürfen die Bäuerinnen und Bauern angeblich nur arbeiten, wenn sie den Anspruch auf ihr Land fallen lassen.

Laut FIAN hält die Fondsgesellschaft der Deutschen Bank, die DWS, über drei verschiedene Publikumsfonds Anteile an dem thailändischen Zuckerkonzern KSL in Höhe von 10,9 Millionen Euro. »Als Miteigentümerin trägt sie eine Mitverantwortung für diese Menschenrechtsverletzung in Kambodscha und sollte sich für eine Lösung des Landkonflikts zu Gunsten der lokalen BäuerInnen einsetzen«, fordert FIAN-Fachreferent Roman Herre.

So weit, so schlecht. An Auswüchsen, besonders dort, wo keine Hilfsorganisation und kein Journalist hinschauen und die Menschen kaum Rechtsschutz genießen, hat es im Kapitalismus nie gemangelt. Trotzdem scheinen mir, allgemein gesprochen, Investitionen in den Agrarbereich notwendig, um die Landwirtschaft der Welt fit für die kommenden Generationen zu machen. Dabei prallen dann verschiedenste Interessen aufeinander. Doch dies ist nicht unser Thema.

Im Hinblick auf die Finanzmärkte muss festgehalten werden, dass selbst solche »echten« Geldanlagen, wie die beschriebene der Deutschen Bank in einen kambodschanischen Konzern, nicht direkt in den Agrarbereich fließen. So werden Aktien von Unternehmen wie KSL an den Börsen ge- und verkauft. Davon hat die Aktiengesellschaft, in diesem Fall der thailändische Zuckerkonzern, zunächst aber nichts. Erst wenn eine Aktiengesellschaft selbst neue Aktien ausgibt, fließen ihr frische Euro oder Dollar zu.

Die hier beschriebene Finanzspekulation mit Rohstoffen darf nicht verwechselt werden mit den Geschäften von Staatsfonds vornehmlich aus den Ölstaaten und aus China, die große Flächen Agrarland in Afrika aufkaufen, um die Nahrungsmittelsicherheit der eigenen Bevölkerung zu sichern, oder US-amerikanischen Firmen, die weite landwirtschaftliche Flächen in Lateinamerika erwerben, um sie großtechnisch auszubeuten. Davon profitieren einige imperiale Staaten, wenige Konzerne und eine kleine einheimische Bourgeoisie als Verkäufer des Landes. Oft gehen diese Geschäfte rücksichtslos auf Kosten der vor Ort lebenden Menschen. Diese handfesten Geschäfte durch den Kauf von Land haben selbstverständlich Einfluss auf die Nahrungsmittelproduktion und deren Preise. Doch ist Landkauf im engen Sinne keine Finanzspekulation, sondern der ganz normale Kapitalismus, und interessiert uns daher hier nur am Rande. Dagegen kennt die Finanzzockerei mit Agrarprodukten und Rohstoffen andere Möglichkeiten.

Was bleibt?

Der Markt für Agrarrohstoffe wächst. Spekulationen mit Weizen, Fleisch und Soja haben zugenommen. Ein Grund: Die Preise zeigen im langfristigen Trend nach oben, was mehr Spekulanten anzieht. Neben den klassischen Termingeschäften mit physischen Rohstoffen haben aber vor allem Finanzspekulationen mit Derivaten zugenommen. Diese haben keinen direkten Einfluss auf Rohstoff- und Nahrungsmittelpreise. Volkswirtschaftlich sind sie nutzlos.

Die Idee zum Finanzkapitalismus –
Die Neoklassik

Das Dogma des Gleichgewichts

»Stellen Sie sich die hunderttausend Ökonomen vor – im Dienste von Banken, Think-Tanks und Staaten«, schlug der Publizist Rolf Dobelli in seiner Zeitungskolumne vor, »und all das Papier, das sie in den Jahren 2005 bis 2007 produziert haben.« Also die Unmengen an Forschungsberichten und mathematischen Modellen, den ganzen Wust an Kommentaren der Analysten, die anschaulichen Power-Point-Präsentationen, die ungezählten Megabits an Informationen auf Bloomberg, Reuters und Intranetplattformen der Unternehmen. »Der bacchanalische Tanz zu Ehren des Gottes ›Information‹.« Alles heiße Luft: Die Finanzkrise kam und pflügte die Welt um. Keiner hat sie kommen sehen. Die Ökonomik hat kläglich versagt.

Wirklich die ganze Wirtschaftswissenschaft? Nein, nicht die ganze, wohl aber die herrschende »neoklassische« Lehre, der Wirtschaftsliberalismus, auf den in jeder Bundestagsdebatte über Bankenrettung oder Mehrwertsteuer, in jeder gesellschaftlichen Kontroverse über Mindestlöhne oder ökologisch-soziale Standards von Unternehmen offen oder versteckt Bezug genommen wird.

Und diese Lehre findet sich auch und besonders in den Konjunkturprognosen der führenden Forschungsinstitute und der »Fünf Weisen« im Sachverständigenrat zur Begutachtung der gesamtwirtschaftlichen Entwicklung, der die Bundesregierung berät – auch wenn sie mit ihren Einschätzungen häufig daneben liegen. Für das bislang tiefste Krisenjahr 2009 zum Beispiel hatten sich die führenden Konjunkturforscher vorab auf Wachstum festgelegt, tatsächlich schrumpfte die bundesdeutsche Volkswirtschaft jedoch laut Internationalem Währungsfonds (IWF) um mehr als 5 Prozent. Im folgenden Jahr zeigte sich das umgekehrte Bild: Dieses Mal rechneten die Ökonomen kaum mit Wachstum, doch legte die

Wirtschaft rasant um fast 4 Prozent zu. Das hat der Theorie wenig anhaben können, die schon seit der politischen Ära von Ronald Reagan und Margaret Thatcher die Volkswirtschaftslehre in Amerika und Europa dominiert, die »New Classical Economics« (NCE).

Ohne die neoklassische Dominanz, verkörpert in den Ökonomen der Chicago School, bleibt die Große Krise unverständlich. Die Idee der wirtschaftsliberalen, neoklassischen »Chicago Boys« lautet, grob vereinfacht: Rationale Akteure bilden sich unter Verwendung aller ihnen zur Verfügung stehenden Informationen »rationale Erwartungen« über zukünftige Entwicklungen. Entsprechend handeln sie. Auf freien Märkten interagieren und kommunizieren die Akteure mit Unternehmen, die ebenfalls von solchen rationalen Akteuren geleitet werden. Diese Märkte erzeugen, wenn sie von der Politik in Ruhe gelassen werden, effiziente Resultate. Das heißt, alle Ressourcen wie Arbeit und Kapital werden in optimaler Weise genutzt, das Sozialprodukt ist optimal zusammengesetzt, und es wird optimales Wachstum erzeugt.

Den Finanzmärkten kommt in dieser Theorie eine entscheidende Rolle zu, weil sie als besonders effizient gelten: Da auf den Finanzmärkten Nachrichten, Informationen und selbst Gerüchte besonders leicht hin und her fließen können, funktionieren die Märkte von Banken, Fonds und Versicherungen besonders reibungslos (»Effizienzmarkthypothese«). Jeder weiß alles und kann sein rationales Verhalten daran ausrichten. Diese reibungsfreien Märkte schlagen sich in entsprechend »richtigen« Preisen nieder, was es wiederum den Akteuren ermöglicht, ihr Geld optimal anzulegen. Dadurch wird der bestmögliche Nutzen aus dem vorhandenen (knappen) Kapital geschöpft. Nicht allein zum Nutzen der Investoren, sondern zum allgemeinen Nutzen. Kurzum: Durch die rationalen Entscheidungen des *homo oeconomicus* entstehe ein Gleichgewicht zwischen den unterschiedlichsten Marktteilnehmern, zwischen Kosten und Preisen, zwischen Angebot und Nachfrage. Dieses harmonische Bild mag für manche Warenmärkte mit Autos, Bananen oder Fensterputzdienstleistungen annäherungsweise zutreffen, für viele Finanzmärkte jedoch nicht.

Das zeigt sich etwa an den von Chicago-Boys angestellten Wahrscheinlichkeitsrechnungen, die das bunte Finanzleben in einer Gauß'schen Normalverteilung (»Glockenkurve«) abbilden. Tatsächlich kommt es aber beispielsweise bei Aktienkursen zu heftigen

Ausschlägen nach unten und in kürzester Zeit nach oben – oder umgekehrt. Dies lässt sich nicht in Einklang mit den theoretischen Erwartungen der amerikanischen Wirtschaftsliberalen bringen. Der in Graz Theoriegeschichte lehrende Wirtschaftswissenschaftler Heinz Kurz erinnert an einen Einwand des legendären französischen Mathematikers Henri Poincaré. Dieser hatte die Doktorarbeit eines der späteren Begründer der modernen, mathematisierten Spekulationstheorie mit dem Hinweis vom Tisch gewischt, der Mensch sei ein »mouton de Panurge«, ein Herdentier wie das Schaf, das immer dem Leithammel hinterherlaufe. Da mit Herdenverhalten, in der Begrifflichkeit der Ökonomik »herding behaviour«, sowie mit Ansteckung (»contagion«) immer zu rechnen sei, habe man es mit einem systematischen Fehler zu tun, der mit der These vom effizienten Markt nicht vereinbar sei. Hier drohten ständig Blasen. »Es gibt Märkte, in denen offenbar zentrifugale Kräfte am Werk sind und wo die Gefahr besteht, dass diese im Laufe der Zeit immer größer werden«, kritisiert Kurz die Neoklassik. Steigt beispielsweise in Erwartung steigender Börsenkurse die Nachfrage nach Wertpapieren, dann treibt dies die Kurse in die Höhe, was die ursprüngliche Erwartung bestätigt und weiteres Kapital anlockt, was wiederum die Kurse nach oben treibt – und so weiter und so fort bis zum Platzen der Spekulationsblase.

Nun werden Neoklassiker einwenden, dass ihr Konzept an mancher Stelle fortgeschrieben worden sei. Wohl wahr, einige Annahmen in der Mikroökonomie, der Betriebswirtschaftslehre, kommen heute nicht mehr ganz so weltfremd daher wie einst. Doch in der Makroökonomie, der Volkswirtschaftslehre, werden die alten Grundannahmen weiterhin und unverdrossen gepflegt.

Auch für einen Markt gelten die von den Neoklassikern aufgestellten Überlegungen nicht: den Arbeitsmarkt. Die Autoren des auch für Nichtökonomen gut lesbaren Sammelbandes mit dem Titel »Wohin steuert die ökonomische Wissenschaft?« können zeigen, dass sich die Neoklassiker in dieser Frage zu Unrecht auf literarische Klassiker wie David Hume, David Ricardo oder Adam Smith berufen. Ein herber Schlag, denn für die Vordenker der Neoklassik gilt der Bezug zu Altvorderen als »Herzstück der Wirtschaftstheorie« (Robert Lucas). Für die war aber Arbeitslosigkeit ein normales Phänomen im sich entwickelnden Kapitalismus, das sich nicht durch ein Angebot-und-Nachfrage-Spiel besiegen lasse, etwa weil arbeitssparender technischer Fortschritt einher geht mit dem Verschwinden von Jobs. Ein Gleichgewicht von Angebot und Nachfrage hielten Smith und Co. nur auf Märkten für handfeste Waren und Dienstleistungen für denkbar, und so ist von einem Gleichgewicht auf dem Arbeitsmarkt bei ihnen keine Rede. Dieses Konzept haben erst die Neoklassiker »erfunden«, indem sie das legendäre Say'sche Gesetz auf den Arbeitsmarkt anwandten: Wenn der Preis für die Ware Arbeitskraft niedrig genug ist, entsteht ein Gleichgewicht zwischen Angebot und Nachfrage aufgrund der höheren Nachfrage durch die Unternehmen. Dieses volkswirtschaftliche, neoklassische Dogma war entscheidend für die Begründung der umstrittenen Hartz-IV-Reformen, und es begründet den Widerstand von Kapital und Politik gegen (hohe) Mindestlöhne.

Zurück zu den Finanzmärkten und dem Herdentrieb. Der zeigte sich an unerwarteter Stelle. Die unabhängige Controlling-Abteilung des Internationalen Währungsfonds untersuchte noch in der Ägide seines Präsidenten Dominique Strauss-Kahn, welchen Beitrag die Weltrettungsbank zur aufkommenden Finanz- und Wirtschaftskrise in den Jahren 2004 bis 2007 leistete. In ihrem Report ziehen die hausinternen Kontrolleure den Schluss: Das »gleichförmige Gruppendenken« der Wirtschaftswissenschaftler und Konjunkturforscher im IWF habe »eine bedeutende Rolle« in der Entstehung der Krise gespielt. Ein »gleichförmiges Gruppendenken«, ausgerechnet unter Wissenschaftlern – irrsinnig.

Laut diesem Report hielten die führenden Makroökonomen des Kapitalismus – der IWF darf hier als Beispiel für den Großteil der Volkswirtschaftsbranche herhalten – die Selbstregulierungskräfte an den Finanzmärkten für stark genug, um eine Krise zu verhindern. Ein starkes Stück Ignoranz.

Interessierte Wissenschaftler

Die Theorie der New Classical Economics prägte auch die Finanzakteure. Die besonders von Chicagoer Ökonomen offensiv vertretene Hypothese vom effizienten Markt hatte – wenigstens bis zum Beginn der Großen Krise – mehr und mehr Anhänger gefunden. Auch in der Politik. Die These vom effizienten freien Markt hat das

Vertrauen in die Funktionstüchtigkeit und in die Stabilität von Finanzmärkten erheblich gestärkt und deren Deregulierung den Weg geebnet. Dazu haben allerdings auch interessierte Kreise ihren Beitrag geleistet, die sich bessere Geschäfte auf liberalisierten Märkten versprachen oder die sich (nationale) Wettbewerbsvorteile gegenüber anderen Ländern oder Märkten erhofften. Ebenfalls hat der Niedergang des großen Konkurrenten, der realsozialistischen Staaten, die Deregulierung der Finanzmärkte erleichtert. Doch ohne ideologischen Überbau hätte die Deregulierungswelle wohl kaum diese Wucht gewonnen, mit der sie seit den 1990er Jahren gesetzliche Renten, öffentliche Krankenhäuser und Bankengesetze hinwegfegte.

Eine spannende Frage stellt sich heute einer der Protagonisten der Neoliberalen in Deutschland, Thomas Straubhaar, Präsident des Hamburgischen Weltwirtschaftsinstituts (HWWI): Wie konnte und kann es sein, dass sich die These effizienter Finanzmärkte so lange so prominent halten konnte, obschon all die Gründe ihres Versagens bestens untersucht sind, sie empirisch längst widerlegt war und sie nun durch die verschiedenen Krisen der letzten Dekade erst recht diskreditiert ist? »Warum haben so wenige – auch ich nicht – kritisch hinterfragt, wer, erstens, ein ganz profanes persönliches Interesse am Effizienzmythos der Finanzmärkte hat und wer, zweitens, in welcher Form auch immer in der Praxis vom Glauben an die Effizienz von Finanzmärkten profitiert?«

Straubhaar beklagt ein »Meinungskartell«. Das habe »ganz sicher« etwas damit zu tun, wie man in ökonomischen Fachkreisen Reputation erlangt, und damit, was »angesagt« sei: Publiziert werde in jenen akademischen Zeitschriften, die als Grundlage von Rankings genommen werden, die wiederum ein Maßstab seien für die Zuteilung von Forschungsmitteln. »Wenn der Mainstream der Meinung ist, dass Finanzmärkte effizient sind, dann ist es für Abweichler enorm riskant, gegen das Kartell jener zu opponieren, die als Insider über die Vergabe von Professorenstellen, Forschungsaufträgen und Budgets bestimmen.« Zudem habe »ein gewaltiges finanzielles Interesse« am Entstehen und Kultivieren des Effizienzmythos bei vielen Akteuren in der Finanzbranche bestanden. Beispielsweise, weil dann auch politische Entscheidungen und rechtliche Rahmenbedingungen oder Regulierungs- und Kontrollbehörden von der These der Effizienz ausgehen und die Beweislast von jenen zu tragen ist, die auf Marktmacht und damit Marktversagen klagen.

Zudem könne das »erratische Auf und Ab an den Börsen« für Interessengruppen mikroökonomisch durchaus effizient sein. »Es gibt eine Menge Akteure, die stark schwankende Börsenkurse nutzen können, weil sie an jeder einzelnen Transaktion mitverdienen.« Eine größere Volatilität, also die kräftige Veränderung von Kursen, sei oft eine gern genutzte Rechtfertigung für Banken und ihre Vermögensberater, Portfolios von Kunden umzuschichten, zu kaufen oder zu verkaufen und damit Provisionen oder Gebühren einzustreichen. Und Marktstrukturen, Regulierungen und Absprachen lüden geradezu ein, auf fallende Börsenkurse zu wetten. Es zeige sich nicht allein ein Spannungsfeld zwischen dem Eigentümer von Vermögen und dem Verwalter von Vermögen, sondern auch ein Zielkonflikt »zwischen individueller und gesamtwirtschaftlicher Effizienz«. Wie im Fall Mishkin: Frederic Mishkin, Professor an der Columbia Business School in New York und ein international angesehener wirtschaftsliberaler Ökonom, war 2006 voll des Lobes für den Finanzplatz Island: Das Bankensystem sei stabil, die Finanzaufsicht stark und die ökonomische Lage strapazierfähig, schrieben er und ein Kollege aus Reykjavík in ihrem Bericht »Financial Stability in Iceland«. Zwei Jahre später war Island wie kein anderer europäischer Staat von der globalen Finanzkrise betroffen, die Banken pleite, die Einlagensicherung zahlungsunfähig und der Staat stand vor dem Bankrott. Für seine Studie hatte Professor Mishkin von der isländischen Handelskammer 124 000 Dollar erhalten. Bekannt wurde dies durch den 2011 mit einem Oskar ausgezeichneten Dokumentarfilm über die Finanzkrise »Inside Job«. Der Island-Report von Mishkin diente darin als ein Fallbeispiel. Einen ähnlichen Beigeschmack hat der überraschende Ausstieg der Ökonomin Beatrice Weder di Mauro aus dem Sachverständigenrat und der im Februar verkündete Wechsel der »Wirtschaftsweisen« in den Verwaltungsrat der Schweizer Bank UBS.

Der Siegeszug der Neoklassiker auf den Finanzmärkten ist schon ein starkes Stück, zumal die Finanzmarktlehre selbst bis in die 1960er Jahre hinein in der akademischen Welt keinen großen Stellenwert beanspruchen konnte. Sie war etwas für Praktiker und Betriebswirte. Erst Ende dieses Jahrzehnts nahm die Häufigkeit wissenschaftlicher Beiträge zum Thema Finanzen international zu, stellte Vanessa Redak fest. Das gestiegene akademische Interesse, so die Bankangestellte und Lektorin an der Uni Wien, wurde begleitet von der beginnenden Deregulierung der Finanzmärkte und von einem Wachstum auf den US-amerikanischen und teilweise auch europäischen Finanzmärkten. Insbesondere Investment- und Pensionsfonds wurden zum Massenprodukt. 1990 bekamen dann drei US-amerikanische Wissenschaftler – Harry Markowitz, Merton Miller und William Sharpe – den Nobelpreis im Stockholmer Konzerthaus für ihre finanzmathematischen Arbeiten überreicht. 1997 ging der sinnigerweise von der schwedischen Reichsbank gestiftete Preis – an die Finanzökonomen Myron Scholes und Robert Merton. Die mathematisierte Finanzmarktlehre war damit in der offiziösen Makroökonomie-Szene angekommen. Mit den Worten von Vanessa Redak: »Diese wechselseitige Interaktion zwischen Wirtschaft, Politik und Wissenschaft führte letztlich zu einer Transformation der politökonomischen Verhältnisse.« Und zur Großen Krise.

Vom Star zum Flop

Wie so häufig, gibt es auch in diesem Fall eine Ironie der Geschichte: Mit ihren ausgeklügelten Modellen scheiterten die Nobelpreisträger selber in der Praxis. So soll Harry Markowitz sein Geld einfach halbe-halbe auf Aktien und Anleihen verteilt haben, statt wie in seinem preisgekrönten komplexen »Markowitz-Portfolio«, und er verlor.

Noch deftiger verzockten sich Myron Scholes und Robert Merton. Ein Jahr nach der Verleihung der höchsten Weihen für Wirtschaftswissenschaftler in Stockholm stürzte ihr milliardenschwerer Hedgefonds LTCM (Long Term Capital Management) ab. Innerhalb der Gauß'schen Glocke liegt die Wahrscheinlichkeit für eine solche Katastrophe angeblich bei $1:800\,000\,000\,000$ Jahren, rechnete der polnische Mathematiker Filip Adamisz auf seiner Internetseite vor. Die beiden LTCM-Berater hatten, ihren eigenen Theorien folgend, die Risiken gröblich unterschätzt. Was war passiert?

Der Hedgefonds hatte zunächst mit Derivaten prächtige Gewinne von zeitweise 40 Prozent gemacht. Mit dem Geld der italienischen Notenbank spekulierte LTCM unter anderem auf sinkende Kurse US-amerikanischer Staatspapiere. Asien- und Russlandkrise trieben jedoch erschrockene Anleger scharenweise in die sicheren US-Wertpapiere zurück. Deren Kurs stieg, die LTCM-Blase platzte. Der Fonds hatte für ein Eigenkapital von 5 Milliarden Dollar von den Banken Kredite über 125 Milliarden erhalten und Leerverkäufe über 1250 Milliarden abgeschlossen. Ein irrsinnig starker Hebel war hier also zum Einsatz gekommen – aus 5 waren 1250 Milliarden Dollar geworden.

Der Fall des Fonds LTCM zeigt exemplarisch, dass neben einer übergroßen Komplexität gleichfalls schlichte Masse zu existentiellen Krisen führen kann. Ab einer hier nicht näher zu bestimmenden Größe sind Fonds, Banken oder Versicherungen ein zu hohes Risiko für jede Volkswirtschaft, möglicherweise für die Weltwirtschaft. Die politische Konsequenz daraus ergibt sich dann wie von selbst.

Allen voran die US-Zentralbank fürchtete 1998 einen Zusammenbruch des gesamten Finanzsystems, sollte LTCM kollabieren. Die Fed hat sich anders als die EZB bis heute immer als »Lender of Last Resort« gesehen, als letzter Rettungsanker für Banken und Finanzakteure (was selbstverständlich die Spekulationsneigung, den »moral hazard«, der zockenden Hasardeure beflügelt). Unter Führung Alan Greenspans zwang sie 14 internationale Banken, darunter die Deutsche und die Dresdner Bank, den bankrotten Megafonds zu retten. Diese Hilfsaktion kostete die privaten Akteure letztlich »nur« 3,7 Milliarden Dollar, und die Finanzwelt konnte sich bis zur nächsten Krise erst einmal wieder in Sicherheit wiegen. Gelernt wurde kaum etwas. Bis heute werden 80 Prozent aller Derivate in undurchsichtigen Schattensystemen gehandelt und pokern hochriskante Hedgefonds-Riesen außerhalb aller Spielcasinos. Zu der Großen Krise trugen sie daher unvermindert bei, sei es beim Beinahe-Zusammenbruch der US-Bank Bear Sterns im März 2008, beim Untergang von Lehman Brothers im September 2008 und bei der Beinahe-Pleite der Versicherung AIG kurz darauf.

Konsequenterweise könnten Neoklassiker diese Konzernkrisen als Bestätigung ihrer Theorie werten: Der »Markt« sorge – unter anderem durch das Wirken in einer seiner freiesten Formen, der Hedgefonds – für das Aus von Unternehmen, die nicht überlebensfähig sind. Die Krise als Akt der »schöpferischen Zerstörung«

(Joseph Schumpeter). Doch dieser Gedanke blieb Neoklassikern und Wirtschaftsliberalen fremd, sie erwarteten von entfesselten Finanzmärkten Stabilität und Wachstum – nicht Krise und Niedergang.

Was bleibt?

Die passende Idee oder schon Ideologie zum Finanzkapitalismus ist die Neoklassik. Sie half den Akteuren, ihr Tun zu legitimieren, und diese nutzten jene, um Politik und Aufsicht gefügig zu machen. In der wirtschaftsliberalen Praxis versagten die Neoklassik und ihre Protagonisten. Der tiefe Fall des maßgeblich von Wirtschaftsnobelpreisträgern beeinflussten Hedgefonds LTCM zeigt exemplarisch, dass neben einer übergroßen Komplexität gleichfalls schlichte Größe zu existentiellen Krisen führen kann.

III Die Große Krise

Missachtete Warnsignale –
Die Vorgeschichte

Bekannte Krisenphänomene

Die Große Krise kam nicht überraschend. Wenn man im Rückblick ihre Vorgeschichte betrachtet, so lassen sich dabei auch einige Legenden und von manchen liebevoll gepflegte Klischees ausräumen. So zeigt die Finanzgeschichte, dass es keiner hochkomplexen Derivate bedarf, um eine Krise auszulösen. Dazu genügen auch einfachste Mittel, was die Tulpenmanie im 17. Jahrhundert in Holland oder die Weltwirtschaftskrise in den 1930er Jahren bewiesen haben. In einem Fall wurden Unsummen in Tulpenzwiebeln investiert, weil man auf weiter steigende Preise spekulierte, im anderen Fall wurden Unsummen in Aktien angelegt. Irgendwann begannen die Anleger zu zweifeln, ob immer noch mehr Tulpen oder Autos gekauft würden; andere Anleger begannen, ihre Kursgewinne zu »realisieren«, indem sie Tulpen oder Aktien verkauften und somit Gewinne in echtem Geld mitnahmen. Wenn das viele tun, fallen die Kurse rasant, wenn es alle tun, fallen die Kurse ins Bodenlose.

Nach dem gleichen Schema, wenngleich weniger dramatisch, verlief der weitgehend vergessene Börsencrash 1987, als die Aktienkurse an der Wall Street nach einer überzogen erscheinenden Bergfahrt am 19. Oktober ohne erkennbaren Anlass um mehr als 20 Prozent fielen und europäische und japanische Börsen mit herunterzogen. Die öffentliche Aufregung war groß, Ökonomen fürchteten sogar eine »Weltwirtschaftskrise«, doch die Kurse erholten sich bald wieder. Die 1990er Jahre wurden sogar zum Jahrzehnt der Aktie. Die gute, zudem durch niedrige Leitzinsen beflügelte Konjunktur in den USA und der Wiedervereinigungsboom in Westdeutschland sorgten zusammen mit der neuen »Telekom«-Volksaktie der privatisierten Post und den vollkommen unwirklichen Hoffnungen, die in junge Internetfirmen, sogenannte Dot-coms, gesetzt wurden, für eine gewaltige Aktienspekulation – selbst in Deutschland, dem Land der Risikomuffel, besaß plötzlich immerhin jeder Fünfte Aktien. Diese Blase platzte im März 2000 und mit ihr der Jugendwahn der Neuen Industrien.

Es ist eine Legende, dass die Große Krise für alle überraschend kam. Schon in den 1990er Jahren hatten Gewerkschaften die »neue Gier« angeprangert. Publizisten, linke Ökonomen, unabhängige Finanzmarktexperten und kurz vor ihrem Ausbruch sogar die Zentralbank der Zentralbanken, die Bank für Internationalen Zahlungsausgleich (BIZ), hatten vor dem Platzen der US-Immobilienblase und ihren globalen Folgen gewarnt. In einem Interview mit der *Frankfurter Rundschau* sagte Jörg Huffschmid drei Jahre vor dem Crash, dass die Immobilienblase in den USA (und in Großbritannien) »den ›kleinen Mann‹ unmittelbar gefährdet«. Wir lebten im Zeichen latenter Instabilität, so der linke Kapitalmarktexperte 2004, »es baut sich etwas auf«. Im selben Jahr warnte Euro-Kläger Wilhelm Hankel ebenfalls in einem Gespräch mit dem Autor: »Ein Schwarzer Freitag steht uns noch bevor.«

Das wollte und konnte nicht jeder sehen. Der frühere Chefredakteur der *Frankfurter Rundschau* Wolfgang Storz und der Kommunikationswissenschaftler Hans-Jürgen Arlt resümieren 2010 in einer Studie das Versagen der Medien: »Der tagesaktuelle deutsche Wirtschaftsjournalismus stand dem globalen Finanzmarkt gegenüber wie ein ergrauter Stadtarchivar dem ersten Computer mit einer Mischung aus Ignoranz und Bewunderung, ohne Wissen, wie er funktioniert, ohne Ahnung von den folgenreichen Zusammenhängen, die sich aufbauen; im Zweifel schloss man sich der vorherrschenden Meinung an.« Agenturen und Nachrichtensendungen wie der »Tagesschau« werfen sie »Verlautbarungsjournalismus« vor. Gut gebrüllt, Löwe.

Schon die erwähnten Spekulationen waren aber für Fachleute, die sehen konnten und wollten, Warnung genug. Lediglich in den 1950er und 1960er Jahren hatte es infolge des Nachkriegsaufschwungs überhaupt eine längere Phase gegeben, in der Finanzkrisen vergleichsweise selten waren. Zudem hatte spätestens der Börsenkrach 1987 die neue Qualität der internationalen Vernetzung der Finanzwelt offenbar werden lassen.

Die 1980er Jahre hatten zudem unter dem Menetekel der Schuldenkrise der »Dritten Welt« gestanden: Vor allem Staaten wie Mexiko, Argentinien, Brasilien und Venezuela hatten in dem »verlorenen Jahrzehnt« zuvor hohe Schulden bei mehreren hundert westlichen Banken aufgenommen. Allein Mexiko stand mit rund 80 Milliarden Dollar in der Kreide; ein Kollaps des Landes hätte vor allem US-amerikanische Banken in erhebliche Schwierigkeiten gebracht. Die Schulden der damaligen Zeit bestanden überwiegend aus ganz gewöhnlichen Bankkrediten. Eine von den USA angeführte Umschuldung (»Brady-Bonds«) sowie der »Pariser Club« und der »Londoner Club« entschärften die Lage. Im Londoner Club treffen sich Vertreter von Hunderten Banken, und der Pariser Club, in dem staatliche Gläubiger informell zusammensitzen, hat bislang Umschuldungsabkommen mit 88 Ländern geschlossen. Damit war das Schuldenproblem jedoch keineswegs dauerhaft gelöst. Abgesehen von einigen Ländern, die zu Globalisierungsgewinnern geworden sind, wie China, Südafrika oder Brasilien, schwelt die Krise weiter.

Erstes Opfer: Die Tigerstaaten

Da das Kapital um den Preis seines Untergangs verdammt ist, ständig überdurchschnittlich lukrative, also auch überdurchschnittlich riskante Anlagefelder zu suchen, entdeckte es in den 1990er Jahren die »Tigerstaaten«, die Japan als Vorbild und Konjunkturlokomotive abzulösen begannen. Milliarden Dollar und D-Mark flossen als Investitionen in Aktien, Fabriken und Hochhäuser nach Südkorea, Thailand oder Indonesien, und Abermilliarden als Finanzanlagen und Währungsspekulationen folgten. Bis zum Knall: Unter dem Druck von Währungsspekulanten musste die thailändische Regierung am 2. Juli 1997 den Wechselkurs ihrer Währung Baht freigeben. Der Schutzwall war gebrochen, das Kapital aus den westlichen Industrieländern floss ab. Nach jahrzehntelangem Aufschwung brachen die Volkswirtschaften der südostasiatischen Tigerstaaten jählings in sich zusammen, mit katastrophalen Folgen für Wirtschaft und Menschen. Das Kapital floh in die sicheren Häfen der USA und Europas. Von Asien zog die Krise nach Mexiko, Russland, Brasilien und Argentinien weiter. Der von China angetriebene Boom der Weltwirtschaft milderte die Folgen Anfang des neuen Jahrtausends. Doch noch immer hat Argentinien, das 2001/02 sich für bankrott erklärte und einen einseitigen Schuldenschnitt verkündete, keinen regulären Zugang zu den internationalen Finanzmärkten, um sich Kredite zu besorgen.

Bis heute leidet Japan unter dem Platzen einer Spekulationsblase, seit mehr als zwei Jahrzehnten. Bis dahin galt Japan als zukünftig führende Wirtschaftsmacht noch vor den USA, und von China sprach noch niemand. Aber seit dem jähen Zusammenbruch der Immobilienpreise 1989 fand das Kaiserreich nicht mehr zu seiner alten Wachstumsdynamik zurück. Trotz üppiger, aber – wie Kritiker einwenden – nur halbherzig verabreichter Rettungspillen durch den Staat und die Zentralbank Bank of Japan. Mittlerweile wird die Hälfte des Staatshaushaltes auf Pump finanziert.

Dass Japan unter einem Schuldenberg, der doppelt so hoch ist wie der Griechenlands oder jener der Vereinigten Staaten, bislang nicht zusammengebrochen ist, dürfte auch an dem zurückhaltenden Umgang mit ausländischem Kapital liegen. Die Staatsschulden werden fast vollständig von Japanern finanziert; in anderen Ländern ist der Anteil der Inländer bei den Gläubigern weit geringer. Und auch Chinas Aufstieg zur Exportweltmacht wurde von strengen Kapitalverkehrskontrollen begleitet, und bis heute wird der Renminbi nicht frei wie Dollar oder Euro gehandelt.

Die Liste der größeren Krisen zeigt die gefährliche Krisendynamik des modernen Finanzkapitalismus seit den 1980er Jahren. Jede Krise hat ihre eigene Geschichte, und hausgemachte Probleme spielen in jedem Einzelfall eine wichtige Rolle. Immer genügte den Spekulanten das klassische Handwerkszeug, wie der Kauf oder Verkauf von Währungen, um ihre verhängnisvollen Geschäfte zu betreiben. Insofern ist heute, in der Großen Krise, der ständige Hinweis auf die »bösen« Derivate Herrschaftssprache, die von den eigentlichen Problemen ablenkt.

Zwar tragen neue Finanzinstrumente dazu bei, die Labilität der Finanzmärkte und die Dimension möglicher Krisenfolgen zu erhöhen. Beispielsweise werden, das ist nicht gänzlich neu, aber doch in neuer Größenordnung, seit den späten 1990er Jahren Kredite als Hebel eingesetzt. Ein ebenfalls nicht ganz taufrisches, aber in seinem Ausmaß neuartiges Phänomen ist das Herdenverhalten der internationalen Investoren. Bei ihrem Zug um den Globus fielen sie in die asiatischen Tigerstaaten ein, was noch verkraftbar gewesen wäre. Sie zogen aber nach einem ersten Krisensignal geschlossen als Herde wieder ab, darunter auch einheimische Investoren. Es versteht sich, dass jede Volkswirtschaft unter einer solchen Stampede schwer zu leiden hat.

Die Liberalisierung und Entgrenzung der Finanzmärkte

Die Auflösung des Bretton-Woods-Systems mit festen Wechselkursen 1973 und die zunehmende Liberalisierung der Finanzmärkte haben zu einer höheren Anfälligkeit der Weltwirtschaft für Finanzkrisen beigetragen. Noch in den 1980er Jahren waren Kapitalverkehrskontrollen üblich. Vor allem in den 1990er und frühen 2000er Jahren ließen dann viele Regierungen den Finanzmärkten freien Lauf. Die alte Umsatzsteuer auf Börsengeschäfte wurde abgeschafft, die Trennung von kreditgebenden Filialbanken und börsenorientierten Investmentbanken wurde aufgeweicht, die Möglichkeiten für hochspekulative Hedgefonds ausgeweitet, bislang verbotene Derivate und Hebel-Produkte zugelassen sowie staatliche Bereiche wie die Rente für Finanzakteure geöffnet.

Und die Grenzen fielen. Die in den sogenannten Uruguay-Runden des GATT (heute Welthandelsorganisation WTO) von 1986 bis 1993 begonnenen Verhandlungen endeten in einer Nacht im Dezember des Jahres 1997 mit der formalen Liberalisierung. Das Fachorgan *Die Bank* meldete: 102 Länder haben die Finanzmärkte »voll in die Regeln des freien multilateralen Welthandels einbezogen«. Im Prinzip lief das WTO-Abkommen darauf hinaus, die eigenen Finanzmärkte für Ausländer zu öffnen und diese wie Inländer zu behandeln. Dabei war eine solche Praxis eine notwendige Bedingung etwa für den Ausbruch der Asienkrise 1997.

Die Marktöffnung wurde allerdings von Land zu Land unterschiedlich gehandhabt. Vorreiter waren Deutschland, die Länder der Europäischen Union und die USA, selber die größten Exporteure von Finanzdienstleistungen. »Offene Märkte weltweit kämen auch dem Finanzplatz Deutschland zugute«, bewertete der damalige Finanzminister Theodor Waigel (CSU) das WTO-Paket. Aber es unterschrieben auch viele Entwicklungsländer.

Diese Liberalisierung entsprach offenbar den Interessen der Finanzdienstleister. Aber es gab auch hier lautere Absichten, etwa bei Professoren und Politikern, die sich von Märkten, die von allen

Fesseln befreit würden, wirtschaftliches Wachstum, eine verträglichere Umwelt und Wohlstand für alle versprachen. Die neoliberale Theorie und Praxis trugen Früchte. Die Profitraten der finanzkräftigen Akteure nahmen bislang kaum erreichbare Ausmaße an; große Banken und Versicherungen wuchsen weit stärker als die kleineren, sie nutzten den neuen internationalen Spielraum und die früheren Staatsdomänen. Vor allem in den mächtigen Finanzzentren wie London und New York brummte dadurch auch der Wirtschaftsmotor: Bauwirtschaft, Verkehr und Logistik, Rechtsanwälte und Notare profitierten.

Gleichzeitig wuchs die Armut oder doch zumindest die Kluft zwischen den wenigen da oben und den vielen da unten. Das war auch eine Folge der Steuerpolitik. Zu der Liberalisierung der Finanzmärkte und der Freigabe bisheriger Staatsaufgaben (z. B. Rente) trat noch die weitgehende Entlastung durch den Fiskus. Sowohl Firmengewinne wie private Einkommen im Spitzenbereich wurden ganz oder teilweise von Steuern befreit. Die Senkung des Spitzensteuersatzes in Deutschland seit 1990 von 56 auf nach und nach 42 Prozent (2005) darf als beispielhaft gelten. Noch stärker entlastet wurden Gewinne aus Finanzanlagen durch die Einführung der Abgeltungsteuer. Sie wird auch Quellensteuer genannt, da die Banken sie direkt an der Quelle – also bei sich – abschöpfen und an den Fiskus überweisen. Sie beträgt nur etwa die Hälfte sonst üblicher Steuersätze, in Deutschland 25 Prozent. Mit diesen Entlastungen für Reiche und Finanzgeschäfte erhielt das eigentliche Problem zusätzliche Nahrung: die notorische Nachfrageschwäche im Kapitalismus einerseits und der wachsende Reichtum andererseits. Kurzum, die Finanzmärkte wurden durch die Politik vieler Regierungen (fast) jeglicher Couleur bis zur Großen Krise noch zusätzlich aufgebläht, und es wurde ihnen immer mehr freie Hand gelassen.

Selbstbeschränkungen und wirtschaftspolitische Regulierungen

Dabei verlief auch die Entwicklung bis zur Großen Krise durchaus widersprüchlich. Einerseits Liberalisierung und entgrenzte Märkte, anderseits strengere Verfolgung von Missständen und versuchte Regulierungen der globalisierten Finanzmärkte. Vor allem im angelsächsischen Raum wurde »Insiderhandel« härter verfolgt, in anderen Ländern erstmals überhaupt unter Strafe gestellt. Bei solchen verbotenen Geschäften nutzen Vorstände, Analysten oder Banker ihren internen Wissensvorsprung, um sich durch Aktiengeschäfte persönlich zu bereichern. Politikern ist dieser Weg übrigens vielerorts noch zugänglich. Konzerninterne »Corporate Governance«-Konzepte sollten staatlicher Regulierung zuvorkommen, aber auch eine ordentliche Unternehmensführung im Sinne des Kapitals sicherstellen. So wurde Korruption, lange eine legale Praxis vor allem im Auslandsgeschäft, seit den 2000er Jahren von vielen Staaten und Firmen auf den Verbotsindex gesetzt. Gleichzeitig wurden die Aktiengesellschaften nach den Bilanzskandalen Anfang des 21. Jahrhunderts gezwungen, mehr Einblick in ihre Geschäfte zu gewähren. All diese auf den ersten Blick begrenzenden Regelungen scheinen mir durchaus im Einklang mit der neoliberalen Praxis zu stehen, dienen sie doch der Funktionsfähigkeit der Finanzmärkte.

Zugleich gab es schon vor der Asienkrise Bestrebungen, die auf politische und staatliche Regulierung und Aufsicht abzielten. Die neue Dynamik im Geldgeschäft, Internationalisierung, Fusionsflut, Extrarisiken aus Spekulationen, Kriminalität und neue Techniken bedrohten die Stabilität auch ohne Crash, das heißt selbst im Normalbetrieb. Das blieb auch hartgesottenen Finanzmarktfans nicht verborgen, und dies erkannte man ebenfalls in Kreditinstituten, in Zentralbanken und Kabinetten. Hinter der ideologischen Fassade aus »Märkten«, »Deregulierung« und »Liberalisierung« bildete sich eine Auffanglinie: Aufsicht, Kontrolle und Regelwerk wurden zu Wunschbildern von vielen Bankern und Politikern.

Bereits 1995 im kanadischen Halifax, noch unter dem Eindruck der Mexiko-Krise, hatten sich die Regierungschefs der G7-Staaten auf ein Frühwarnsystem zur Eindämmung von möglichen Krisen verständigt. Auch wollte man zukünftig die Finanzmärkte stärker kontrollieren. So hatte das Bundesaufsichtsamt für das Kreditwesen (heute auch Bafin) im Oktober 1996 Mindestanforderungen an die Banken für ihre Handelsgeschäfte mit Wertpapieren veröffentlicht. Das »Baseler Komitee«, ein Ausschuss bei der BIZ in Basel, legte ein Konzept für eine »grenzüberschreitende Bankenaufsicht« vor. Dieses Programm, kurz »Basel II« genannt, sah für 140 Staaten sogar ursprünglich einen Einbruch in das Allerheiligste der Finanzwelt vor, in das Bankgeheimnis. »Basel II« brauchte dann allerdings noch ein Jahrzehnt (bis 2007), um sich als internationale Norm durchzusetzen, obwohl die USA sich letztlich verweigerten. Die Banken müssen seither ihre Geschäfte je nach Risiko mit mehr oder weniger Eigenkapital unterlegen. Was unter anderem dazu führte, dass Staatsanleihen, die bis dato als risikolos galten, für Banken besonders attraktiv wurden, weil sie kaum Eigenkapital banden. Diese gute Absicht erwies sich in der Großen Krise nicht nur als eine von verschiedenen Schwachstellen im Regelwerk zur Kontrolle der Banken, die nun mit »Basel III« geschlossen werden sollen, sondern sogar als kontraproduktiv: Die an Eigenkapital klammen Banken konnten nun keine Kredite an seriöse Unternehmen mehr vergeben, wohl aber an unseriöse Staaten.

Die Europäische Union entwickelte in den Folgejahren für den Binnenmarkt über 50 Gesetzesinitiativen und Richtlinien, die in jeweils nationales Recht umzusetzen waren, und die EU brachte den Euro auf den Weg und schuf einen einheitlichen Währungsraum. Damit fielen 17 Grenzen, über die hinweg bis dahin munter mit D-Mark, Franc und Lira spekuliert worden war. Eine Großregulierung also wie aus dem linken Lehrbuch.

Der Internationale Währungsfonds (IWF) erhielt auf seiner Frühjahrstagung im April 1997 von den Finanzministern und Notenbankchefs weitere Befugnisse zur Kontrolle des weltweiten Kapital- und Zahlungsverkehrs. Ein Krisenfonds wurde eingerichtet, mit dem der IWF in Not geratenen Ländern schnell beispringen sollte.

Im April 1999 wurde zudem das »Financial Stability Forum« (FSF) gegründet, das auf eine Idee des früheren Bundesbankpräsidenten Hans Tietmeyer zurückgeht. Das FSF sollte die globalen Finanzmärkte stabilisieren und Systemrisiken abbauen helfen, bislang bekanntlich ohne durchschlagenden Erfolg. Konsequenterweise forderte sogar das Internationale Bankeninstitut (IIF) in den späten 1990er Jahren eine globale (!) Finanzaufsicht mit der Begründung, die zunehmende Globalisierung der Finanzmärkte verlange eine solche. Das IIF sollte die Großbanken zukünftig durch bessere Risikoanalysen rechtzeitig vor einem Crash warnen. Weltbank und IWF hielten schon vor der Asienkrise ein »solides Finanzsystem« nur durch eine »bessere (staatliche) Regulierung« für erreichbar. Nun mag davon, wie heute eine gute Dekade später auch, manches politische Rhetorik gewesen sein. Zumindest aber sollten die damaligen Einsichten heute eine Warnung sein.

Als die Blase platzte –
Die Immobilien-, Banken- und Finanzkrise

Verzockt: Subprime-Kredite und Kreditverbriefungen

In den USA reagierten Regierung und Notenbank auf den Börsenkrach und den Zusammenbruch der »New Economy« im Jahr 2000 sowie auf den Anschlag auf das World Trade Center 2001 mit »einer extremen Ausweitung« der Kreditvergabe an private Haushalte, erklärt der deutsche Wirtschaftswissenschaftler Heinz-Josef Bontrup. Insbesondere mit staatlich geförderten Darlehen für Häuslebauer hofften Washington und die Fed, den drohenden Wachstumseinbruch aufzufangen. Die Preise für Immobilien stiegen dadurch. Paradoxerweise beflügeln solche steigenden Preise die Wirtschaft: Bauinvestoren, Projektentwickler und Investmentfondsgesellschaften investieren dann, weil sie auf höhere Gewinne hoffen. Außerdem kauften in dieser Situation sowohl junge Familien in New York als auch Rentner in Florida munter Häuser und Eigentumswohnungen, weil auch sie zukünftig steigende Preise erwarteten. Private Kreditinstitute legten noch eine Schippe oben drauf. Da die Haus- und Grundstückspreise stiegen und stiegen, schien jedes Darlehen sich durch den »Wertzuwachs« wie von selbst zu finanzieren. Bis zur Immobilienkrise waren vor allem in küstennahen Regionen die Real-Estate-Preise um bis zu 40 Prozent nach oben gesprungen – in nur einem Jahr.

Wie ein Tsunami fegte dann im Sommer 2007 die Subprime-Krise (engl., Krise der Unterklassigen) über den amerikanischen Häusermarkt. Nachdem die Immobilienpreise jahrelang exorbitant in die Höhe geschossen waren, platzte die Spekulationsblase nun umso lauter. In vielen Regionen waren Häuser plötzlich quasi über Nacht wertlos geworden, ihr Marktpreis tendierte gegen null. Daraufhin kündigten Banken branchenüblich die Kredite. Millionen Nordamerikaner mussten seither ihr Zuhause notverkaufen und erzielten dabei nur einen traurig geringen Erlös.

Im Jahr 2010 stieg die Zahl der Zwangsversteigerungen auf einen Rekordwert von über einer Million Häuser. Mehr als 1,6 Millionen von den Kreditinstituten übernommene Immobilien warteten 2011 laut dem Branchendienst Realty Trac noch auf einen wohlhabenderen Schnäppchenjäger. Die Stimmung auf dem Immobilienmarkt blieb entsprechend nahe dem Rekordtief. Mit einem weiteren Konjunkturpaket wollte US-Präsident Obama im September 2011 die Wende einläuten. Kern der Initiative mit einem Volumen über 447 Milliarden Dollar sind Investitionen in die Infrastruktur. Das soll neue Stellen in der Baubranche schaffen. Insgesamt hoffte der Demokrat auf eine Million neue Jobs. Das würde allerdings nicht einmal das Loch stopfen, welches die Immobilienkrise 2007 gerissen hat: Die kostete bis heute fast drei Millionen Arbeitsplätze im Bausektor.

Dass die US-amerikanische Immobilienkrise keine nationale Angelegenheit blieb, sondern sofort auf Europa übergriff, lag daran, dass die überbewerteten US-Immobilienkredite von Banken massenhaft als Wertpapiere »verbrieft« und in alle Welt verkauft worden waren. Island mit seinen 300 000 Einwohnern stand dann 2008 als erstes Land in Europa vor der Staatspleite, weil sich seine Banken überhoben hatten. In Deutschland traf es besonders hart öffentliche Landesbanken in Hamburg, München und Stuttgart.

Wie geht eine solche Verbriefung? Viele mehr oder weniger einkommensschwache Amerikaner hatten zu Beginn des 21. Jahrhunderts ein Haus gekauft, und die Banken liehen ihnen mehr oder weniger leichtfertig das nötige Geld dafür. Die US-Kreditinstitute bündelten Abertausende dieser ungewöhnlich riskanten und daher zweit- oder drittklassigen Kredite (»subprime«) zu milliardenschweren Paketen und verkauften sie als Wertpapiere an andere Banken, Versicherungen und Investoren weiter. Der Name für diese Derivate: »Asset Backed Securities« (ABS) oder auf Deutsch: »Kreditverbriefung«.

Bis dahin waren Immobilienkredite und Hypothekendarlehen üblicherweise ein Geschäft zwischen Bank und Häuslebauern. Der neue Handel mit bis dahin unhandelbaren Krediten erstreckte sich bald über den ganzen Globus. Auf dem Höhepunkt, im Juli 2007, hatten US-Banken laut der Ratingagentur Fitch Kredite für 1,2 Billionen Dollar, rund eine Billion Euro, verbrieft. Eine gewaltige Blase, deren Wucht wir heute noch spüren. Als aus dieser Preisblase am amerikanischen Immobilienmarkt dann ab Juli 2007 schubweise die Luft entwich, weil Hausbesitzer ihre Schulden nicht mehr tilgen konnten, setzte weltweit ein Dominoeffekt ein. Die gerade noch beliebten Kreditverbriefungen verloren rasch an Wert. Die Folge waren Bankpleiten á la Industriekreditbank, Hypo Real Estate oder HSH Nordbank in Hamburg.

Übrigens war es der damalige sozialdemokratische Bundesfinanzminister Peer Steinbrück, der die Kreditverbriefungen immer wieder als die zentrale Ursache für die Finanzkrise an den Pranger stellte. Damit überschätzte er sie auch. Wie bei anderen modernen Finanzinstrumenten ist weniger das »Dass« als das »Wie« entscheidend. Und das Wie wird von hohen Renditeerwartungen und der zu großen Geldmenge der Akteure bestimmt. Dann entwickeln aber die abgeleiteten Produkte eine besondere Dynamik, schon weil sie die bisherige Realität doubeln und diese – werden zusätzlich Kredite als Hebel eingesetzt – sogar exponenzieren oder potenzieren. Wir sehen zugleich an der *Kredit*-Verbriefung, welches gewaltige Risikopotential das klassische Kreditgeschäft birgt. Diese Erkenntnis gehört zwar zum Einmaleins jedes Kreditinstituts, ist aber in der Praxis schwer umzusetzen: Lange wurden in Europa hölzerne Segelschiffe, Kohlegruben und Videoshops großzügig kreditiert, die längst der Vergangenheit angehören. Wie verhindert eine Ärztebank oder Landwirtschaftsbank in Brandenburg oder eine auf Investment spezialisierte Privatbank in der Londoner City ein Clusterrisiko, wenn doch alle Kunden Ärzte oder Landwirte oder Multimillionäre sind? Wie ist die persönliche Bonität eines privaten oder geschäftlichen Kreditnehmers einzuschätzen – jeder zweite Kreditvertrag ist »ungedeckt«, wird also ohne Sicherheit, nur auf den guten Namen hin vergeben? Wie sind bei »gedeckten« Krediten die Sicherheiten wie Bürgschaften, Waren oder Hypotheken zu bewerten? Die Subprime-Krise und das Elend der deutschen Hypothekenbanken haben bewiesen, dass selbst Immobilien als Sicherheiten ein unsicheres Geschäft sein können. Und die Staatsschuldenkrise zeigt, dass selbst Staaten zu unsicheren Bürgen verkommen können. Irre.

Dubiose Geschäftspraktiken der Hypo Real Estate

Wie alle Finanzprodukte haben auch Kreditverbriefungen zwei Gesichter. Einerseits boten und bieten Kreditverbriefungen aus Sicht der Banken die Möglichkeit, Risiken von Krediten auf dem Kapitalmarkt breit zu streuen und dadurch – zumindest theoretisch – abzusichern. Andererseits wurden Kreditverbriefungen von Verkäufern und Käufern als Zockerinstrumente eingesetzt, auf der Jagd nach der 25-Prozent-Rendite. In der Praxis sind Kreditverbriefungen meistens beides zugleich, und das erklärt ihre besondere Beliebtheit unter den Bankern, die nur kurzzeitig am bisherigen Tiefpunkt der Krise gelitten hat.

Der erste Aspekt spielte auch bei der Entwicklung dieser aus den USA kommenden Idee die Hauptrolle: Die Verkäufe von Darlehen an Investoren und andere Banken hatten in den 1970er Jahren erstmals dazu gedient, marode Kreditinstitute und Bausparkassen vor dem Zusammenbruch zu retten.

In Deutschland kamen Verbriefungen dann in den 1990er Jahren bei privaten Großbanken in Mode, um gefährdete Kredite unter anderem für obskure »Schrottimmobilien« in Ostdeutschland abzusichern und die Risiken auf dem Kapitalmarkt zu streuen. Im Jahre 2005 – also zwei Jahre vor dem Ausbruch der Großen Krise – wurde der Bestand an notleidenden Problem-Krediten in Deutschland bereits auf 300 Milliarden Euro geschätzt.

Soweit mir bekannt, wusste man damals auch in Regierungskreisen von diesem riesigen Gefahrenherd. Er war Gegenstand einer Krisensitzung mit Bankern. Die bundeseigene KfW-Bank hatte seit dem Jahr 2000 für diverse private Banken Verbriefungen von Krediten vorgenommen. Für den ersten ganz privaten Ausverkauf ohne KfW zeichnete dann ausgerechnet die Hypo Real Estate (HRE) verantwortlich – die später zum größten Problemfall in Deutschland werden sollte. Noch 2004 verscherbelte die HRE 4200 Immobilienkredite als Paket für 3,6 Milliarden Euro an den berühmt-berüchtigten Finanzinvestor Lone Star aus Texas. Mit »problematischen Folgen« für die Hausbesitzer, klagte später Professor Karl-Joachim Schmelz vor dem Finanzausschuss des Bundestages an, denn die Texaner setzten ihren unfreiwilligen Kunden finanziell die Pistole auf die Brust: zahlen oder ausziehen.

Zurück zur Hypo Real Estate. Mit dem Verkauf auf dem Kapital-markt war der Finanzriese HRE zunächst diese Risiken los, nicht aber »der Markt«. Andere Problemfälle konnte der im Dax notierte Konzern offensichtlich nicht rechtzeitig abstoßen, neue kamen durch die Expansion ins Ausland und 2007 durch die Übernahme des Staatsfinanzierers Deutsche Pfandbriefbank hinzu. Um seine vergleichsweise geringen Renditen aufzupolieren, setzte die HRE zudem auf ein wackeliges Finanzierungsmodell, das eigentlich ge-gen die handwerklichen Regeln der Branche verstößt: Langfristige Geldanlagen finanzierte die HRE durch kurzfristige Kredite. Re-gelgerecht sind dagegen gleichlange Fristen. Im Ergebnis dieser dubiosen Geschäftspolitik schlug die 2007 in den USA ausgelöste Immobilien- und Finanzkrise voll auf die HRE durch.

Um das zu verstehen, muss man noch Folgendes wissen. Damit eine Bank vor der Pleite steht, genügen oft kleinere Anlässe, die nur wenige Prozentpunkte des gesamten Geschäftsvolumens di-rekt betreffen. Verbriefungen oder Immobilienkredite von weni-gen Milliarden können, wenn sie plötzlich abgeschrieben werden müssen, also in der Buchhaltung beispielsweise nicht mehr mit 100 sondern nur noch 20 Euro bilanziert werden, die gesamte Bi-lanz ins Rutschen bringen. Es droht dann eine rechtlich unzulässi-ge Überschuldung. Oder die anderen Banken verlieren einfach nur das Vertrauen. Kurioserweise gilt die alte kaufmännische Basis des gegenseitigen Vertrauens auch im heutigen Speedbanking noch viel. Wer selbst seine Bilanzen recht frei gestaltet, traut auch ande-ren Bilanzen nicht, und außerdem spiegelt das korrekteste Zahlen-werk niemals die ganze Wahrheit. Zudem sind die Zahlen in jeder Bilanz von gestern.

Die HRE hat recht schnell die Auswirkungen der Immobilien-krise zu spüren bekommen. Im Januar 2008 gab sie überraschend eine außerordentliche Abschreibung über 390 Millionen Euro auf US-amerikanische Kreditverbriefungen bekannt. Kurz darauf drohte der wichtigen Tochterbank in der Steuerfluchtburg Irland die Insolvenz, weil sie sich kein Geld mehr leihen konnte, um kurzfristige Kredite zurückzuzahlen, mit denen in großem Stil unter anderem mit langfristigen Kreditverbriefungen spekuliert worden war. Letztlich ist die HRE nur durch eine fast vollständige Verstaatlichung gerettet worden. Sie galt der schwarz-roten Bun-desregierung als systemrelevant. Was umstritten ist.

Die schlechten (engl. bad) Risiken der bayerischen »Bad-Bank« trägt seit 2009 der Steuerzahler, denn der Bund bürgte für 102 Milliarden Euro. Die HRE war keineswegs die einzige Bad-Bank, die von Privatbanken gegründet wurde. Bereits zwei Jahre vor den Bayern hatten die Frankfurter Großbanken ihre schwächelnden Hypothekenbanken verschmolzen. Commerzbank, Deutsche und Dresdner Bank bündelten 2001 ihre Immobilienfinanzierungen über Konzerngrenzen hinweg in der neuen Eurohypo AG. Zuvor war ein Teil der Altlasten bereits über die KfW verbrieft auf den Kapitalmarkt geflossen.

»Der scharfe Wettbewerb und schwache Margen hatten es«, so der damalige Eurohypo-Boss Karsten von Köller, »immer schwerer gemacht, die notwendige Rentabilität im Inland zu erzielen und den Trend zur Konsolidierung [also Fusionen; HP] in der Branche spürbar zunehmen lassen.« Auf dem deutschen Hypothekenmarkt spielten seit dieser Mega-Fusion neben der Eurohypo nur noch die Hypo Real Estate sowie die öffentlichen Landesbanken eine relevante Rolle. Köller und seine Bank zog es wie die HRE ins scheinbar lukrativere Ausland, nicht nur in die USA – wo die Immobilienblase dann platzte –, sondern auch nach Großbritannien und Spanien. Dies sind ebenfalls Länder mit damals und teilweise noch heute dramatisch überhöhten Immobilienpreisen, die sich jederzeit in spekulative Luft auflösen könnten. 2005 wurde die Eurohypo dann von der Commerzbank geschluckt.

Daran drohte die Großbank schließlich sich selbst zu verschlucken und mit ihr die Bundesregierung. 2011 stellte die größte europäische Immobilienbank notgedrungen das Neugeschäft ein, weil sie neue Risiken nicht mehr stemmen konnte. Diese Bankenkrise schwelt weiter. Die große Koalition aus CDU/CSU und SPD hatte 2008/09 nicht nur bei der HRE, sondern auch bei der Commerzbank-Eurohypo rettend eingegriffen und den tönernen Geldgiganten ebenfalls teilverstaatlicht. Dies erlaubte der Commerzbank, die schon länger angestrebte Übernahme der Dresdner Bank zu finanzieren, und entlastete gleichzeitig die Allianz von kostspieligen Altlasten, denn 2001 hatte der Versicherungskonzern die Nummer zwei der Bankbranche gekauft, um zukünftig als Allfinanzkonzern zu glänzen. Wie die Hälfte aller Zusammenschlüsse wurde auch diese Fusion zu einem teuren Irrtum. Mit der staatlich geförderten Übergabe an die Commerzbank konnte eine allseits befriedigende

Lösung gefunden werden: Mit Allianz (und Münchner Rück) sowie Deutscher und Commerzbank/Dresdner Bank wurden vier deutsche Global Player von Rang geschaffen.

Regierungen gierig wie Manager: Das Debakel der Landesbanken

Verzockt mit Kreditverbriefungen aus Amerika hatten sich auch andere deutsche Kreditinstitute, die – wie etwa ARD und ZDF – öffentlich-rechtlich organisiert waren, die Landesbanken (LB). Landesbanken sind die Spitzeninstitute der Sparkassen, die auch an ihnen beteiligt sind. Sie wickeln für sie das internationale Geschäft oder den Wertpapierhandel ab, befinden sich überwiegend im Eigentum der Bundesländer und, man muss es schreiben, befinden sich im Besitz, in der Verfügungsgewalt, der jeweils regierenden Parteipolitiker. Vielleicht am härtesten traf es die HSH Nordbank AG. Nach jahrelangen Ermittlungen hat die Hamburger Staatsanwaltschaft zum Jahreswechsel 2011/12 Anklage erhoben gegen sechs frühere Vorstandsmitglieder, darunter der letzte Vorsitzende Dirk Jens Nonnenmacher. Auf dem Boulevard war der eisig wirkende, tatsächlich aber in der Öffentlichkeit lediglich unbeholfen auftretende Mathematiker nach dem Filmbösewicht »Dr. No« getauft worden. Es geht um Vorwürfe der Bilanzfälschung und der Untreue im besonders schweren Fall. Was war geschehen?

Anlässlich der Fusion der Landesbanken im Norden hatte der damalige Finanzsenator Wolfgang Peiner (CDU), er kam aus der Versicherungswirtschaft, 2002 in der hamburgischen Bürgerschaft triumphiert: »Wir haben es mit einem Meilenstein zu tun. Dass wir nun eine große deutsche Geschäftsbank haben, ist ein sehr stabilisierender Effekt für den Bankenplatz Hamburg. Das ist ein gutes Beispiel, wie Privatisierungspolitik verantwortungsbewusst laufen kann.« Irrsinn.

Nach dem Zusammenschluss der ehemaligen Landesbanken für Hamburg und Schleswig-Holstein zur HSH Nordbank folgte die Umwandlung in eine Aktiengesellschaft, wurde der schillernde Investor J. C. Flowers in den Eigentümerkreis gebeten und planten CDU-Senat und Bankvorstand bis in die Große Krise hinein den Gang an die Börse. Bereits diese kleine Auflistung lässt den schleichenden Einzug neoliberaler Gier in noble Bankhäuser verspüren, selbst in Bankhäuser, deren Personal sich hanseatischen Kaufmannstugenden verpflichtet fühlt und wo morgens der Abteilungsleiter noch jeden Mitarbeiter per Handschlag begrüßt.

Maßgeblich verantwortlich für den Sinneswandel waren die Regierungen unter Führung der beiden großen Volksparteien. Später sollte die langjährige Ministerpräsidentin Heide Simonis in ihrem Buch *Verzockt!* Rechenschaft ablegen über ihr Mittun im Aufsichtsrat der Nordbank und in einem Interview sagen: »Wir waren alle mehr oder minder besoffen von der Idee, dass die HSH Nordbank als Global Player immer satte Gewinne einfährt.« Nicht allein im Norden, auch im Süden, im Westen und im Osten der Republik waren Politiker besoffen vom profitablen Irrsinn, ihre Staatshaushalte Jahr für Jahr mit Hunderten Millionen Euro an Dividenden aufzufüllen.

Schuld am Debakel der Landesbanken tragen nicht allein Vorstände, Aufsichtsräte – darunter auch Gewerkschafter – und Politiker, die diese beriefen, sondern auch die Konkurrenz. Ihr gelang ein geschicktes Zusammenspiel mit der EU-Kommission, die ihr gesamtes Tun an den vier wirtschaftsliberalen »Grundfreiheiten« (freier Warenverkehr, Personenverkehr, Dienstleistungsverkehr und Kapitalverkehr) ausrichtet. Folglich untersagte die Europäische Union 2005 auf Drängen der privaten Großbanken die verlässliche »Gewährträgerhaftung« für die Landesbanken, also die Garantie durch den Staat. Dadurch wurde der Rohstoff – das Geld – für die Landesbanken zukünftig deutlich teurer. Rechtzeitig vorher nahmen die Landesbanken jedoch noch einen dicken Schluck aus der Pulle und liehen sich »billig«, weil noch staatlich verbürgt, etwa 300 Milliarden Euro auf dem internationalen Kapitalmarkt, um ihr Geschäftsvolumen auszubauen. Am Ende hatten sich unter anderem die Landesbanken in Bayern und Baden-Württemberg, in Schleswig-Holstein und Hamburg mit ihrer Expansion auf Teufel komm raus verzockt. Die marode Landesbank des bevölkerungsreichsten Bundeslandes Nordrhein-Westfalen wurde aufgespalten, und die SachsenLB entging einer Insolvenz nur durch eine staatlich subventionierte Übernahme aus Stuttgart. Der Freistaat Bayern nahm später 10 Milliarden Euro am Kapitalmarkt auf, um damit seine Landesbank zu retten; allein die Zinsen dürften sich für das Bundesland auf einen Milliardenbetrag summieren. Im Norden stellten die beiden Länder Hamburg und das bitterarme Schleswig-Holstein 13 Milliarden an Beteiligungen und Bürgschaften bereit. Irrsinn.

Verzockt hatten sich die Landesbanken nicht allein, aber unter anderem auch mit amerikanischen Immobilienverbriefungen. Die wurden jedoch nicht einfach nur gekauft und weggelegt, sondern über ein verworrenes System aus »Schattenbanken« abgewickelt – klammheimlich, vor der Öffentlichkeit verborgen und wohl oft genug an den Bilanzen vorbei. Um einen solchen Fall ranken sich auch die Ermittlungen der hamburgischen Staatsanwaltschaft gegen sechs frühere Vorstände der HSH Nordbank. Zwei verbundene Einzelgeschäfte mit den Fantasienamen »Omega 52« und »Omega 55« waren gründlich danebengegangen und bescherten der Bank 2008 Abschreibungen von mehr als 500 Millionen Euro. Nach meinem Kenntnisstand war dies das Ergebnis von milliardenschweren Kreditverbriefungen, die an andere Banken pro forma weitergereicht worden waren, die sie wiederum an die extra dafür gegründeten Schattenbanken Omega 52 und Omega 55 abgaben. Von dort wurden die Risiken später wieder an die Bank am Gerhart-Hauptmann-Platz zurückübertragen. Dadurch wurde die Bilanz zeitweilig von unliebsamen Risikopositionen bereinigt. Wenn alles gut gegangen wäre, hätten sich die Verluste in Grenzen gehalten. Die Große Krise verhinderte das.

Ein kriminelles Hütchenspiel nannten es Kommentatoren, ich nenne es einen üblichen Finanzdeal: Nicht nur um die Bilanzen daheim zu reinigen, sondern auch um dubiose Geschäfte mit US-Subprime-Paketen und anderen Kreditverbriefungen kostengünstig und an der härteren heimischen Finanzaufsicht vorbei abzuwickeln, wurde von Banken in aller Herren Länder auf Finanzoasen und Steuerparadiese zurückgegriffen. Jahrzehntelang sparten Großbanken, Fonds und Versicherungen auf diese Weise Milliarden an Steuern zu Hause ein. Finanzoasen befinden sich an exotischen und meist britisch geprägten Orten wie den Cayman Islands, wo etwa die Nordbank an Gesellschaften beteiligt war, aber auch mitten in der Europäischen Union: Die Hamburger Schattenbanken Omega 52 und 55 waren in der irischen Hauptstadt Dublin angesiedelt. Das einzige englischsprachige Euro-Land Irland hatte lange Zeit Massen von ausländischen Unternehmen mit Dumpingsteuern angelockt, die nur etwa die Hälfte der sonst üblichen Steuersätze betrugen.

In der Krise wurden Täter zu Opfern und Opfer zu Tätern. So hat die HSH Nordbank Ende 2011 eine Schadenersatzklage gegen JP Morgan, der nach der Bilanzsumme größten US-amerikanischen Bank, sowie drei weitere US-Finanzdienstleister eingereicht. Dies berichtete die Nachrichtenagentur Bloomberg unter Hinweis auf einen Klageeingang bei einem Gericht in New York. Es geht bei dem Verfahren um Verluste von insgesamt 293 Millionen Dollar aus Hypothekenverbriefungen.

Damit haben wir die Elemente zusammen für eine Krise, die von den Vereinigten Staaten nach Deutschland und in viele andere Länder schwappte: Derivate, wie verbriefte Subprime-Immobilienkredite, und Schattenfinanzplätze, auf denen solche Geschäfte still und leise abgewickelt werden können. Der Begriff Schatten*banken* ist insofern irreführend, als diese Zweckgesellschaften (engl. conduits) gerade keinerlei Bankenregeln unterliegen und nahezu frei schalten und walten können. Eine Schattenbank ist also im weitesten Sinne eine normale Firma wie etwa eine GmbH, eine Kommanditgesellschaft oder ein Sondervermögen, nur dass die Schattenbank in einer juristischen Grauzone faktisch Bankgeschäfte abwickelt.

Doch selbst solche dubiosen Institute gibt es nicht umsonst. Für die Umwegorganisation durch Investmentbanken sowie für die Einrichtung und den Betrieb vor Ort werden Provisionen, Honorare und andere Zahlungen fällig. Und es entsteht ein zusätzliches Zockerrisiko, denn Schattenbanken und die dazugehörigen Derivate müssen ganz ordinär über Kredite finanziert werden.

Daran scheiterte die Landesbank Sachsen (Sachsen LB), eines der ersten »Opfer« überhaupt in der ersten Phase der Großen Krise. Die Landesbank des Freistaates hatte über eine irische Tochtergesellschaft und weitere Schattenbanken – wir kennen das schon – verbriefte US-amerikanische Hypothekenkredite erworben. Damit diese Spekulation überhaupt aufgehen konnte, mussten die Sachsen laufend kurzfristiges Geld leihen, um langfristige Kredite zu tilgen. Das ging solange gut, wie auf den Finanzmärkten Hochstimmung herrschte. Mit der sich mäandernd ausdehnenden US-Subprime-Krise war es vorbei mit den schnellen Krediten für billiges Geld. Nun mussten die Banken erst einmal ihre Schattenbanken zu retten versuchen, um Schlimmeres zu verhüten. Was kaum gelang. Die Sachsen LB stand schon wenige Wochen später am Abgrund. Im August 2007 stellte die Sparkassen-Organisation Kredite über 17,3 Milliarden Euro als Erste Hilfe bereit, um die Bank am Leben zu erhalten. Das Ende ist bekannt: Um Schlimmeres für die Landesbanken-Gruppe zu vermeiden, übernahm zum Jahresbeginn 2008 die Landesbank Baden-Württemberg (LBBW) den ostdeutschen Pleitier.

Der Untergang von Lehman Brothers

Über die geplatzten Derivate und kriselnden Schattenbanken bedrohte die Gier fortan auch die real existierenden Banken in den Metropolen. Am 15. September 2008 schaute die Finanzwelt dann in den Abgrund: Die Regierung George W. Bush und die Notenbank Fed weigerten sich überraschend, die Investmentbank Lehman Brothers zu retten, nachdem Washington zuvor noch drei Geldgiganten mit Milliardenhilfen gestützt hatte. Die Akteure auf den Finanzmärkten sollten wohl begreifen, dass der Staat nicht für alle Fehlentscheidungen von Managern einsteht. An sich eine überzeugende Idee, doch Lehman blieb bis heute weltweit die einzige größere Bankpleite. Was auch daran liegt, dass man in Berlin und London nicht den amerikanischen Weg mitging und geradezu wahllos alle Banken mit Kapital, Krediten und Bürgschaften raushaute. Doch nicht jede Bank ist – eines der Unworte des Jahrzehnts – »systemrelevant«. Meines Erachtens auch weder die HSH Nordbank noch die Immobilienbank Hypo Real Estate, die man 2009 ruhig hätte in die Insolvenz führen können, um die gesparten staatlichen Rettungsmilliarden in neue Arbeitsplätze zu investieren.

Irrigerweise kann man heute überall von Medien, Bankern und Politikern hören, die Finanzkrise habe mit der Lehman-Pleite 2008 begonnen und nicht mit dem Platzen der Immobilienblase ein Jahr zuvor. Das mag manchmal schlecht recherchiert sein, häufig dürften wir es hier aber auch mit einer politischen Nebelkerze zu tun haben, hinter der die eigentlichen Ursachen und Gründe der Krise verschwinden sollen. Als wäre uns die Krise erspart geblieben, hätte man damals nur die Lehman-Pleite verhindert. Dem widerspricht selbst Professor Edward Lazear, der zur Zeit der Lehman-Pleite ein maßgeblicher Wirtschaftsberater des damaligen US-Präsidenten Bush war. Auf dem 4. Global Economic Symposiums im Oktober 2011 in Kiel erinnerte er daran, dass die Pleite der US-Investmentbank ein wichtiger Faktor, aber nicht der Auslöser der globalen Finanz- und Wirtschaftskrise gewesen sei, und warnte: »Europa zieht die falschen Schlussfolgerungen aus der Lehman-Krise.« Die Vorstellung sei daher falsch, dass es ausreiche, Griechenland zu retten und dann könne man die Probleme in geordneten Bahnen lösen.

Bei den US-Banken kam das Signal aus Washington offensichtlich an: Wall Street versuchte fortan, selbst seine Rettung zu organisieren. Für Lehman gelang das nicht, weil die Investmentbank zu stark im Sumpf aus faulen Wertpapieren und wertlosen Immobilienkrediten steckte. Auch einige tausend deutsche Anleger verspielten mit Lehman-Zertifikaten sicher geglaubte Höchstrenditen und ihr angelegtes Geld gleich mit. Nicht in jedem Fall waren sie wohl von Sparkassen und Banken in Deutschland gut beraten worden.

Die Manager der staatlichen KfW-Bank hatten noch am Tag der Pleite mehr als 300 Millionen Euro aus einem Termingeschäft an Lehman überwiesen. Der Boulevard erklärte das nützliche und insgesamt erfolgreiche Staatsinstitut dann zu »Deutschlands dümmster Bank«. Später soll dann aus der Konkursmasse einiges Geld nach Frankfurt zurückgeflossen sein. Unter dem Strich blieb die staatliche Förderbank auf einem Verlust von schätzungsweise gut 100 Millionen Euro zu Lasten des Steuerzahlers sitzen. Verglichen mit der privaten Konkurrenz ist der Verlust fast Kleingeld: Bundesbank und Bankenverband haben sich 2011 mit dem Insolvenzverwalter geeinigt. Nach dessen Insolvenzplan hat der Bundesverband deutscher Banken (BdB) gegenüber Lehman noch offene Forderungen über 5,3 Milliarden Dollar und die Deutsche Bundesbank über 3,5 Milliarden Dollar. Damit haben beide kräftige Abstriche gemacht. Nach Angaben des Finanzdienstleisters Bloomberg hatte allein die Bundesbank ursprünglich mehr als 12 Milliarden Dollar verlangt; zusammen mit den privaten Banken seien es 37 Milliarden Dollar gewesen. Irrsinn. Doch selbst von den heruntergeschraubten Forderungen werden Bundesbank und Bankenverband nur einen kleinen Teil wiedersehen. Der Insolvenzverwalter geht davon aus, am Ende immerhin 65 Milliarden Dollar an Lehman-Kunden verteilen zu können. Dem stehen aber immer noch wesentlich höhere Forderungen gegenüber. Die Gläubiger dürfen sich darauf einstellen, am Ende um die 20 Cent pro Dollar zurück-zubekommen.

Die Weigerung der US-Regierung, Lehman zu retten, führte dazu, dass die private Großbank Bank of America die Investment-bank Merrill Lynch kaufte und dass sich Goldman Sachs und Morgan Stanley von Investmentspezialisten zu breiter aufgestellten Geschäftsbanken weiterentwickelten. »Damit endet die Ära der großen amerikanischen Investmentbanken«, fürchtete ein Finanz-blatt. Freilich hatte dieser Wandel zur Universalbank nach deut-schem Muster längst vor der Finanzkrise eingesetzt.

Nach dem Paukenschlag scheute sich die US-Regierung aller-dings keineswegs, erneut großzügig Hilfen an die Finanzakteure auszuschütten. Vor Lehman hatte der Staat die halböffentlichen großen Immobilienfinanzierer Fannie Mae und Freddie Mac, bei denen fast jeder amerikanische Hausbesitzer einen Hypotheken-kredit laufen hat, gerettet, und in die angeschlagene Versiche-rungsgruppe AIG wurden kurz nach der Lehman-Pleite mehr als 250 Milliarden Dollar gepumpt.

2009 ging es Amerikas Banken wieder glänzend, zumindest oberflächlich: Die vier Großen – Citigroup, Bank of America, Gold-man Sachs und JP Morgan – begannen, die staatlichen Rettungs-darlehen zurückzuzahlen, und meldeten hohe Milliardengewinne. Das Comeback hat mehrere Gründe. Längst nicht alle Banken steckten 2008 im Sumpf fauler Immobilienspekulationen fest. Oft fehlte es »nur« an Liquidität. Nachdem das Vertrauen zwischen den Banken wenigstens bei kurzfristigen Krediten wiedergekehrt war, mangelte es auch nicht mehr am Geld. Außerdem liefen mitt-lerweile die normalen Bankgeschäfte wieder rund: Aktienkurse stiegen, die Provisionen aus dem Wertpapierhandel für Reiche und Investoren sprudelten, und viele »toxische« Wertpapiere, die in der Bilanz schon abgeschrieben worden waren, kletterten im Kurs wie-der nach oben. Die staatlichen US-Rettungsprogramme sorgten zudem dafür, dass die großen Global Player relativ gestärkt aus der Krise hervorgehen konnten. In den USA – wie in anderen Län-dern – trennte und trennt die Krise die Spreu vom Weizen.

Unterschiedliche Auswirkungen in Europa

Nachdem die Konservativen der Thatcher-Ära und New Labour unter Tony Blair und Gordon Brown alles auf die eine Karte »Finanzdienstleistungen« gesetzt und das Land seiner Industrien beraubt hatten, wurden das Finanzzentrum, die Londoner City, und die britischen Banken von der Finanzkrise besonders hart getroffen. Im Unterschied zum deutschen Rettungsmodell setzte die britische Regierung daher vor allem auf sofortige Staatsbeteiligungen an den Krisenbanken. Die anfänglich drei Großbanken – Royal Bank of Scotland (RBS), HBOS und die neu gebildete Lloyds Banking Group – wurden teilweise verstaatlicht, Lloyds schluckte HBOS. Einfluss auf die Geschäftspolitik nahmen der sozialdemokratische Premierminister Brown und sein konservativer Nachfolger David Cameron jedoch erkennbar nicht. Zwar hackte auch Brown in der britischen Medienöffentlichkeit gern auf den Banken herum, hintertrieb aber auf dem internationalen Parkett jeden umfassenderen politischen Versuch, den Spielraum der Spekulanten durch staatliche Regulierungen und Kontrollen entscheidend einzuschränken. Der Finanzplatz London soll leben, auch wenn Europa sterben muss.

Hart traf die Finanzkrise auch einige Institute in den Niederlanden und der Schweiz, welche die mangelnde Größe ihrer Heimatmärkte durch eine weit überdurchschnittliche Risikoneigung hatten ausgleichen wollen. Auch sie schielten auf die global branchenüblich gewordene Profitrate von 25 Prozent. Es waren aber nur einige wenige Banken, wie die später verstaatlichte ABN Amro oder die schweizerische UBS, die sich grandios verzockten.

Ein ähnliches Bild ergibt sich für Deutschland: Neben einigen Landesbanken waren es vor allem die marode Hypo Real Estate und die Commerzbank / Dresdner Bank / Eurohypo, die auf staatliche Rettungspakete zurückgriffen, während die Deutsche Bank aufgrund anderer Geschäftsrisiken, ihrer Größe und ihres Glücks als Sieger aus der Krise hervorging.

Dass die Krise keineswegs wie eine Naturkatastrophe über die Geldgiganten hereingebrochen war, sondern den riskanten und erfolglosen Geschäftsstrategien einiger Zockerbanken geschuldet ist, zeigt auch ein Blick nach Frankreich und Spanien. Dort blieben die Kreditinstitute nahezu unberührt von der Fast-Kernschmelze der

Weltfinanzmärkte. Dafür hatte selbst die spanische Banco Santander, eine der Großen in Europa, mit der eigenen spanischen Spekulationsblase am Immobilienmarkt zu kämpfen; und die spanische Notenbank verstaatlichte mehrere mittlere und kleine Institute, die durch die heimische Immobilienkrise in Bedrängnis geraten waren. Um das Vertrauen in Spaniens Kreditinstitute wieder herzustellen, hatte die Regierung des Sozialisten Zapatero die Eigenkapitalanforderungen erhöht. Nicht jede Bank schaffte das aus eigener Kraft.

Auch andernorts kriselte es aus hausgemachten Gründen, etwa in Osteuropa und Österreich. Vor allem österreichische Kreditinstitute, aber auch deutsche und italienische, verkauften ungarischen, tschechischen oder slowenischen Hausbesitzern Kredite nicht in den heimischen Währungen, sondern in Schweizer Franken oder japanischen Yen. Als diese beiden Währungen anders als erhofft auf- und die heimischen abwerteten, kam es zum Krach: Die Kredite wurden für die Eigenheimbesitzer unbezahlbar und belasten nun die ausländischen Banken. Irre.

An 1,3 Millionen Ungarn sollen seit der Öffnung des kleinen Landes für den Kapitalismus Fremdwährungskredite von Bankern verkauft worden sein – das entspricht etwa der Einwohnerzahl der Hauptstadt Budapest. Die ungarische Regierung zwang schließlich die ausländischen Banken, die den magyarischen Markt fast vollständig beherrschen, 2011 zu einem Preisnachlass. Trotzdem stehen Hunderttausende Ungarn vor dem finanziellen Ruin, und vor allem österreichischen Kreditinstituten – nicht jedoch den längst ausgewechselten früheren Verantwortlichen in den Vorständen – drohen Milliardenverluste.

Das Beispiel dieser aberwitzigen Fremdwährungskredite belegt die Gier auf beiden Seiten des Banktresens, und es zeigt vor allem, dass es nicht vorrangig ihre Instrumente und Werkzeuge sind, die Banken zu einem latenten Gefahrenherd machen. Schließlich ist die Finanzierung eines Hauses durch einen Kredit an sich die sicherste und simpelste Sache im Bankgeschäft. Aber rein gar nichts scheint wirklich sicher zu sein vor dem Zockerirrsinn der Topbanker.

Auch an anderer Stelle zeigte sich, dass im Kern risikoarme und an sich grundsolide Geschäftsmodelle nicht unbedingt vor einem Debakel schützen. So leiden in Österreich die Erste Bank und die

Volksbank AG auch unter den Millionen von normalen Kreditver-
trägen, die allzu freizügig über Osteuropa ausgeschüttet wurden.
Spanische Sparkassen (!) überlebten nur durch Fusionen, und die
belgisch-französisch-luxemburgische Dexia, die hauptsächlich an
Kommunen, Städte und Staaten Kredite vergibt, konnte mehr als
vier Jahre nach Ausbruch der Krise nur durch eine trinationale Verstaatlichung gerettet werden. Alle diese Geschäftsbanken hatten
sich im klassischen Kreditgeschäft verzockt, nicht im Investmentbanking.

Neues Risiko: Kein Bargeld in der Kasse

Als die US-Regierung im September 2008 die viertgrößte amerikanische Investmentbank untergehen ließ, war die Wirkung verhee-
render als erwartet: Die plötzliche Insolvenz von Lehman Brothers
erschütterte das gegenseitige Vertrauen der Banken weltweit und
brachte den Interbankenmarkt zum Erliegen, auf dem sich die Finanzinstitute untereinander Geld leihen. Das brachte einige Institute arg in Bedrängnis.

In Europa wurde der Run auf die Bankschalter von Northern
Rock schon kurz nach dem Ausbruch der Subprime-Krise in den
USA 2007 zum Symbol der Krise: Kunden standen Schlange vor
den Schalterhallen einer britischen Bank. Das hatte es nicht einmal
in der Weltwirtschaftskrise in den 1930er Jahren gegeben. Die im
Grunde wenig dramatischen Bilder befeuerten die mediale Welt
und lösten selbst in Deutschland mit seinem vergleichsweise
grundsoliden Bankensystem mit starken Sparkassen und Genossenschaftsbanken Panikgefühle aus.

Durch die Liquiditätsverknappung am Interbankenmarkt waren
die Geldvorräte in dem mittelgroßen Kreditinstitut geschrumpft,
und bald begannen Kunden, ihr Erspartes abzuheben. Das war ein
neues Risiko für Banken, das bis dahin weder die Finanzaufsicht
noch sonst jemand ernsthaft auf der Rechnung hatte: Kein Bargeld
in der Kasse – das schien in der modernen Finanzwelt mit ihren
vielen sprudelnden Quellen eigentlich unmöglich zu sein.

Trotzdem drohte nun wirklich eine Panik wie in den 1930er
Jahren in den USA und in Deutschland. Von Freitag, dem 14. September bis Montag, dem 17. September 2007 sollen Kunden von

Northern Rock etwa 2 Milliarden Pfund (rund 3 Milliarden Euro) abgehoben haben. Der britische Finanzminister Alistair Darling gab daraufhin eine Garantieerklärung ab. Einige Monate später wurde Northern Rock verstaatlicht. Die erste Verstaatlichung in England seit Jahrzehnten. Andere folgten, so traf es auch die traditionsreiche und schon von Adam Smith für ihre Innovationskraft geschätzte Royal Bank of Scotland, die nach einer furiosen Expansion unter anderem ins Versicherungsgeschäft noch zu Beginn des 21. Jahrhunderts an die Spitze Europas aufgestiegen war.

Ähnlich wie bei Unternehmensanleihen und Staatsschulden, wo es ein laufendes Revolvieren von alten Schulden durch neue gibt, läuft es auch mit unserem alltäglichen Bargeld: Mal ist zu viel in der Bankkasse, dann verleiht man es auf Stunden oder Tage an Konkurrenten; mal ist zu wenig in der Kasse, um beispielsweise alle gewünschten Verbraucherkredite bezahlen zu können. Dann leiht die Bank sich vorübergehend Geld von Konkurrenten. Dieser Interbankenmarkt läuft blitzschnell, unbürokratisch und dient allen Geldhäusern als stetiger Puffer, um je nach Bedarf die Tresore zu füllen oder zu leeren.

Jahrzehntelang funktionierte dieser Puffer nahezu geräuschlos. Bis die Große Krise kam. Ist jedoch das Schmiermittel, das »Vertrauen«, erst einmal entschwunden, gerät die gesamte Bankenmaschinerie ins Stocken. An der einen Stelle im System liegt dann zu viel Liquidität herum, die woanders fehlt und dringend benötigt wird, um das alltägliche Geschäft am Laufen zu halten. Von einem Moment auf den anderen droht dann sogar der Bankrott, denn Zahlungsunfähigkeit ist ein zwingender Insolvenzgrund. In dieser heiklen Lage mit einem zusammengebrochenen Interbankenmarkt bleiben den Banken dann nur noch die Einlagen der eigenen Kundschaft – die bei Northern Rock gerade abgehoben wurden – und die Hilfe der Zentralbank.

Nach der Lehman-Pleite war genau dies passiert: Der Interbankenmarkt war zusammengebrochen, weil das gegenseitige Vertrauen verflogen war. Da an vielen Stellen zu viel Geld im System vorhanden war, für das es im eigenen Tresor bekanntlich null Zinsen gibt, parkten Banken ihr Geldkapital dann bei der jeweiligen Zentralbank und erhielten dafür wenigstens einen minimalen Zins (»Einlagefazilität«, zurzeit 0,5 Prozent). Die Zentralbanken reagierten darauf mit ihren Mitteln: Sie warfen, bildlich gesprochen, die Druckmaschinen an und fluteten monatelang den Markt mit frischem Geld. Erst 2010 beruhigten sich die Akteure auf den Finanzmärkten wieder.

Vertrauensverlust und Bargeldklemme wiederholten sich dann während der sogenannten Staatsschuldenkrise in der Euro-Zone 2011. Die Banken misstrauten einander, liehen und verliehen kaum noch Geld, da niemand wusste, wie viele Leichen – sprich »Schrottpapiere« von überschuldeten Staaten – der andere im Keller hatte. Viele Vorstände dürften nicht einmal gewusst haben, wie viele Leichen im eigenen Keller als Derivat verborgen lagen. Einerseits misstrauten sich die Banken also, und die Übernachteinlagen der Finanzinstitute bei der EZB erreichten im Dezember 2011 ein Rekordhoch von über 400 Milliarden Euro (im Lehman-Jahr 2008 hatte die Spitze bei rund 300 Milliarden gelegen). Zugleich fehlte es an anderen Stellen im Finanzsystem an Geld, und die EZB öffnete erneut die Schleusen und flutete den Markt mit frischem Geldkapital. Wenige Tage vor Weihnachten 2011 kam dann die, man kann wirklich schreiben: Sensation: Die EZB lieh den Banken fast 500 Milliarden Euro für drei Jahre zum durchschnittlichen Leitzinssatz, seinerzeit billige 1,0 Prozent. Ende Februar 2012 verteilte die Notenbank den zweiten Tender dieser Art. 500 Milliarden Euro sind natürlich eine unvorstellbare Summe, auch wenn man weiß, dass sie in etwa dem Doppelten der jährlichen bundesdeutschen Steuereinnahmen entspricht. Diese titanischen Dimensionen der Rettungsmaßnahmen illustrieren gleichzeitig, wie labil das Bankensystem bis auf absehbare Zeit bleiben wird. Ein Crash kann jederzeit erfolgen.

Am Rande vermerkt: Mit diesem Gelddrucken subventionierte die EZB sowohl die Staaten wie die Banken. Letztere freuten sich über den »Sarkozy-Trade«, wie es die Presse nannte. Ganz im Sinne des französischen Präsidenten Nicolas Sarkozy nahmen die Banken das für 1 Prozent fast geschenkte Kapital und investierten es in Staatsanleihen, die 3, 4 oder 5 Prozent bringen werden. Aber auch die von den Finanzakteuren angezählten Staaten profitierten von dem Sarkozy-Handel, denn angesichts der künstlich gepuschten hohen Nachfrage werden unter anderem Italien und Frankreich in den kommenden Jahren weniger Zinsen an ihre Gläubiger zahlen müssen.

Doch dieser übertriebene Trade zur indirekten Finanzierung der

Vertrauen

»Vertrauen« wurde in der Großen Krise zu einer ökonomischen Kern-kategorie, zu einem weichen Erklärt-alles-Begriff. »Vertrauen ist stets ambivalent«, meint Guido Möllering und macht keinen Hehl aus ei-nem Dilemma. Man könne schließlich nie wissen, ob es am Ende gut oder schlecht ausgehe. Trotzdem sei Vertrauen notwendig, im Wirt-schaftsleben wie im Alltag. »Ohne jegliches Vertrauen kann man mor-gens nicht über die Straße ins Büro gehen«, erzählte der frühere Ver-trauensforscher am Max-Planck-Institut für Gesellschaftsforschung, der heute an der Uni Bremen lehrt. Vertrauen zu schenken sei daher auch im Bankbusiness erforderlich und habe weitere positive Effekte wie »Einsparungen beim Kontrollaufwand«.

Hier liegt aber auch die Crux: Zu viel Vertrauen ist von Übel. Das »über-zogene Vertrauen« seiner Landsleute, befürchtete der US-amerikani-sche Wirtschaftsnobelpreisträger Edmund S. Phelps, habe die amerika-nische Wirtschaft sehr anfällig für spekulative Exzesse gemacht. Wer blind vertraue, dem gingen Maß und Übersicht verloren.

Bis zur Krise hatten Banker im Alltag wichtige Kreditentscheidungen anhand von zwei Dutzend Kennziffern abgehakt. Diese Kennziffern ent-sprachen simplen Faustregeln, »Heuristiken« wie es die Wirtschafts-theorie der Begrenzten Rationalität nennt. »Vertrauen spielte daher in der Praxis eine große Rolle, ja, Wirtschaft funktioniert nur mit Vertrau-en«, gibt auch Professor Friedrich Thießen von der TU Chemnitz-Zwi-ckau zu bedenken. »Selbst Fachleute können nicht alle Aspekte abwä-gen.« Die angestrebte Rationalität des *homo oeconomicus* sei eine Illusion, und daher brauche es Vertrauen als Vermittlungsebene zwi-schen den Akteuren.

Staatsschulden durch die Zentralbank ist schlicht gestrickt und hat seinen Preis: Durch diese und andere Notmaßnahmen stieg die Bilanzsumme der EZB seit dem Abschied von Jean-Claude Trichet um mehr als eine halbe Billion auf fast drei Billionen Euro, wäh-rend der Wechselkurs gegenüber dem Dollar deutlich verlor. Fak-tisch nähert sich die EZB – wie in Frankreich und Italien gewünscht und in Deutschlands Wirtschaftselite verpönt – dem US-amerika-nischen Notenbankmodell an: Not kennt kein Gebot, und später wird man dann schon sehen ...

Dabei hat diese Politik des billigen Geldes schon zweimal fatale Folgen gehabt: Sie schuf jeweils eine Grundlage für den Börsen-krach 2000 und für die Große Krise. Mit den gegenwärtigen Rettungsspritzen könnte der Finanzkörper bereits mit der nächsten und noch gefährlicheren Krise geimpft worden sein. Der italienische Finanzminister Giulio Tremonti wird vom Pariser Kongress »Neue Welt, neuer Kapitalismus« mit den Worten zitiert: »Die Krise ist nicht vorbei. Wir haben die Banken mit Steuergeldern gerettet, aber mit ihnen auch die alte rücksichtslose Spekulation. Das Ergebnis ist, dass wir in gewisser Weise zum Ausgangspunkt zurückgekehrt sind.« Oder in den Worten des französischen Kreditversicherers Coface an seine Kunden: »Nach der Krise ist vor der Krise.«

Realwirtschaft: Krise droht

Aus der amerikanischen Immobilienkrise war eine Banken- und Finanzkrise erwachsen, die auf die Realwirtschaft überzugreifen drohte. Zunächst auf Finanzwirtschaft, insofern sie Realwirtschaft ist: Banken schrumpften, Abertausende Bankangestellte und Investmentbanker verloren ihren Job, Hausmeister wurden gefeuert, Servicedienstleister gekündigt und weniger Hotelzimmer gebucht. Dazu schwappte das Scheitern der Banken »psychologisch« auf Industrie und Dienstleister über, und es kam in vielen Ländern zu einer Kreditklemme, welche die Wirtschaft in Schwierigkeiten brachte. Hatten im Boom bis 2007 die Kredite an die Realwirtschaft jährlich um bis zu 15 Prozent zugelegt, kam es 2008, 2009 und noch Anfang 2010 in der Euro-Zone zu einer Kreditschwäche, zeitweise nahm sogar das Volumen aller Darlehen in absoluten Zahlen ab. Ähnlich schlecht verlief die Entwicklung in den USA. Lediglich große Unternehmen konnten sich der Kreditklemme teilweise entziehen, indem sie über die Banken Anleihen ausgaben und sich auf diese Weise Geld beschafften. Die Investmentorientierung des angelsächsischen Finanzsystems zeigte hier seine Stärke gegenüber Europas Kreditorientierung. Dies mag teilweise erklären, warum die Rezession in den USA weniger schlimm verlief als in Europa und die Erholung 2010 besser.

Es war allerdings nicht allein die Immobilien-Banken-Finanzkrise, die uns meiner Meinung nach 2009 die tiefste Rezession seit den 1930er Jahren bescherte. Der Kapitalismus neigt seit jeher zu konjunkturellem Auf und Ab. 2009 lag wieder ein Abschwung in der Luft. Zudem hatte sich das Internet ausgereizt, das seit den

1990er Jahren eine lange Welle grundlegender Innovationen ausgelöst hatte und bis heute trägt. 2009 fand also eine Doppelkrise statt, die sowohl aus der Finanzwirtschaft wie aus der Realwirtschaft gespeist wurde.

Wie können aber »verselbständigte« Finanzmärkte auf die Realwirtschaft wirken und eine Krise verstärken oder hervorrufen? Viele Finanzinstrumente, etwa Zertifikate, drehen sich, wie beschrieben, in ihrem eigenen Kosmos. Direkte Auswirkungen auf die Realwirtschaft sind also eigentlich nicht zu befürchten. X-mal so groß wie die Summe aller Waren und Dienstleistungen, die auf der Welt in einem Jahr erwirtschaftet werden, ist das Geldvermögen. Die Finanzmärkte haben sich verselbständigt und spielen weitgehend ihr eigenes Spiel, und das spielen sie auch meistens untereinander. Insofern könnten uns die Zocker ganz egal sein oder als amüsante Spezies Kinofilme und Zeitungsfeuilletons beleben.

Doch mindestens vier Gründe sprechen dafür, die Sache doch ernster zu nehmen. Zum einen stellen die Finanzmärkte die grundlegende Ressource für das Funktionieren einer entwickelten Volkswirtschaft bereit, das Geld. Zum anderen haben einige Produkte direkten und indirekten Einfluss auf Unternehmen in der Realwirtschaft, etwa Aktien. Dort werden drittens auch weiche Signale wahrgenommen, die zwar an sich nur die Finanzmärkte betreffen, die aber doch die Psychologie der Akteure in der Realwirtschaft beeinflussen und damit einen mitentscheidenden Faktor bilden. Ich denke dabei etwa an Indizes. Aber der maßgebliche Einfluss der Banken erfolgt über den Kredit: Millionen Konsumenten sind überschuldet, noch weit größer ist die Zahl der Häuslebauer, die noch auf Jahrzehnte am Kredithahn hängen werden, und – auch in diesem Punkt ist der Reichtum in falschen Händen – kaum ein Unternehmen kann ohne fortlaufende Kreditlinie wirtschaften. Das Kreditgeschäft litt aber unter dem riskanten Ausbau des zweiten wichtigen Geschäftsbereiches der Banken, dem Investmentgeschäft. Aus dem Platzen der Immobilienblase im Sommer 2007 entwickelte sich ein Engpass für die Wirtschaft, weil es den Banken bald an Eigenkapital und Liquidität mangelte, um genügend Geld an Unternehmen verleihen zu dürfen. Die Kreditklemme 2008/09 liegt hinter uns. Aber spätestens seit dem zweiten Halbjahr 2011 droht eine neue, die der Wirtschaft die Luft nehmen könnte. An dieser latenten Gefahr wird sich auf absehbare Zeit im besten Fall nichts ändern. Selbst, wenn die Krisenbewältigung gelingt, werden die höheren Sicherheitsdämme, die in den kommenden Jahren errichtet werden dürften (»Basel III«), dazu führen, dass Banken auch im Kreditgeschäft weniger normale Risiken eingehen. Das dürfte manche Unternehmer, Häuslebauer und überschuldete Familien teuer zu stehen kommen.

Unterschiedliche Reaktionen –
Rettungspakete und Wirtschaftsboom

»Größte Garantie der Weltgeschichte«

Auf dem Höhepunkt der Finanzmarktkrise griff Bundeskanzlerin Angela Merkel höchstpersönlich in die Trickkiste: »Wir sagen den Sparerinnen und Sparern, dass ihre Einlagen sicher sind«, erklärte Merkel im Oktober 2008 den verblüfften deutschen Fernsehzuschauern, die bis dahin nicht daran gezweifelt hatten, schließlich gab und gibt es ein bewährtes Einlagensicherungssystem in Deutschland. Bei der vermutlich »größten Garantie der Weltgeschichte«, so der Finanzwissenschaftler Hans-Peter Burghof, steht tatsächlich eine Riesensumme auf dem Spiel: Für mehr als 1000 Milliarden Euro an Spar- und Giroeinlagen will die Bundesregierung im Fall der Fälle einspringen. Nach der Lehman-Pleite 2008 blieben die Panik und damit die Nagelprobe allerdings aus. Alles in allem schlitterte die Geldwirtschaft – aus Sicht der Sparer – sogar einigermaßen glimpflich durch die bisherige Große Krise. Das deutsche Drei-Säulen-Modell aus öffentlichen Sparkassen, genossenschaftlichen Volks- und Raiffeisenbanken und privaten Banken geriet nicht ins Wanken.

Im Rückblick lassen sich drei Rettungsphasen ausmachen: Zunächst reagierte der Staat im Sommer 2007 mit punktuell auf einzelne Kreditinstitute ausgerichteten Rettungspaketen; nach der Lehman-Pleite wurden Rettungspakete für die ganze Finanzbranche bereitgestellt; und erst in der dritten Phase kamen Rettungspakete für Industrie und Gewerbe hinzu. Die drei Phasen dürften zunächst der historischen Abfolge der Krise geschuldet sein. Zugleich mag man daraus aber auch eine Finanzmarktorientierung der Bundesregierung herauslesen, die ihren entsprechenden politischen Präferenzen folgte.

International reagierten die Staaten ähnlich wie Deutschland. Ende September und Anfang Oktober 2008 kündigten die Regierungen »praktisch aller fortgeschrittenen Volkswirtschaften« umfassende Maßnahmen zur Stabilisierung des Bankensektors an, schreibt die Bank für Internationalen Zahlungsausgleich (BIZ) in einer Analyse. Erst später folgten Konjunkturprogramme. Übersichten der BIZ zeigen zudem einen Gleichklang bei den konkreten Maßnahmen: Die Ausweitung der Einlagensicherung, eine Garantie für Verbindlichkeiten und staatliche Kapitaleinschüsse gehörten in nahezu allen führenden Industriestaaten zum Werkzeugkasten der Politik. Diese Übereinstimmung ist insofern überraschend, als die politische Koordinierung und Kooperation zwischen London und Berlin, Tokio und Washington ansonsten schwächelte. Die mangelhafte Kooperation fiel erst recht im größeren Rahmen der G20 oder der Vereinten Nationen auf.

Die Rettung nahezu aller Banken weltweit hat das Besondere an großen Banken wieder einmal verdeutlicht: Der Zusammenbruch eines Hauses kann, wie in einem Dominospiel, andere Banken und Finanzdienstleister und am Ende das ganze Finanzsystem in den Untergang reißen. Damit haben jedenfalls Regierungen in vielen Ländern den Aufwand begründet, mit dem sie »ihre« großen Banken stabilisierten. Die Bankenlobby trug das Ihre dazu bei. »Die Marktteilnehmer«, schrieb ein Kolumnist in der *Frankfurter Allgemeinen Zeitung*, »haben die politische Seite gebeten, gedrängt und letztlich gezwungen, immer umfangreichere Hilfspakete, Rettungsschirme und Garantiezusagen zu beschließen, weil sonst das Armageddon drohe und sich eine systemische Krise wie Lehman Brothers wiederhole.«

Dabei ging es immer auch um Wettbewerbsvorteile gegenüber anderen Ländern, was bis heute jegliche internationale Kooperation erschwert. Diese Renationalisierung der globalisierten Ökonomie und das Comeback des Politischen waren den Regierungen nominal 5 Billionen Euro wert, die in Rettungspakete flossen. Dieser Sachverhalt, der ebenfalls für eine Finanzmarktorientierung vieler Regierungen spricht, sollte nicht eindimensional als Reaktion der Akteure in Wirtschaft und Politik interpretiert werden oder als reiner Lobbyerfolg. Ein Blick über die Grenzen verdeutlicht, wie unterschiedlich die verschiedenen Varianten des Kapitalismus von der Banken- und Finanzmarktkrise getroffen wurden. Gleiches ließe sich für die Geldinstitute als Folge verschiedener betriebswirtschaftlicher Geschäftsmodelle aufzeigen.

Es gibt also wenigstens drei wichtige Faktoren, welche die konkrete Ausgestaltung der Rettungspakete beeinflussten: die national unterschiedenen Formen des Kapitalismus, die Geschäftsmodelle der Banken und die politischen Neigungen der Regierungen. Dieser Ansatz erklärt zunächst eine weitere Überraschung: Unterm Strich haben die Vereinigten Staaten für ihre Rettungsprogramme zugunsten ihrer Finanzinstitute am wenigsten ausgegeben. Das Volumen erscheint zwar mit umgerechnet 2491 Milliarden Euro atemberaubend, aber in Relation zur Wirtschaftskraft noch erträglich: »Nur« 22,3 Prozent des Bruttoinlandsproduktes der USA flossen demnach in Rettungspakete. Hier darf vermutet werden, dass die politisch gewollte Lehman-Pleite eine heilsame Wirkung auf die Branche hatte. Deutschland ließ sich die Bankenrettung deutlich mehr kosten, nämlich 28,1 Prozent des BIP, und Großbritannien, das von allen großen Staaten am meisten von seinen Finanzakteuren abhängt, investierte gar 54,0 Prozent – allesamt Zahlen der Bank für Internationalen Zahlungsausgleich.

Neben den Rettungspaketen für Banken und diversen Gesetzesaktivitäten, um Bilanzen zu entlasten oder Banken verstaatlichen zu können, reagierten nahezu alle von der Krise betroffenen Länder in Europa, Amerika und Asien darüber hinaus mit Maßnahmepaketen zur Stützung der Konjunktur. Auch in diesem Punkt lässt sich also ein Gleichschritt der führenden Industriestaaten feststellen.

Selbst der neoliberale Mainstream in der deutschen Wirtschaftswissenschaft akzeptierte die zumindest implizit vom Kontrahenten Keynes inspirierten Programme angesichts der Tiefe der globalen Großen Krise. Weniger einheitlich wird die Frage beantwortet, ob die Konjunkturpakete zu spät kamen, was ein Großteil der Ökonomen meint, auch wenn solche Ansichten durch die historische Einmaligkeit der Situation relativiert werden, welche die Politik für vieles entschuldigt. Andere, vor allem linke Ökonomen, halten die Programme insgesamt für zu klein.

Die scheidende schwarz-rote Bundesregierung hatte in einer Pressemitteilung im September 2009, auf dem Höhepunkt der Rettungsbegeisterung, verkündet, dass sie die »Lasten der Krise fair verteilen« wolle. Die Schuld an der Krise gab die Regierung der Jagd nach maximalen Gewinnen in kürzester Zeit und ohne Rücksicht auf Verluste. Dieses Verhalten habe auf den internationalen Finanzmärkten entscheidend dazu beigetragen, dass die weltweite

Finanz- und Wirtschaftskrise überhaupt entstehen und sich in dem bekannten Ausmaß verbreiten konnte.

Dem dürften viele zustimmen, und doch blieb die Analyse merkwürdig oberflächlich, wie auch viele später veröffentlichte Untersuchungsberichte. So betonte die britische Finanzaufsicht FSA in einem Bericht vom Dezember 2011, dass trotz gründlicher Ermittlungen keinem der involvierten Manager, Aufsichtsräte und Aufsichtsbeamten individuelle Fehler nachgewiesen werden konnten, die für eine Bestrafung ausreichten. Vielmehr hätten sich die Verantwortlichen zwar am Rande, aber doch noch im Rahmen der damals üblichen, politisch teilweise explizit erwünschten Praxis der Risikoakzeptanz und des Wegschauens bewegt. Das heiße nichts anderes, meldete daraufhin die *Neue Zürcher Zeitung* erschrocken, als dass das ganze Establishment der Banken, der Politik und der Aufsicht versagt habe, ohne sich dessen damals bewusst gewesen zu sein.»Wenn man sich heute wieder in Sicherheit wiegt, könnte das genauso trügerisch sein.« Die Verantwortlichen seien überwiegend dieselben geblieben, die Möglichkeiten der Akteure in der Londoner City und auf anderen Finanzplätzen in Europa und Amerika, schärfere Regeln abzuwehren, ebenfalls. Und auch der politische Druck, Regulierungen aus Rücksicht auf Wettbewerbsvorteile zu minimieren, sei »omnipräsent«. Hat sich also gar nichts verändert?

Mir scheint, die Feuerwehr löschte, so gut es die politischen Bedingungen zuließen. Ob es mittelfristig zu einer Abkehr vom finanzmarktgetriebenen Kapitalismus kommt, bleibt eine spannende Frage. Anfänglich waren die Marktliberalen vor Schreck verstummt. Seither basteln sie daran, das Marktversagen als Unfall zu begründen oder den Spieß umzudrehen: Der Staat habe Schuld an der Krise – je nachdem, weil er zu viel, zu wenig oder falsch regulierte. Der Blick richtet sich dann auf die Landesbanken.

Fünf Jahre nach Ausbruch der Großen Krise hat es nur wenige politische Gegenmaßnahmen gegeben. So wurden zwar drei europäische Aufsichtsämter für Banken, Versicherungen und Fonds geschaffen, doch eben nur kleine Institutionen mit geringen Befugnissen. Mehr war nicht drin, sagen Optimisten, und verweisen auf konservative und wirtschaftsliberale Mehrheiten im EU-Parlament und unter den Regierungen in der Union.

Die relativ kleinen Konjunkturprogramme der Bundesregierung

Merkel genügten, zusammen mit dem Kurzarbeitergeld, um Massenarbeitslosigkeit zu verhindern. Bis heute ist die Große Krise so eine hierzulande weitgehend ungefühlte geblieben. Dazu trug der deutsche Sonderweg bei. Der frühere »kranke Mann Europas«, die deutsche Volkswirtschaft, hatte im Schulterschluss mit den Bundesregierungen den Standort modernisiert, Unternehmen hatten Produktion und Produkte durchrationalisiert, die Gewerkschaften Lohnzurückhaltung geübt. So konnten in der Krise die Exportorientierung und die Nähe zum wichtigsten Absatzmarkt China antizyklisch wirken. Der Preis dafür waren eine vertiefte Spaltung zwischen Stammbelegschaften (der Klientel der Gewerkschaften) einerseits und Leiharbeitern, prekär Beschäftigten und Langzeitarbeitslosen andererseits sowie eine dadurch stärker profilierte Drei-Drittel-Gesellschaft.

Verkehrte Welt: Schwächelnder Norden, aufstrebender Süden

Die Rettungspakete verhinderten Schlimmeres, auch wenn die Rechnung dafür weiterhin aussteht. Aber sie reichten nicht aus, um eine Rezession zu verhindern – in Europa und Nordamerika. In der Krise schlug dann das Pendel der Weltwirtschaft zugunsten der sogenannten Schwellenländer aus: Während die Industriestaaten unter der Krise litten, wuchs nicht allein in China die Wirtschaft weiter, wo das chinesische preisbereinigte Bruttoinlandsprodukt im tiefsten »Krisenjahr« kräftig um 9,2 Prozent zulegte. Auch in vielen anderen Ländern des Südens boomte es. Kräftiges Wirtschaftswachstum verzeichneten 2009 zum Beispiel das größte moslemisch geprägte Land auf der Erde, Indonesien, mit 4,6 Prozent und Indien mit 6,8 Prozent. Die Große Krise mag diese Länder ein wenig Wachstum gekostet haben, doch auch an Nigeria und Ägypten, Pakistan, Brasilien und einigen anderen Niedrigeinkommensländern zog die vermeintliche Weltwirtschaftskrise kaum spürbar vorüber, wie die Zahlen des Internationalen Währungsfonds belegen.

Die Weltwirtschaft zeigt sich nun gespalten. Scharf abwärts ging es in einigen Hocheinkommensländern des »Nordens«, wie Deutschland, Japan, den USA und ihren Trabanten. Im Ergebnis sank das weltweite BIP nach langer Zeit erstmals wieder, und zwar um 0,7 Prozent. In den USA ging die Wirtschaftsleistung sogar um 3,5 Prozent zurück, in den Euro-Staaten um 4,3 Prozent und in Japan um 6,3 Prozent. Richtig »atemberaubend«, so die Weltbank, traf es den Welthandel, er brach um 14,4 Prozent ein. Ein harter Schlag vor allem für extrem exportorientierte Volkswirtschaften wie Deutschland und Japan.

Nach Ansicht der britischen Großbank HSBC markiert 2009 einen Wendepunkt. Die Abkoppelung des Südens von der Krise stelle nur den Auftakt einer umfassenderen Entwicklung dar. Schon vor der Großen Krise hatten die ökonomischen Kräfteverhältnisse begonnen, sich zu verschieben. So stieg der Anteil der Entwicklungs- und Schwellenländer an der Weltwirtschafsleistung in der zurückliegenden Dekade von knapp 44 auf rund 53 Prozent an. Der Anteil der Industriestaaten sank entsprechend unter die magische 50-Prozent-Marke.

Seit der Norden negative und der Süden positive Zahlen produziert, kommen liberale Ökonomen ins Grübeln. So beklagt das kapitalnahe Institut der deutschen Wirtschaft (IW), dass »der Wandel der ökonomischen Realitäten und Ränge längst im Gange« sei. Doch die wirtschaftsliberale Klientel wird sich schwertun, daraus politischen Nutzen zu ziehen, denn dort, wo die Große Krise nicht mit ihrer vollen Wucht zuschlagen konnte, ist dies vor allem kluger Regierungspolitik und einem starken Staat zu danken. Der Süden setzt heute auf mehr Staat und Regulation als bis zur Asienkrise. »Früher hat man in den Industriestaaten mit Entwicklungsländern vor allem schwaches Wirtschaftswachstum, ausufernde Staatsschulden und lockere Geldpolitik verbunden«, meint der frühere IWF-Chefvolkswirt Raghuram Rajan. »Heute trifft dieser Befund viel eher auf die Industrienationen zu.«

Wir leben in einer Welt der zwei Geschwindigkeiten, und es scheint, als würden wir Zeugen einer Zeitenwende. Hatte die Asienkrise 1997 die Schwellenländer noch hart getroffen und die traditionellen Industriestaaten fast ungeschoren gelassen, so droht die Große Krise die Industriestaaten bis ins Mark zu treffen, während sie die Schwellenländer weitgehend unbehelligt lässt. Umgerechnet 6 Billionen Dollar haben die Staaten in Asien allein an Devisenreserven angehäuft. Was in etwa der Summe entspricht, welche die Industriestaaten während der Großen Krise bislang in

Rettungspakete investierten. Dazu strömen immer mehr Direktinvestitionen und Finanzkapital in die Region, was für eine Reihe von Volkswirtschaften schlimm enden könnte, warnte die Asiatische Entwicklungsbank (ADB).

Immerhin zeigte sich Asiens wirtschaftspolitische Klasse dieses Mal sensibler gegenüber der Geldschwemme, die heranrollt, als in den frühen 1990er Jahren. »Wir müssen das internationale Währungssystem fixieren«, forderte der japanische ADB-Präsident Haruhiko Kuroda 2011 auf einer Tagung in Vietnam vollmundig. Laut dem bankennahen Institute of International Finance (IIF) dürfte der private Kapitalfluss nach Asien von umgerechnet 600 Milliarden Dollar (2009) über etwa 950 Milliarden (2011) auf mehr als 1000 Milliarden 2012 rasant ansteigen. Wohlgemerkt, es geht hier nicht um Zahlungen für die ebenfalls billionenschweren Warenlieferungen, sondern um mehr oder weniger spekulative Geldanlagen und Finanzinvestitionen. Während die westlichen Regierungsfeuerwehren noch löschen, wechseln die Brandstifter den Tatort. Solch »heißes Geld« aus Europa, Japan und Nordamerika hatte 1997 schon einmal eine Asienkrise ausgelöst, und die folgende Kapitalflucht hatte den Kontinent an den wirtschaftlichen Abgrund geführt.

Einzelne Länder wie Südkorea versuchen, die Kapitalflut durch Steuern oder kurze Haltefristen einzudämmen. Dass dies wohl nicht ausreicht, zeigt ein überraschender Vorschlag der Entwicklungsbank. Im Vorfeld der Jahrestagung warb der Vize-Chefvolkswirt für Kapitalsperren, im Übrigen eher ein »linkes« Thema. Die Geldzuflüsse in einzelne Länder, so ADB-Ökonom Joseph Zveglich, müssten eingeschränkt werden.

Ansonsten strotzt die Region vor Optimismus. Die ADB erwartet in ihrem Szenario »Asiens Jahrhundert«, dass schon 2050 die G7 Asiens 45 Prozent des Weltsozialproduktes erwirtschaften werden. Zu den sieben Großmächten gehören neben China, Japan und Indien noch Indonesien, Südkorea, Malaysia sowie Thailand. Selbst das einst kriegszerstörte Vietnam rechnen die ADB-Ökonomen mittlerweile zu den schnell wachsenden Volkswirtschaften.

Der Aufstieg Asiens, Russlands und Brasiliens bedeutet nicht das Ende des alten »Imperialismus«. Kapital aus Deutschland, ebenfalls ein Sieger der Krise, spielt weltweit eine immer größere Rolle als Investor. Inzwischen dürfte die Summe der deutschen Direktinvestitionen im Ausland die 1,5-Billionen-Hürde übersprungen haben. Doch auch in anderen »imperialistischen« Staaten hat der kurze Aufschwung innerhalb der großen Finanz- und Wirtschaftskrise die Auslandsinvestitionen wieder ansteigen lassen. Ebenbürtig sind mittlerweile die Staatsfonds aus den Ölstaaten und aus China, die auffallen durch Käufe von Agrarland in Afrika. Anfang 2012 verwalteten Staatsfonds weltweit 4700 Milliarden US-Dollar. Gewaltig, doch zur Relativierung: Allein die deutsche Allianz verfügt über rund 2100 Milliarden Dollar. Allerdings zum Großteil fremdes Geld, während Staatsfonds gleichsam eigenes Vermögen anlegen. Die Hitliste der Staatsfonds führt der »Abu Dhabi Investment Authority« mit einem Volumen von rund 630 Milliarden Dollar an, gefolgt von einem der chinesischen Fonds, der »SAFE Investment Company« (570 Milliarden Dollar). Unter den größten zehn listete das Sovereign Wealth Fund Institute vier Fonds aus China (zusammen 1410), drei aus den Ölförderländern Vereinigte Arabische Emirate (630), Saudi-Arabien (470) und Kuweit (300) sowie zwei aus dem reichen Stadtstaat Singapur (zusammen 400) auf. Der einzige Europäer in diesem Kapitalmeer aus dem Nahen und Fernen Osten ist auf Rang drei der »Government Pension Fund – Global« (560) der norwegischen Regierung, die hier ihren Überschuss aus der Ölförderung in der Nordsee bunkert.

Kein Ende in Sicht –
Staatsschuldenkrise und Euro-Krise

Staatsschulden: Besser als ihr Ruf

Neue Regierungen äußern sich gern abfällig über das, was ihre Vorgänger hinterlassen haben. So überraschte es zunächst nicht, als am 19. Oktober 2009 der neue griechische Finanzminister Giorgos Papakonstantinou erklärte, dass die vorherige konservative Regierung in Bezug auf das Staatsdefizit gelogen habe. »Niemand konnte sich zu diesem Zeitpunkt vorstellen, dass die Union in eine Krise stürzen wird, von der sie sich bis heute nicht erholt hat«, schrieb Jean Quatremer, Autor der französischen Zeitung *Libération*, 2011 rückblickend. Die scheidende konservative Regierung hatte ein Haushaltsdefizit von 6 Prozent für das Jahr 2009 bekanntgegeben, doch der Präsident der griechischen Zentralbank schätzte es auf eher 10 oder 12 Prozent, die neue sozialistische Regierung sprach von einem Defizit von 13 Prozent. Es war nicht das erste Mal, dass Griechenlands Haushaltsdefizit korrigiert werden musste. Schon die Kriterien für die Einführung des Euro hatte Athen nur durch statistische Schummeleien erfüllen können. Nun hatten auch andere Länder ihre Bewerbungsbilanzen geschönt, und zu besseren Zeiten wären die griechischen Täuschungen als amüsante Schlawinerei eines durch ein Olympia-Defizit arg gebeutelten Landes augenzwinkernd durchgewunken worden. Doch nicht mehr 2009, nachdem aus einer US-amerikanischen Immobilienblase eine Bankenkrise, aus der eine Finanzkrise und aus dieser eine Wirtschaftskrise geworden war, die in einer Staatsschuldenkrise gipfelte, die auch Euro-Krise genannt wird.

»Die Rettung der Banken Ende 2008, der Versuch, der Rezession Ende 2008/Anfang 2009 entgegenzuwirken und, infolge der starken Rezession, die sinkenden Steuereinnahmen haben diese Staatsschulden verursacht«, fasst Trevor Evans seine Sicht auf das Krisengeschehen zusammen. Evans ist einer der Autoren des »Euro-Memorandums 2012«, das von 400 Ökonomen und Sozialwissenschaftlern aus Europa unterstützt wird. Gewiss ist der Schuldenberg in Europa, Amerika und Japan infolge der Großen Krise sprunghaft angestiegen. Doch ist er, mit Ausnahme der Nachkriegszeit mit ihrer Sonderkonjunktur, nahezu Jahr für Jahr gewachsen, egal ob sich die Konjunktur auf- oder abbewegte. Und das war durchaus gut so.

Dass Griechenland verschuldet ist, weiß die Welt, doch auch die Welt ist verschuldet. So schiebt die Bundesrepublik einen staatlichen Schuldenberg von rund zwei Billionen Euro vor sich her. Obendrauf kommen noch künftige Beamtenpensionen und Schattenhaushalte. Das sind kurioserweise Sondervermögen genannte Verbindlichkeiten, die außerhalb des Bundesetats gebucht werden, wie etwa der im Herbst 2008 gestartete 480 Milliarden Euro schwere Sonderfonds für Finanzmarktstabilisierung (Soffin) zur Bankenrettung. Für eine abschließende Bilanz ist es zu früh. Seit Ende 2010 vergibt der Soffin keine neuen Leistungen mehr an Banken, wurde aber im Januar 2012 von der schwarz-gelben Bundesregierung vorsorglich wieder aktiviert. Der Schuldenberg wächst seit der Gründung der Bundesrepublik im Jahr 1949 nahezu ununterbrochen, selbst in wirtschaftlich guten Zeiten. Sprunghaft erhöhte sich die Neuverschuldung drei Mal: Ende der 1970er Jahre, als erstmals wieder Massenarbeitslosigkeit das Sozialsystem belastete, in den 1990er Jahren infolge der Wiedervereinigung und schließlich nach 2007 infolge der Großen Krise. In anderen Industriestaaten gehören Haushaltsdefizite ebenfalls seit langem zum Alltag dazu, sogar in der steinreichen Schweiz. Inzwischen scheinen sich auch aufstrebende Schwellenländer an ein Leben auf Pump zu gewöhnen.

Gemeinhin wird die Schuld am Schuldenberg verantwortungslosen Politikern gegeben, die an ihrer Wiederwahl oder am Erhalt ihrer Despotie interessiert sind. Oder gierigen Bürgern, die nur an heute und kaum an kommende Generationen denken und daher von ihren Regierungen neue Autobahnen, Sozialgeschenke und hohe Renten erwarten. Doch statt zu klagen, müssten wir den eindimensionalen Egoisten für ihre Kurzsichtigkeit eher dankbar sein: Schulden sind nämlich an sich kein Übel. Ja, Staatsschulden sind sogar im Regelfall notwendig für eine funktionierende Volkswirtschaft.

»Der Staat soll sich verschulden!« Dieser Leitsatz gilt keineswegs nur in schlechten Zeiten, in denen die Politik antizyklisch mit vermehrten öffentlichen Ausgaben der Krise entgegensteuert. Auch in guten Zeiten sollte die Reparaturwerkstatt des Kapitalismus, der Staat, Darlehen aufnehmen (oder besser noch: zusätzliche Einnahmen erzielen), um ein unheilvolles Loch in der Volkswirtschaft zu stopfen. Die von Politikern häufig zitierte, geradezu sprichwörtliche Sparsamkeit der schwäbischen Hausfrau ist keine Tugend an sich. Professor Wilhelm Hankel kontert gern mit einem hausväterlichen Vergleich: »Wir vererben unseren Kindern nicht nur die Hypothek, sondern auch das Haus.« Ein schönes Bild, auch wenn es eigentlich eine unzulässige Gleichsetzung von privaten und öffentlichen Haushalten darstellt.

Der Staat muss sich sogar verschulden, wenn man ein volkswirtschaftliches Gleichgewicht anstrebt. Was zunächst wie eine linke Idiotie klingen mag, ergibt sich je nach Vorliebe aus dem *Kapital* von Karl Marx oder aus der »Volkswirtschaftlichen Gesamtrechnung«, die das Statistische Bundesamt veröffentlicht.

Wenn man sich die Volkswirtschaft als Modell mit drei Akteuren vorstellt – Bürger, Unternehmen und Staat – dann würden im Idealfall alle drei gemeinsam wirtschaftlich einen geschlossenen Kreislauf bilden, in dem der eine Akteur dasjenige verbraucht, was der andere zu viel hat und umgekehrt. So weit, so gut. Doch wie verhält es sich in der Praxis einer Volkswirtschaft, beispielsweise der deutschen? Die Bundesbürger – vor allem das obere Drittel in der Einkommenspyramide trägt dazu bei – sparen durchschnittlich rund 10 Prozent ihres Einkommens. 2010 legten die Deutschen nach den Zahlen des Statistischen Bundesamtes weit mehr als 200 Milliarden Euro bei Banken, Versicherungen und Fonds auf die hohe Kante. Dieses »überflüssige« Geld könnte sich die Wirtschaft leihen und investieren, tut sie aber nicht, weil sie selbst Geld im Überfluss kassiert. Unternehmen investierten nämlich nicht einmal ihre gesamten Gewinne: Stattdessen sparten sie 2010 ebenfalls fast 200 Milliarden Euro an. Zusammen stellten investitionsscheue Unternehmen und wohlhabende Bürger also in nur einem Jahr über 400 Milliarden Euro den Finanzmarktakteuren zur Verfügung. Geldkapital, das niemand in Fabriken, Maschinen und Büros investieren wollte und das ein tiefes Nachfrageloch in der Volkswirtschaft hinterlässt.

Um diese 400 Milliarden Euro vollständig zu nutzen, könnte der Staat einspringen und sich das Geld pumpen oder per Steuer eintreiben, um es wieder in das realwirtschaftliche Leben einzuspeisen. Ein Stück weit tut er dies, indem er sich neu verschuldet. Doch 2010 waren es trotz Krisenlasten weit weniger als 100 Milliarden Euro, die sich der Gesamtstaat aus dem 400-Milliarden-Topf lieh. Drei Viertel des monetären Überschusses, rund 300 Milliarden Euro, vagabundieren seither mehr oder weniger nutzlos auf den globalen Finanzmärkten herum.

Solches »Übersparen« hat in der Bundesrepublik seit 1949 Tradition. Und laut IWF passiert es heute weltweit. Volkswirtschaftliche »Finanzierungsüberschüsse«, wie es der deutsche Sachverständigenrat nennt, schaffen letztlich ebenso global ein Ungleichgewicht. Eine Null-Defizit-Politik der reichen Industrieländer wäre daher keineswegs die beste aller Lösungen. Andererseits engen die anschwellenden Zinszahlungen, welche öffentliche Haushalte leisten müssen, den politischen Handlungsspielraum in Demokratien immer weiter ein. Der Staat, so der Ökonom Karl Mai, muss sich also zu einer »schwierigen Gratwanderung« in Bezug auf seinen Schuldenberg begeben, zwischen der grundsätzlichen Zweckmäßigkeit von Schulden und den langfristig bindenden exponentiellen Zinseszinseffekten.

Dabei wird es in Zukunft selbstverständlich nicht egal sein, ob der Staat sich das Geld auf Pump oder durch Steuereinnahmen verschafft. Und es ist auch nicht gleichgültig, ob es in totes Kapital wie die geplanten Marathonkriegsschiffe »F125« fließt oder ob das Übersparte in Infrastrukturprojekte, in die Schulbildung oder in einen öffentlichen Beschäftigungssektor mit Multiplikatoreffekt für die ganze Volkswirtschaft investiert wird. Die zentrale politische Frage ist daher nicht, »Staatsverschuldung – ja oder nein?«, sondern: »Für was und für wen wird das Übersparte vom Staat eingesetzt?« Aber das ist dann ein neues Thema.

Wie die Bundesregierung an Geld kommt: Staatsanleihen

Wie kriegt der Bund 6 Milliarden Euro in seine Kassen? Dazu macht die Finanzagentur des Bundes für Rechnung des Bundes über die Deutsche Bundesbank eine Ausschreibung. In unserem Fall bietet sie eine Anleihe zum Zinssatz von rund 2 Prozent und etwa zehnjähriger Laufzeit an. Die Anleihe wurde dann am 23. November 2011 verkauft. Erstmals Zinsen wurden jedoch erst zwei Tage später berechnet; und auch die Laufzeit beträgt nicht genau zehn Jahre, da die Anleihe erst am 4. Januar 2022 »fällig« wird – also nach zehn Jahren und 48 Tagen. Im Ergebnis liegt dann der effektive Zinssatz sogar unterhalb von 2 Prozent per anno.

Für die ausgeschriebene Anleihe konnten nur die 38 »bietungsberechtigten« Banken ein Angebot an die Bundesbank machen, nämlich der exklusive Kreis der »Bietergruppe Bundesemissionen«. Gebote müssen über einen Nennbetrag von mindestens 1 Million Euro oder einem ganzen Vielfachen davon lauten. Da an dem Zinssatz nicht zu drehen war, konnten die Banken einen Kurs anbieten, zudem sie kaufen würden. Die Kursgebote müssen auf volle 0,01 Prozentpunkte lauten. Aber auch Gebote ohne Angabe eines Bietungskurses waren möglich. Die vom Bund akzeptierten Kursgebote wurden dann zu dem im Gebot genannten Kurs, Gebote ohne Kursangabe zum gewogenen Durchschnittskurs der akzeptierten Kursgebote zugeteilt. Gebote konnten an einem Mittwoch zwischen 8.00 und 11.00 Uhr unterbreitet werden.

Sorgenkind Japan

Für die Mitglieder der Euro-Zone gilt das Maastricht-Kriterium von 60 Prozent, das heißt, der gesamte Schuldenberg eines Euro-Landes sollte nicht größer als 60 Prozent des Bruttoinlandsproduktes sein. Entsprechend sollte die Neuverschuldung in einem Jahr höchstens 3 Prozent des BIP betragen. Für beide Sätze, die in der Großen Krise zu einem Schlüsselreiz in der gesamten Diskussion in Westeuropa wurden, gibt es nach allgemeiner Auffassung keine tragfähige wissenschaftliche Begründung. Bei ihrer Festlegung Anfang der 1990er Jahre entsprachen sie in etwa dem Schuldenstand in Deutschland und Frankreich. Beide Länder waren es denn auch, die 2002 und 2003 als Erste öffentlich gegen den später auf Initiative des damaligen deutschen Finanzministers Theo Waigel (CSU) nachgeschobenen Stabilitätsvertrag verstießen. Seit den deutsch-französischen Fehltritten kam es zu Dutzenden von Defizitverstößen. Auf dem Dezember-Gipfel 2011 einigten sich dann die Regierungschefs im Prinzip auf einen neuen, schärferen und mit annähernd automatischen Sanktionen versehenen Euro-Stabilitätsvertrag, den »Fiskalpakt«. Details sollten 2012 festgezurrt werden.

Andernorts ist man weniger pingelig. Während im Euro-Raum der willkürlich festgesetzte Wert von 60 Prozent des Bruttoinlandsproduktes als Ultima Ratio gilt, leistet sich Japan einen mehr als drei Mal so hohen Schuldenberg. Schweden und Großbritannien puschten in den 1990er Jahren erfolgreich ihre Wirtschaft mit rasant wachsenden Staatsschulden. Wo »Maastricht« im Euro-Land eine jährliche Neuverschuldung von höchstens 3 Prozent erlaubt, legte London schon mal 8 Prozent drauf, und Stockholm schreckte vor 12 Prozent nicht zurück. Auch auf die jetzige Weltwirtschaftskrise wird in vielen Ländern weit radikaler als von der schwarz-gelben Koalition in Berlin mit einem dicken Plus an Staatsverschuldung reagiert. Selbstverständlich sind die Schulden anderer Länder kein durchschlagendes Argument, aber der Blick über die Grenzen zeigt: Der reale Kapitalismus kennt viele Varianten.

Die USA dürften laut Schätzung der OECD schon 2011 die 100-Prozent-Grenze überschritten haben. So haben die Vereinigten Staaten ihre Binnennachfrage seit den frühen 1990er Jahren durch eine hohe Schuldenaufnahme im Ausland angekurbelt. Doch erst seit neuerlichen politischen Querelen zwischen Demokraten und Republikanern und der dadurch ausgelösten Herabstufung der weltgrößten Volkswirtschaft durch eine Ratingagentur im Sommer 2011 wurde der US-Schuldenberg zu einem globalen Thema. Finanziert werden die US-Schulden bislang weitgehend aus dem Ausland. Solange China, Japan und die Ölstaaten genug an ihren Exporten verdienen und die Gewinne in den USA anlegen, funktioniert der Kreislauf zwischen Produzenten und den amerikanischen Konsumenten auf Pump. Aber auch die Wirtschaft in Asien ist vor Rezessionen nicht ewiglich gefeit. Es bleibt unklar, wie die hohe US-Auslandsverschuldung abgetragen werden kann.

Noch schlechter als die USA schneiden die Euro-Länder Portugal, Irland und Italien mit 110 bis 130 Prozent ab. Griechenland, dessen Geld- und Fiskalpolitik die europäische Gemeinschaftswährung zum Einsturz zu bringen droht, sitzt auf einem Schuldenberg von über 150 Prozent seines BIP – die Verbindlichkeiten betragen eineinhalb Mal so viel wie die gesamte Wirtschaftsleistung eines Jahres.

Doch was ist all das angesichts der Geldnot, die Japan drückt? Japan ist das größte Sorgenkind, schließlich hat das Land mit über 200 Prozent des Bruttoinlandsproduktes den höchsten Schuldenberg aller Zeiten, und das schon lange vor dem verheerenden Erdbeben im März 2011. Und diese Geldnot hat Folgen: »Die chronische Wachstumsschwäche Japans könnte zum Teil darin ihre Ursache haben«, meinte Mechthild Schrooten vom Deutschen Institut für Wirtschaftsforschung (DIW) in Berlin. Auch der Kreditversicherer Coface sorgt sich. Die japanischen Regierungen seien instabil, und seit den späten 1990er Jahren plage den früheren Weltmarktführer eine stagnierende Wirtschaft, die Zahl der Erwerbstätigen nehme ab, und ein Drittel arbeite in unsicheren Beschäftigungsverhältnissen, obwohl die Bevölkerung »überaltert«.

Trotz solcher Fakten und schlechter Noten von den Ratingagenturen verhalten sich die Finanzmarktakteure erstaunlich gelassen. Bislang scheint das Vertrauen in den Yen ungebrochen. So nahm sein Anteil an den weltweiten Währungsreserven leicht zu, obwohl er durch den neuen Euro seine Hauptrolle als Ersatzleitwährung neben dem Dollar verlor. Zeitweise galt der Yen, neben dem Schweizer Franken, sogar als beliebteste Fluchtwährung für verschreckte Anleger aus Europa und den USA. Für eine gewisse Gelassenheit auf den globalen Finanzmärkten sorgt besonders die Struktur der japanischen Staatsschulden: 93 Prozent werden laut DB Research von Inländern gehalten, von Bürgern, Postbank und Versicherungen. In den USA sind es wie in Deutschland deutlich und in Griechenland weit weniger Einheimische. Nun können inländische Spekulanten genau »so boshaft« sein, wie ausländische, aber auf einem kleineren (Inlands-)Markt wird halt weniger spekuliert, erklärt Ökonom Herbert Schui: »Je größer der Markt, desto größer die Spekulation.« So hilft dem japanischen Staat die generell geringe Offenheit der Volkswirtschaft nach außen, plus die gesetzliche Verpflichtung von Versicherungen und Pensionskassen, Staatspapiere zu erwerben. Andererseits sind für Ausländer und Zocker Japan-Anleihen aufgrund der minimalen Verzinsung, die sich nahe null bewegt, unattraktiv. Beruhigend auf die Finanzmärkte wirkt zudem, dass die nach China und den USA immerhin noch drittgrößte Volkswirtschaft über eine eigene Währung verfügt und notfalls die Notenbank Bank of Japan den Geldhahn stärker aufdrehen und Staatsschulden übernehmen könnte. Sollte Japan weiterhin seine Wirtschaft steuerlich entlasten und die dadurch aufgerissenen Steuerlöcher mit neuen Schulden stopfen, erwartet der IWF, dass der Schuldenberg 2016 die 250-Prozent-Marke überspringt. Schon heute finanziert die Regierung die Hälfte ihrer Staatsausgaben über neue Schulden. Auf Dauer muss wohl auch Japan seine Haushaltspolitik überdenken.

Zocken gegen die Zocker: Europäische Rettungsschirme

Das Jahr 2011 wird wohl als Jahr der Euro-Krise in die Geschichte eingehen. Damit setzte sich die Dauerkrise fort, die im Sommer 2007 durch das Platzen einer Immobilienblase in den USA ausgelöst worden war. Dabei hatte das neue Jahr an der Börse gutgelaunt begonnen. Während die Welt auf die »Arabellion«, auf die Katastrophe im Atomkomplex Fukushima und auf den Krieg in Libyen schaute, näherte sich die Wirtschaft in Europa wieder ihrem Vorkrisenniveau. Die Gefahr einer Rezession schien weit entfernt, die Börsenkurse kletterten in Richtung Allzeithoch. Noch im April setzte die Europäische Zentralbank ein weiteres untrügliches Zeichen der Zuversicht: Erstmals seit Jahren erhöhte sie wieder ihren Leitzins, weil die Konjunktur im Euro-Raum anzog und die Preise – nur für diese ist die EZB ja eigentlich zuständig – daher zu schnell anstiegen.

Dann war es vorbei mit den guten Nachrichten. Portugals Wirtschaft hatte durch den Euro den Schutz seiner Weichwährung Escudo eingebüßt. Die verlängerte Werkbank der spanischen und deutschen Industrie war dadurch zu teuer geworden. Portugal drohte der Staatsbankrott, es bat um Finanzhilfe, und schon im Mai schnürten die EU-Finanzminister zusammen mit dem IWF das dritte Euro-Rettungspaket. 2010 waren schon das an seiner chaotischen Fiskalpolitik gescheiterte Griechenland und das Steuerparadies der Konzerne, Irland, mit Milliarden-Krediten vor der Zahlungsunfähigkeit bewahrt worden. Portugal musste im Gegenzug um den guten Willen privater Investoren werben. Doch die Übereinkunft wurde medial überdeckt von einer Sex-Affäre des IWF-

Chefs Dominique Strauss-Kahn, der in New York festgenommen worden war. Die Aktienkurse fielen.

Aber das Problem waren und sind nicht die Schulden oder neue Staatsanleihen, das eigentliche Problem waren und sind die Zinsen. 2010 und 2011 hatten viele Finanzakteure gegen einige Euro-Länder spekuliert, gewiss auch mit Leerverkäufen, mit Kreditversicherungen und anderen Derivaten, aber vor allem mittels ganz normaler Staatsanleihen. Im Wochenrhythmus, manchmal auch täglich oder monatlich, leihen sich Staaten Geld von den großen Banken, um damit alte Schulden abzulösen oder neue Schulden zu machen. Im Regelfall bieten sie dafür Anleihen feil, die beispielsweise zwölf Monate laufen, und versprechen dafür einige wenige Prozent Zinsen. Nun gilt auch in diesem Fall das Magische Dreieck der Geldanlage: Je riskanter eine Geldanlage erscheint, desto höher muss der Zins sein, den der Schuldner bietet.

Am Rande vermerkt: Während ihrer Laufzeit werden Staatsanleihen an Börsen gehandelt, was für den eigentlichen Deal egal ist, aber mittelbar auf die künftigen »Preise« (Zinssätze) von Anleihen wirkt – wobei der Markt für große Länder größer ist als für kleine und daher die Liquidität höher. Die Chance, sich über eine Börse von einer Anleihe jederzeit wieder trennen zu können, ist also für Bundesanleihen größer als für Anleihen aus Luxemburg. Je kleiner die Liquidität, desto höher der Zins. Dabei spielt die Liquidität für die Akteure meist nur eine Nebenrolle, die Hauptrolle ist dem Risiko vorbehalten.

Risiko also: Staatsanleihen von Griechenland, später Irland und Portugal, dann Italien, Spanien und Belgien wurden plötzlich von Ratingagenturen als deutlich risikoreicher als zuvor eingeschätzt, und die Länder sollten entsprechend höhere Zinsen dafür zahlen. Da ja anfänglich kaum zu erwarten stand, dass einer dieser Staaten pleite machen würde, ging es also um die nackte Rendite: Die Banken wollten mehr Kohle sehen, damit sie Griechenland und Consorten aus der Patsche helfen. Solches ist aus Sicht der Staaten aber nur bis zu einem bestimmten Punkt verträglich: Zu hohe Zinsen, die ja auf die Wirtschaft durchschlagen, sind irgendwann zu kostspielig für die heimischen Banken und Betriebe. Sie sind dann nicht mehr wettbewerbsfähig und verlieren gegenüber der ausländischen Konkurrenz entscheidend an Boden. Bereits ein oder zwei Prozentpunkte mehr können auf Dauer eine Volkswirtschaft schwer schädigen. Doch in der Krise ging es nicht um 1 oder 2 Prozent, der »Spread« betrug im Januar 2012 zwischen deutschen und »Schrottpapieren« 5 Prozent (Rumänien), 6 Prozent (Ägypten) oder 7 Prozent (Ungarn und Irland), 8 Prozent (Argentinien), 9 Prozent (Venezuela) oder 11 Prozent (Griechenland und Portugal). Oder anders formuliert: Die Wettbewerbsposition deutscher Unternehmen verbesserte sich durch die Staatsschuldenkrise ganz offensichtlich, da sie die niedrigsten Zinsen in der Europäischen Union zahlen mussten. Abhilfe könnten hier »Eurobonds« bringen: Alle Euro-Länder nehmen gemeinsam ihre Schulden auf und müssten dann den gleichen (niedrigen) Zins berappen. Deutschland würde dann allerdings draufzahlen.

Im Juli 2011 räumten die Euro-Finanzminister ein, dass Griechenland einen Schuldenschnitt benötige, um wieder auf eigene Beine zu kommen. Hieran sollten sich, trotz anders lautender politischer Versprechen, erstmals die privaten Gläubiger beteiligen. EZB-Boss Jean-Claude Trichet und viele eher rechte Ökonomen hatten vor einem Schuldenschnitt gewarnt, weil sie fürchteten, dass dann auch Spanien und Italien »angesteckt«, also in das Visier der Spekulanten geraten würden. Genau so kam es. Der »Markt« sah die Gefahr, dass auch andere hochverschuldete Staaten nicht mehr bereit sein könnten, ihre Schulden vollständig zu bedienen. Seither fordern Investoren höhere Risikoprämien, also höhere Zinsen, wenn Krisenkandidaten Geld leihen wollen; und seither können sich Italien, Spanien oder Belgien nur noch deshalb zu einigermaßen tragbaren Konditionen neu verschulden, weil die EZB unter anderem indirekt massiv Staatsanleihen der Länder kauft.

Dieses Spiel wird weitergehen. Mitte März 2012 musste Griechenland erstmals wieder Anleihen tilgen, 16 Milliarden Euro; allein der Wackelkandidat Italien muss 2012 rund 200 Milliarden Euro durch neue Staatsanleihen auslösen. »Das Risiko ist real«, warnt Commerzbank-Chefökonom Jörg Krämer, »dass Italien nicht genügend Käufer für seine Papiere findet.« Dann sei es praktisch zahlungsunfähig. Andere Länder könne es 2012 oder 2013 ebenfalls treffen. Helfen könnten da nur »umfangreichere EZB-Anleihenkäufe«. Was auch zum Nutzen der Commerzbank wäre.

Im Aufkauf von Staatsanleihen durch die Europäische Zentralbank sehen auch linke Ökonomen eine Übergangslösung, um den Spekulanten Einhalt zu gebieten. Doch erst ein in vollem Umfange funktionstüchtiger Rettungsfonds EFSF/ESM und gemeinsame Staatsanleihen aller Euro-Länder (»Eurobonds«) könnten den Dammbruch zumindest notdürftig schließen, den der Vertrag von Maastricht der neuen Währung von Anfang an eingebrockt hatte: eine gemeinsame Währung ohne gemeinsame Steuerpolitik (und ohne gemeinsame Sozialpolitik) für Länder, deren Wirtschaftskraft Welten trennen.

EFSF, ESM und der Hebel

Auf dem Höhepunkt der Griechenland-Krise spannten die Euro-Mitglieder im Mai 2010 einen Euro-Rettungsschirm auf: die Europäische Finanzstabilisierungsfazilität (EFSF; European Financial Stability Facility). Sie ist kaum mehr als eine Briefkastenfirma, nämlich eine Aktiengesellschaft nach luxemburgischem Recht mit Sitz in Luxemburg und wird von dem deutschen EU-Beamten Klaus Regling geleitet. Im Ernstfall könnte der EFSF Kredite von bis zu 440 Milliarden Euro aufnehmen, indem der Fonds Anleihen ausgibt, für die seine Mitgliedstaaten bis zu dem vereinbarten Betrag haften.

2010 wurde auch noch der Europäische Finanzstabilisierungsmechanismus (EFSM; European Financial Stability Mechanism) eingerichtet, der die EU-Kommission ermächtigt, im Namen der Europäischen Union Mittel von bis zu 60 Milliarden Euro aufzunehmen und sie an Krisenländer auszuleihen.

Organisiert werden die EFSF-Anleihen und ihr Verkauf durch die Deutsche Finanzagentur, die auch die Schulden der Bundesregierung managt.

2011 wuchsen die Bedenken, dass der Fonds zu klein sei. Im November beschlossen die Euro-Staaten eine Vergrößerung des Rettungsschirmes. Da das bisherige Volumen von 440 Milliarden Euro bereits teilweise für die alten Krisenfälle Irland, Portugal und Griechenland vergeben ist, blieben etwa 250 Milliarden für neue Kredite. Dieses Volumen soll mittels Hebelung auf 750 Milliarden verdreifacht werden, das heißt, indem private Investoren mit unter den nächsten Rettungsschirm schlüpfen. Für künftige Anleihen des EFSF würden dann die Staaten »nur« für ein Drittel bürgen. Eine Anleihe, die zu einem Drittel garantiert ist, wäre bei sonst gleichem Zinssatz für Finanzakteure sehr interessant. Die Risiko-Rendite-Relation wäre einmalig attraktiv für Anleger.

Mitte 2012 soll das Provisorium EFSF durch den Europäischen Stabilitätsmechanismus (ESM; European Stability Mechanism) abgelöst werden. Deutschland wird dann entsprechend seiner Größe für 27 Prozent der Kreditsumme und des Eigenkapitals des ESM geradestehen, Frankreich für 20 Prozent.

Im Rückblick war 2011 nicht allein das Jahr der Euro-Krise. Seit dem Sommer rückten neben der Euro-Staatsschuldenkrise auch die schlechte wirtschaftliche Lage der USA und ihre überbordende Verschuldung gegenüber China und den arabischen Ölmagnaten in den Blick der Finanzanalysten. Die Ratingagentur Standard & Poor's entzog den Vereinigten Staaten, die längst so hoch wie Griechenland verschuldet waren, die Bestnote. Doch der US-Staatsanleihemarkt gilt als zu groß, als dass er direkt angegriffen werden könnte; Schuldner und Gläubiger sitzen zudem gemeinsam in einem Riesentanker. Geht dieser unter, saufen fast alle ab. Und das gilt, so viel Trost muss sein, grundsätzlich für die gesamte Staatsverschuldung: Ohne den sicheren Hafen der Staatsanleihen wüssten die Finanzmarktakteure oftmals gar nicht, wohin mit ihren überflüssigen Billionen.

Statt daraus Gelassenheit abzuleiten, kam die Politik in der Euro-Zone bislang nur ermüdend schleppend voran. Doch wie sollte es bei 17 Euro-Ländern plus 10 weiteren EU-Mitgliedern mit unterschiedlichen Traditionen und mannigfachen demokratischen Spielregeln eigentlich anders sein? Obwohl man die Banken in der tiefsten Not ungeschoren ließ – und wohl lassen musste –, die EZB den Geldhahn nur zögerlich aufdrehte, der Rettungsfonds EFSF lange zu klein blieb und Deutschland Eurobonds verweigerte, hat die Politik vieles richtig gemacht: Im Kern zockte und zockt sie mit immer größeren Summen gegen die Zocker, bis diese klein beigeben (und woanders ihre Spekulationsspiele betreiben). Es gibt zunächst keine erfreuliche Alternative zu dieser Defensiv-Spekulation der Staaten: Verliert Europa in Griechenland, werden die Hasardeure sich auf Italien, Spanien und Frankreich stürzen und eines Tages auch vor Deutschland nicht zurückschrecken. Einen kleinen Vorgeschmack, einen Test-Schreck sozusagen, gab es im vergangenen Jahr. Bundesanleihen galten bis dahin als der sichere Hafen im stürmischen Euro-Raum. Aber Ende November blieb die Bundesregierung auf einem großen Teil ihrer Staatsanleihen sitzen: Bei einem Angebot im Volumen von 6 Milliarden Euro fanden nur Anleihen im Wert von 3,64 Milliarden Euro einen neuen Besitzer. Die Bundesbank, die zusammen mit der Finanzagentur des Bundes die Verschuldung technisch abwickelt, übernahm im Namen der Regierung alle unverkäuflichen Anleihepapiere. Was nicht mit dem Aufkauf von Staatsanleihen durch die Europäische

Zentralbank verwechselt werden darf, denn im November blieb der Bund, bis auf weiteres, Eigentümer.

Händler sprachen in ersten Reaktionen von einem erschreckend schwachen Ergebnis, das »sehr besorgniserregend« sei und »ein Misstrauensvotum gegen die gesamte Euro-Zone«. Die Bundesregierung versuchte sich in Schadensbegrenzung. Ein solcher Flopp komme »immer wieder vor«, beruhigte ein Sprecher der Finanzagentur. Mag sein, aber bis zur Großen Krise war dieses Phänomen unbekannt gewesen. Wer zu dem geschlossenen Kreis der Bietergemeinschaft gehörte, nahm, was er kriegen konnte. Erst seit dem Ausbruch der Großen Krise wurden die Geldgiganten zögerlicher. 2007 floppte dann erstmals eine Bundesanleihe, 2008 gar neun.

Fast 300 Milliarden Euro neue Schulden musste der Bund in 2011 insgesamt aufnehmen. 250 Milliarden Euro sollen es für 2012 sein, hauptsächlich, um alte Schulden zu tilgen. Der Kreis ist klein, der ab da über das Wohl und Wehe einer Fiskalnation entscheidet: Bundesanleihen können nur die 39 »bietungsberechtigten« großen Kreditinstitute kaufen, die dem exklusiven Kreis der »Bietergruppe Bundesemissionen« angehören. Anfang 2012 war noch die niederländische Rabobank hinzugekommen. Herausragend in der Bietergruppe sind die Deutsche Bank als Nummer eins, aber auch der US-Riese Goldman Sachs, die britische Barclays Bank und die französische Société Générale. Letztlich entscheiden ein knappes Dutzend internationale Großbanken über das Wohl und Wehe der Bundesanleihen, wobei laut Bundesbank das Ausland mittlerweile rund die Hälfte der deutschen Staatsschulden finanziert.

Zurück ins vereinte Europa, von dem Deutschland ganz besonders profitiert. Zwar ist Deutschland Zahlmeister der EU – pro Jahr netto weniger als 10 Milliarden Euro , aber auch deren größter Nutznießer. Nach einer Berechnung der staatlichen KfW-Bank hatte Deutschland durch seine Mitgliedschaft in der Euro-Zone in den letzten beiden Jahren einen Wachstumsvorteil zwischen 2 und 2,5 Prozentpunkten. Umgerechnet habe das Wirtschaftswachstum dadurch von Mitte 2009 bis Mitte 2011 zwischen 50 und 60 Milliarden Euro mehr zugelegt, als es unter der D-Mark gegebenenfalls passiert wäre.

Europa ist gespalten. Die Euro-Zone mag ein ernstes Finanzierungsproblem haben, aber sie hat vor allem wirtschaftliche und soziale Schwierigkeiten: Ein Jahrzehnt nach Einführung des Euro, der Europa enger aneinander binden sollte, driftet Europa auseinander. Während Deutschland und Frankreich das ökonomische Vorkrisenniveau deutlich überschritten haben, produzieren die meisten Länder noch immer weniger als 2008. Neben Griechenland und Irland liegen die baltischen Staaten Estland, Lettland und Litauen sogar noch rund 10 Prozent im Minus. Auch bei den Einkommen liegen Euro-Länder noch unter dem Vorkrisenwert, beispielsweise in Lettland, wo die Menschen 23 Prozent weniger verdienen als vor der Krise. Auch in Spanien ist die Arbeitslosigkeit inzwischen auf über 20 Prozent hochgeschnellt. Bei Jugendlichen ist sie noch höher. Europa steht am Scheideweg.

Wenn Europa auf den richtigen Kurs kommt, werden die Spekulanten weiterziehen und das überflüssige Geld woanders anlegen. 2012 könnte so das Jahr der Schwellenländer werden. Brasilien, Indonesien oder Taiwan gelten als schick: Rohstoff-, Tourismus-, aber auch Technologieaktien und eigene handelbare Währungen locken die Anleger, Investoren und Hasardeure. Die Finanzwelt bleibt entsprechend gespalten. Teile und herrsche gilt auch auf den Finanzmärkten als gute Möglichkeit, um Reibach zu machen. Nur Größe – siehe USA – und schiere Finanzmacht können helfen, diese Ketten zu sprengen. Nach der Not, die kaum ein Gebot kennt, wird es jedoch Zeit, allen Finanzmarktakteuren neue Regeln aufzuzwingen.

Normalität oder Ausnahme? –
Kapitalismus in der Krise

Kapitalismus: Rationaler Irrsinn

Hinter dem profitablen Irrsinn steht ein rationaler Irrsinn, der Kapitalismus. Seine Verheißungen bleiben leere Versprechungen. Zunächst einmal bewirkt der Kapitalismus weniger, als ökonomisch und technisch eigentlich möglich ist. Er ist suboptimal. Eine Feststellung, der ich an anderer Stelle *(Der Kapitalismus frisst seine Kinder)* in den 1990er Jahren ausführlich nachgegangen bin. Die Große Krise stützt jetzt diese These eindrucksvoll. Alternativ wäre ein Markt, der nicht vom (großen) Kapital dominiert, manchmal beherrscht wird, sondern stattdessen gesellschaftlich im Sinne des Grundgesetzes zum »Wohle der Allgemeinheit« reguliert würde. Er wäre grundsätzlich leistungsfähiger.

Offensichtlicher als das Effizienzdefizit ist die Krisenanfälligkeit des Kapitalismus. Der Kapitalismus entwickelt aus sich heraus immer wieder Firmenpleiten und Arbeitslosigkeit, konjunkturelle, finanzielle und strukturelle Krisen. Da ihm obendrein jedes Verhältnis auf Erden zu einem Geld-Ware-Verhältnis verkommt, um mit Karl Marx zu schreiben, neigt »er« zur Verdinglichung der Beziehungen zwischen den Menschen und damit zur Entfremdung.

Die Konsequenz daraus erscheint zunächst ernüchternd: Wenn es gelänge, die Finanzakteure einzuhegen, müssten wir trotzdem mit großen Problemen und Krisen leben. Ein Befund, der auf dem langen historischen Pfad ein wenig an Dramatik verliert. Früher – ohne Kapitalismus – war eben keineswegs die Welt heil(er).

Von historisch kurzen Hochphasen beispielsweise in Rom oder in der Hanse-Ära abgesehen, brachten Mühsal und Plackerei der Arbeitenden auf ausgedörrten Feldern, in finsteren Bergwerksgruben oder auf schwankenden Schiffsplanken in 2000 Jahren ohne Kapitalismus den Menschen kaum mehr ein, als was zum täglichen Leben notwendig war. Manchmal nicht einmal das. Die noch gar nicht als solche absehbaren Volkswirtschaften stützten sich vorwiegend auf eine kleinteilige, lokal ausgerichtete Landwirtschaft und produzierten hauptsächlich für den unmittelbaren Bedarf. Armut, Hunger, Krankheit und Kindstod waren allgegenwärtige Begleiter des Lebens.

Erst mit der langsam heraufziehenden Industriellen Revolution konnte Wirtschaftswachstum und damit wenigstens die Chance auf einen kleinen Wohlstand zur Norm heranreifen; erst mit der Industrialisierung wurde die wirtschaftliche Entwicklung in Europa weitgehend unabhängig von unbeeinflussbaren Wetter- und Klimakapriolen, von Pestzügen und Hungersnöten, die für ein dauerndes Auf und Ab der Bevölkerungszahl sorgten. Zwischen 1750 und 1900 stieg dann jedoch der Anteil Europas an der weltweiten Industrieproduktion rasant von unter 25 auf weit mehr als 60 Prozent. Umgekehrt, so ermittelte Paul Kennedy, sank der Anteil Chinas und der anderen »Dritte Welt«-Länder von rund 75 auf 10 Prozent. Wirtschaftswachstum wurde im Europa des 19. Jahrhunderts erstmals zum Normalfall.

Diesen grundsätzlichen Befund können die berechtigten Kritiken an statistischen Verfahren und politischen Manipulationen im Einzelnen nicht ändern. Und auch im 20. und beginnenden 21. Jahrhundert »produzierte« der Kapitalismus in den allermeisten Jahren Wachstum. Trotz des bereits erreichten hohen Niveaus wuchs die Wirtschaft unterm Strich immer weiter. Blicken wir nur ein Vierteljahrhundert zurück: Damals regierte der neue CDU-Kanzler Helmut Kohl mit fast 49 Prozent der Stimmen, und die Grünen waren erstmals in den Bundestag eingezogen, IBM stellte den ersten »Personal Computer« vor, und das deutsche Zündholzmonopol fiel – seither hat sich die Wirtschaftsleistung auf dem Gebiet der alten Bundesrepublik preisbereinigt verdoppelt. Verdoppelt!

Die Geschichte der Spekulationen und Finanzkrisen – Carmen Reinhart und Ken Rogoff listen in ihrem Bestseller *Dieses Mal ist alles anders* eine lange Liste von Krisen in den vergangenen acht Jahrhunderten auf – nährt den Verdacht, dass Krisen immer waren und immer sein werden. Mag sein. Aber die Krisen in den vergangenen drei Jahrzehnten treten häufiger auf, und sie gehen tiefer. Das sehen nicht alle Ökonomen und Sozialwissenschaftler so. Und auch klassische Indizes wie der »Dow Jones«, in dem seit 1884 US-amerikanische Aktienkurse gebündelt werden, oder jüngere Indizes wie der »Chicago Board Options Exchange Volatility Index«, der erwartete Volatilitäten (Schwankungen) von Finanzkursen misst, lassen Interpretationsspielraum. Wie könnte es anders sein. Doch erscheint mir die Großdatenlage erdrückend – der finanzakteursgetriebene Kapitalismus wird krisenanfälliger:

- Der Asienkrise 1997/98 folgten
- heftige Erschütterungen in Russland und Südamerika,
- im März des Jahres 2000 platzte mit der Dotcom-Blase an den Börsen auch der Jugendwahn der Neuen Industrien aus Internet- und Telekommunikation,
- es folgte 2002 eine bis heute nachwirkende Staatspleite Argentiniens, und
- 2007 brach auf den Immobilien- und Bankenmärkten in den Vereinigten Staaten die zweite Weltfinanz- und Wirtschaftskrise aus, die »Große Krise«.
- Diese mündete 2010/11 in mehrere Staatsschuldenkrisen, die Europa, die USA und Japan plagen.
- Ausgang und Ende der Immobilien-Banken-Finanz-Wirtschafts- und Staatsschuldenkrise sind auch heute – Jahre nach Ausbruch der Großen Krise – noch offen.

Die neoliberale Entgrenzung der Märkte seit Mitte der 1970er Jahre entschied über eine wachsende Labilität des Kapitalismus.

Freilich lese ich den Trend zur Krise eher als eine Normalisierung des Kapitalismus, hin zu einer Kapitalismusvariante, wie sie bis zum Ausbruch des Zweiten Weltkrieges dominierte. So spielte beispielsweise die sogenannte Globalisierung um 1900 eine ähnlich bedeutende Rolle wie heutzutage. Dagegen sollte der ausdauernde Nachkriegsaufschwung des »Wirtschaftswunders« bis in die 1970er Jahre hinein historisch als positiver Ausreißer gesehen werden. Beflügelt wurde die Nachkriegskonjunktur von der expansiven wirtschaftspolitischen Reaktion des Westens auf die realsozialistische Konkurrenz aus Osteuropa. Schon deswegen gibt es kein einfaches Zurück in das vermeintlich soziale Glück mit Vollbeschäftigungsgarantie der 1960er und 1970er Jahre, ein zähes Glück, wie es nicht allein in der Bundesrepublik gedieh.

Normalisierung bedeutet auch: Die Wachstumsraten sinken in den »alten« Industriestaaten kontinuierlich. In den 1950er Jahren betrug das preisbereinigte Wirtschaftswachstum beispielsweise in der Bundesrepublik durchschnittlich 8,2 Prozent pro Jahr, in den 1960er Jahren war es auf 4,4 Prozent geschrumpft, und in den folgenden Dekaden sank es von 2,9 auf 2,6 und sogar 1,7 Prozent. Seit der Jahrtausendwende fiel das durchschnittliche Jahreswachstum trotz relativer Boomphase auf 1,2 Prozent (ohne das Krisentief im Jahr 2009). Gewiss ist dieser immer langsamere Anstieg, diese Neigung zur Stagnation, dem immer größer gewordenen Sockel geschuldet und insofern Mathematik. Der entwickelte Kapitalismus schafft damit jedoch ein soziales Problem: Technische Entwicklungen und Rationalisierungsstrategien in den Betrieben sorgen unter den gegebenen politischen Bedingungen und der Exportorientierung der Konzerne dafür, dass ein langfristiges Wirtschaftswachstum von etwa 2 Prozent notwendig wäre, um die Zahl der Arbeitsplätze zu erhalten. Und die Kluft zwischen »realen« Profiten und den Erwartungen der Finanzmarktakteure nimmt zu.

Ohnehin stößt der Kapitalismus an Grenzen. Seine üppige Warenproduktion hat viele Märkte gesättigt. Schließlich können wir nur ein Auto gleichzeitig fahren, genügt ein »iPad« zum Spielen und sollten wir lieber weniger als mehr Schweineschnitzel essen. Nun ließe sich auf eine Innovation wie ehedem Dampfmaschine oder Computer hoffen, die beide eine neue »lange Welle« des Wandels der Wirtschaft auslösten. Wahrscheinlich erscheint mir eine solche Mega-Erfindung nicht. Jedoch scheitert das Kapital derweil nicht an gesättigten Märkten, sondern es exportiert sein Modell nach China und Indien, nach Indonesien, Vietnam, Brasilien und auch schon nach Afrika, um dort zu expandieren. Damit verschafft »es« sich bis auf weiteres, wenn nicht auf Jahrhunderte, wieder einen größeren Gestaltungsspielraum.

Wachstum ist freilich nicht alles. Zu den krisenhaften Prozessen des Kapitalismus gehört ebenso die Zerstörung der Umwelt. So ließen Unternehmer im frühindustriellen England die Wälder – wie schon im Mittelalter – abholzen, um Brenn- und Baustoff zu gewinnen. Genau so passierte es im hiesigen Schwarzwald oder im Sachsenwald zwischen Hamburg und Berlin. Am Baum-Beispiel zeigt sich aber auch eine Lernfähigkeit. Zumindest in den meisten europäischen Ländern werden die Wälder seit einigen Jahrzehnten zwar nicht gänzlich ökologisch ausgewogen, aber doch nachhaltig bewirtschaftet.

Trotz aller systemischen Krisenanfälligkeit, auch an diesem

Punkt noch ein Wermutstropfen in manchen linken Rotweinbecher: Der Kapitalismus meistert nicht nur einige Rohstoffprobleme, sondern sogar existenzielle Krisen. Ich denke beispielsweise an die »kleine« Weltwirtschaftskrise 1857 oder die erste Ölkrise 1973. Eine Zweite folgte 1979/80, als die arabischen Staaten den Preis für das bis dahin den Industriestaaten spottbillig verkaufte Erdöl sprunghaft nach oben trieben. Der »Ölschock« brachte den abrupten Abschied von dem inzwischen veralteten Maschinenpark und von dem klassischen Industrialisierungsmodell »Kohle und Stahl«. In der Bundesrepublik erwuchs aus dem Schock eine erneute Modernisierung. Diese Modernisierung ermöglichte es den deutschen Konzernen, seit den 1980er Jahren wieder auf den Weltmarkt zurückzukehren, den sie mit dem Zweiten Weltkrieg verloren hatten. Die immer noch aktuelle Große Krise könnte dereinst ein weiteres Beispiel für diese These liefern.

Kapitalismus: Ungerecht

Suboptimal und anfällig für Krisen – so lautet meine vorläufige wirtschaftspolitische Diagnose des Kapitalismus. Dazu kommt noch die Geißel der sozialen Spaltung. Armut und Reichtum nahmen im zurückliegenden Jahrzehnt zu, und der Anteil der Personen mit mittlerem Einkommen sinkt in den westlichen Staaten. In England und in den USA und selbst in Deutschland mit seiner sozialpartnerschaftlichen Kapitalismusvariante lässt sich ein Auseinanderdriften beobachten, wie etwa das Sozio-oekonomische Panel (SOEP) dokumentiert. Selbst während der längeren Hochkonjunkturphase bis 2007/08 war dies der Fall. Im Ergebnis profiliert sich annähernd eine Drei-Drittel-Gesellschaft aus Oben, Unten und Mitte. Unabhängig von Verteilungsstatistiken: Armut ist immer ein relatives Phänomen. »Armut in einem reichen Land kann sehr viel bedrückender und bedrängender und deprimierender sein als Armut in einem armen Land, einfach deshalb, weil in der sogenannten Dritten Welt alle um einen herum arm sind und man diese Notsituation gar nicht so stark empfindet, wie man sie empfindet, wenn man im Wohlstand lebt, wenn alle um einen herum konsumieren«, erklärt der Politologe Christoph Butterwegge, Armutsforscher an der Universität Köln.

Gleichzeitig wächst die Kluft zwischen Arm und Reich nicht allein innerhalb einzelner Länder, sondern auch zwischen den Ländern: Innerhalb der Europäischen Union etwa oder zwischen den erfolgreichen BRIC-Staaten Brasilien (Rohstoffe), Russland (Gas und Öl), Indien (Software), China (Fabrik der Welt) sowie den arabischen Ölförderländern einerseits und etwa Irak, Afghanistan und Pakistan oder vielen afrikanischen Ländern oder Jamaika und Mexiko andererseits. Ungleichgewichte produziert der Kapitalismus auch zwischen den Exportmächten Deutschland, China sowie Japan und dem Rest der Welt, der auf Pump einkauft. Auch zu diesen Spaltungen leistet der aktuelle finanzakteursgetriebene Kapitalismus mit seiner Entgrenzung von Handel und Finanzgeschäften einen entscheidenden Anteil. Gewissermaßen ist diese Spaltung der Welt ein globales Verteilungsproblem, denn selbst die Ökonomien der meisten Verliererländer wachsen, wenngleich nur äußerst langsam und meist zu langsam für die schnell zunehmende Bevölkerungszahl. Doch insgesamt schafft der Kapitalismus, laut Internationalem Währungsfonds, ein jährliches weltweites Trendwachstum seit 1970 von über 3 Prozent. Seit dem Einstieg Chinas in den kapitalistischen Weltmarkt sogar eher 4 Prozent. Ebenso wie in den einzelnen Staaten ist der Kapitalismus auch global üblicherweise durchaus in der Lage, für wachsenden Wohlstand zu sorgen. Er schafft es aber nicht, diesen gesellschaftlichen Reichtum hinreichend gleichmäßig zu verteilen. Ungleichgewichte mögen im Leben der Menschen alltäglich sein, sie gefährden jedoch in der Ökonomie der Welt mittel- oder langfristig die Balance, und eine fehlende Balance provoziert Krisen, und Krisen gefährden unser Leben.

Der Kapitalismus hat es in den zwei Jahrhunderten seiner Blütezeit nicht vermocht, wenigstens die Grundbedürfnisse aller Menschen zu sichern. Dabei reicht dafür die ökonomische Leistungsfähigkeit auf unserer Erde spätestens seit den 1970er Jahren aus. Lohn und Brot für alle ist angesichts der Entwicklung der Produktivkräfte heute keine unerfüllbare Utopie mehr.

Kapitalismus: Möglichkeiten

Neben der »materiellen« Grundsatzkritik am Kapitalismus gibt es auch eine ideelle: Über die existentiellen Grundbedürfnisse hinausgehende soziale Bedürfnisse werden von Unternehmen und Institutionen in Konsumismus und ausdauerndem Party-Getue erstickt. Die Glücksforscher belegen, dass Menschen dadurch unglücklicher werden. Und »der Kapitalismus« versucht obendrein, alle Lebensbereiche seinen Geld-Ware-Beziehungen unterzuordnen. Ein typisches, durchaus ambivalentes Ergebnis: In der Geizist-geil-Gesellschaft geben die Verbraucher für das meist (minderwertige) industriell produzierte Essen im Gegensatz zu den Zeiten des früheren Wirtschaftswunderlandes nur noch einen Bruchteil ihres Einkommens aus. Bei der Miete ist es trotz technologischer Fortschritte beim Bauen erstaunlicherweise genau umgekehrt. Das ist eine Folge unter anderem der erfolgreichen Spekulation mit Grundstücken und Häusern.

Aber die Welt des Kapitalismus kennt nicht allein die beschriebenen Trends, sie formt auch verschiedene Varianten, selbst wenn das »deutsche Modell« erodiert, wie Wolfgang Streeck und seine Kollegen vom Max-Planck-Institut für Gesellschaftsforschung in ihren Forschungen eindrücklich belegen. Möglicherweise gibt es in den nächsten Jahrzehnten eine Annäherung der Varianten. Bis dahin dürfte der Rheinische Kapitalismus der Bundesrepublik weit mehr auf Technologie und Industrie setzen als der weitgehend deindustrialisierte Dienstleistungskapitalismus Großbritanniens; und der skandinavische Wohlfahrtskapitalismus unterscheidet sich nicht allein in der Sozialpolitik von osteuropäischen oder asiatischen Varianten. Und der nachholende, vom Staat getriebene »etatistische« Kapitalismus Chinas oder Indonesiens könnte sein eigenes Gesicht wahren oder sich einem der europäischen Grundmodelle annähern. Denkbar auch, dass die orientalische Despotie – wie sie der Soziologe Karl August Wittfogel in Anlehnung an Karl Marx und Max Weber in den 1930er Jahren für die Sowjetunion und China beschrieb – in arabischen Ländern in neuem Gewande das vorherrschende Modell bleibt. Überhaupt ist spätestens seit dem Überholmanöver Chinas und seit der Großen Krise die Frage wieder akut, ob Kapitalismus allein mit Demokratie dauerhaft funktioniert oder ob nicht umgekehrt Demokratie den Kapitalismus behindert. In allen Euro-Krisenländern wurden neue Regierungen eingesetzt oder gewählt. Angesichts der immanenten Korruption und schamlosen Bereicherung in den gesellschaftlichen Eliten des Westens und dem scheinbar unaufhaltsamen Trend zur Wahlabstinenz in den unteren Klassen und Teilen der Mittelschicht ist Demokratie aktuell kein Exportschlager. Die Zukunft ist – wie immer – noch offen. Aber die hier umrissenen »Varieties of Capitalism«, wie sie Peter Hall und David Soskice nannten, belegen immerhin die vielfältigen Möglichkeiten, die im Kapitalismus stecken.

Der Kapitalismus ist suboptimal, krisenanfällig und voller Ungleichgewichte. Der moderne finanzakteursgetriebene Kapitalismus spitzt die Probleme weiter zu und neigt zu Hochfrequenz-Krisen. Dies weckt weltweit Widerstände. Erinnert sei an das globalisierungskritische Netzwerk Attac, das sich seit 1998 für eine sozial und ökologisch gestaltete Globalisierung einsetzt. Seine ursprüngliche und im Namen Attac angelegte Forderung nach einer Mehrwertsteuer auf Finanzgeschäfte, eine Transaktionssteuer, wurde 2011 unter dem politischen Druck der Großen Krise von vielen Regierungen in ihren Forderungskatalog aufgenommen. Occupy Wall Street, »Besetzt die Wall Street«, erlangte ab September desselben Jahres in wenigen Wochen einige Berühmtheit. Occupy Wall Street traf offensichtlich das Lebensgefühl vieler junger Menschen weltweit. Antikapitalismus erscheint wieder mehrheitsfähig. Dabei zeigt uns die in diesem Buch beschriebene Entwicklung auch, wie formbar Wirtschaft und Gesellschaft sind. Formbar aber auch in eine andere Richtung.

Die Alternative

Der demokratische Markt Europas

»Wir verstehen alle nicht, wie diese Krise funktioniert.« Mit diesem Eingeständnis eines Mannes, der es besser wissen könnte, begann dieses Buch. Unverständnis kann zu Fragen führen, und Fragen können Antworten hervorbringen. Das wäre produktiv. Auf ähnliche Art sind Krisen produktiv. Doch vor allem schaden sie; sie schaden den ohnehin schwächeren Akteuren in Wirtschaft und Gesellschaft. Sie nutzen den Starken. Dieses Doppelgesicht zeigt auch die Große Krise. Der Kapitalismus neigt aus sich heraus zu Störungen, und daran würden auch reibungslos funktionierende Finanzmärkte wenig ändern. Aber das Finanzsystem selbst ist störanfällig, und dies schlägt auf den nichtmonetären Kapitalismus durch, und so bringt die Finanzkrise die Realwirtschaft und letztlich die Regierungen in Bedrängnis.

Es ist im Interesse einer Mehrheit der Menschheit, diese Krisenanfälligkeit möglichst weit zu reduzieren. Nur wir Bürger fast aller Klassen können dabei die Akteure sein, Demokratie und Reformen unsere Werkzeuge. Eine Zivilisierung der launischen Bestie »Finanzmarkt« gibt es nicht zum Nulltarif, und das richtige Kreuz in der Wahlkabine wird nicht genügen. Nur eine »revolutionäre Regulation«, also demokratisch verfasste Reformen, die von einer starken politischen Bewegung getragen werden und die dem profitablen Irrsinn seine Grundlagen entziehen, verspricht Befreiung vom Übel. Nachhaltig.

Dabei setze ich innerhalb des unverzichtbaren sowie mit aller Härte des Gesetzgebers und der Exekutive verteidigten Rahmens, der die Akteure in der Wirtschaft zu zivilem Verhalten zwingt, auf indirekte Regulierung. Diese fließende Form der Regeldurchsetzung verzichtet auf eine überbordende Bürokratie, da sie entsprechende Anreize beispielsweise über die Steuerpolitik setzt, mit denen die ökonomischen Interessen der Akteure im gewünschten Sinne modifiziert werden können. Vor allem kann eine indirekte Regulierung erfolgreicher als ein starres Regelkorsett wirken, dessen Bruch – denken wir an die illegale Sondermüllbeseitigung oder an die Korrumpierung von Geschäftspartnern – häufig mit Extraprofiten belohnt wird. Eine indirekte Regulierung ändert die Interessenlage der Akteure und erwirkt dadurch von Bankern, Managern und Anlegern eine »freiwillige« Änderung ihres Verhaltens. Dieses von dem französischen Wirtschaftshistoriker Fernand Braudel angeregte Modell nenne ich den »demokratischen Markt«. Neun Punkte scheinen mir im Blick auf die Finanzakteure wichtig:

Solides Geld. Geld ist in jeder modernen Gesellschaft eine lebenswichtige Infrastruktur. Um diese Funktion zu wahren, bedarf es einer eigenen Institution, einer Zentralbank. Diese muss sich im Eigentum des Staates befinden, denn sie vertritt gesamtgesellschaftliche Interessen. Sie muss aber gleichzeitig operativ unabhängig sein, um sich den tagespolitischen und wahlzyklischen Begehrlichkeiten der Politiker entziehen zu können. Eine Geldpolitik kann nur solide sein, wenn sie für ausbalancierte Verhältnisse sorgt. Darum gehört in den vom Parlament bestimmten Aufgabenkatalog auch die Sicherung von nachhaltigem wirtschaftlichen Wohlstand und Beschäftigung.

Solide Banken. Banken sollen sich auf ihre Kernaufgaben »Sparen« und »Kredit« konzentrieren. Unter den gegebenen Bedingungen in Deutschland sind international tätige private Banken neben Sparkassen, Genossenschaftsbanken und staatlichen Förderinstituten zweckmäßig. Und unter den gegebenen Bedingungen sind Universalbanken wegen der größeren Stabilität einem Trennbankensystem nach angelsächsischem Muster vorzuziehen. Banken und andere Finanzdienstleister können aber – in welcher Eigentumsform auch immer – Finanzmärkte und die ganze Wirtschaft gefährden. Das ist weniger eine Frage ihrer Werkzeuge, wie »Derivate« und »Hebel«, als eine der Risikoneigung sowie der Größe und Komplexität der einzelnen Institute. Im Kern geht es dabei um das Verhältnis der eingegangenen Risiken zum gesamten Geschäft (»Bilanzsumme«). Die neuen internationalen Sicherheitsrichtlinien der Bank für Internationalen Zahlungsausgleich, »Basel III«, schreiben den großen Banken ab Sommer 2012 vor, sich mit mehr Eigenkapital auszustatten oder sich von riskanten Geschäftsbereichen zu trennen. »Basel III« wird die Risikoneigung zwar dämpfen, aber sollte zumindest in der Europäischen Union um eine Deckelung des »Leverage-Ratio« (engl., Hebelverhältnis) ergänzt werden. Durch diese Kennzahl wird das Verhältnis von Eigenkapital und Bilanzsumme zum Ausdruck gebracht. Die Bilanzsumme einer Bank dürfte dann beispielsweise nur das Zwanzigfache des Eigenkapitals ausmachen. Bei gegebenem Eigenkapital würde so das erlaubte Wachstum über die Kennziffer »Bilanzsumme« gedeckelt. Durch eine entsprechende gesetzliche Regelung des Hebels, des »Leverage«, könnten Banken mit Übergröße, die eine Volkswirtschaft gefährden könnten, auf ein verträgliches Maß zurückgestutzt werden. Nach einer Modellrechnung des Deutschen Instituts für Wirtschaftsforschung müsste die Deutsche Bank ihr Geschäftsvolumen von heute 2000 Milliarden Euro auf etwa 750 Milliarden Euro verkleinern. Ergänzend muss politisch sichergestellt werden, dass es keine Rettung einer Bank durch den Staat oder durch die Zentralbank gibt. Der letzte Rettungsanker, die Europäische Zentralbank, wird nur entsprechend eines neu zu schaffenden Notenbank-Regelwerkes aktiv. Das kann zum Beispiel der Fall sein, wenn eine von den Finanzakteuren genutzte Staatsschuldenkrise aus dem Ruder zu laufen droht.

Ende der Schattenbanken. Bisherige und sich abzeichnende Regeländerungen, wie eine stärkere staatliche Aufsicht über den Derivatehandel oder eine Transaktionssteuer auf Finanzgeschäfte, schlugen in der Praxis wegen der Meidbewegungen der Banken und anderer Finanzakteure fehl. In der aktuellen Diskussion über Schlussfolgerungen aus der Großen Krise drohen Banken und Fonds mit der Abwanderung in Finanzoasen. So wurden in den 2000er Jahren billionenschwere Bankgeschäfte in Schattenbanken verlagert, um dort unbehelligt von Bankgesetzen, Aufsicht und Fiskus zu zocken. Das wird von Managern und Politikern gern als Totschlagargument gegen fortschrittliche Reformen genutzt. Doch selbst Europa allein kann sich gegen jede Kapitalflucht wappnen. Dabei hilft ein Heimatlandprinzip, wie es die Europäische Kommission für die Transaktionssteuer im September 2011 vorschlug. Ist die Bankzentrale oder der Kunde in einem EU-Land zu Hause, wird immer dort die entsprechende Steuer erhoben. Das gilt auch, wenn der Deal über Dritte oder andere Umwegfinanzierungen abgewickelt wird. Notfalls wäre an Kapitalverkehrskontrollen zu denken, mit denen noch bis in die 1980er Jahre viele Länder die Finanzströme mit dem Ausland kontrollierten und regulierten.

Finanzmärkte verkleinern. Hinter den Problemen, die in diesem Buch diskutiert werden, stehen der zu große Reichtum in der Welt und die infolge dessen aufgeblähten Finanzmärkte. Das Abschöpfen des überbordenden Geldüberhangs könnte vor allem durch einen Ausbau der Realwirtschaft erfolgen – siehe unten – und unter anderem auch durch die Einführung einer Umsatzsteuer auf Geldgeschäfte. Auf andere Produkte wird in Deutschland eine Mehrwertsteuer von 19 Prozent erhoben, international sind sogar Sätze bis zu 30 Prozent gebräuchlich. Eine sogenannte Finanztransaktionssteuer, deren Idee auf den US-amerikanischen Wirtschaftswissenschaftler und Nobelpreisträger James Tobin (»Tobin-Tax«) zurückgeht, sollte daher nicht allein auf Währungsspekulationen erhoben werden, sondern auch auf andere Transaktionen, die eine bestimmte Größe überschreiten oder keinen gesellschaftlichen Nutzen haben. Private Geschäfte wie die Finanzierung eines Eigenheims, Rücklagen für die Kinder oder die eigene Altersvorsorge sollten von der Steuer unberührt bleiben, ebenso zweckmäßige gewerbliche Finanzgeschäfte wie die Finanzierung von Investitionen in die Realwirtschaft, die Absicherung des Handels gegen Währungsschwankungen etc.

Verselbständigte Finanzmärkte auflösen. Auf einem Teil der aufgeblähten Finanzmärkte wird gezockt, ohne Bezug zum klassischen Bankgeschäft von Sparen und Kredit und ohne direkten Bezug zur Realwirtschaft. Diese verselbständigten Finanzmärkte sind durch entsprechende Zulassungsbeschränkungen aufzulösen. Alle Geldprodukte, Akteure und ihre Geschäftsmodelle müssen regelmäßig zum Finanz-»TÜV«, um nach einem Rundum-Check eine neue zeitlich begrenzte Zulassung zu erhalten. Zugelassen werden nur Modelle, die volkswirtschaftlich keinen Schaden anrichten.

Realwirtschaft ausbauen. Finanzgeschäfte sind heute oft profitabler als reale Investitionen. Dazu hat die Liberalisierung und Deregulierung der Finanzmarktregeln durch die Regierungen ebenso beigetragen wie eine Steuerpolitik, die Gewinne aus Geldgeschäften bevorzugt und damit irrsinnige »25 plus X«-Profitziele erst möglich machte. Im Gegensatz dazu sollte zukünftig die reale Wirtschaft durch die Geld- und Fiskalpolitik stärker gefördert werden. Zugleich muss die langfristig ausgerichtete Strategie eines

Unternehmens steuerlich gegenüber Kurzläufern begünstigt, das Verschieben von Gewinnen in Niedrigsteuerländern unterbunden werden. Dazu wird der Gestaltungsspielraum bei den Bilanzen entsprechend eingegrenzt. Rein spekulative Finanztransaktionen bleiben dann gleichsam nur noch Notfälle, die sich für den Spekulanten kaum lohnen. Damit wäre auch die notwendige Risiko-Prävention durchgesetzt. Denn bleibt die mögliche Rendite gering, werden Akteure keine hohen Risiken mehr eingehen wollen.

Reichtum verkleinern. Ausgangspunkt aller Probleme, die eine kapitalistische Wirtschaft plagen, ist der überbordende Reichtum, der auch die Finanzspekulation antreibt. Dadurch liegen viele gesellschaftlich nutzbare Ressourcen brach. Das Gegenmittel der Wahl ist hier die strikte Reduzierung der Finanzmarktgeschäfte – wie oben beschrieben – und eine rigide Steuer- und Fiskalpolitik. Sie soll vor allem Arbeit und auch Leistung schonen sowie Kapital, Vermögen und Einkommen einer produktiven Verwendung zuführen.

Gesellschaftlichen Raum zurückerobern. Die Finanzmärkte wurden auch durch den Rückzug des Staates aus wichtigen gesellschaftlichen Bereichen aufgebläht. Diesen Rückzug gilt es zurückzunehmen. Beispielsweise muss die öffentliche Förderung der privaten Altersvorsorge eingestellt werden. Die eingesparten Fördermittel sollten der gesetzlichen Rentenversicherung zugute kommen. Diese basiert auf dem Generationenvertrag und muss auf eine breitere finanzielle Basis nach schweizerischem Vorbild gestellt werden, in die auch Beamte und Selbständige einzahlen und für die aus Vermögenserträgen Beiträge zu leisten sind. Eine Reihe weiterer früherer Liberalisierungen und Deregulierungen zugunsten der privaten Großbanken, Versicherungen und Hedgefonds sind aufzuheben.

Mehr Europa. Die Demokratie darf nicht dem Angriff der Finanzmarktakteure unterliegen. Gegen die Macht der Wirtschaftsoligarchie hilft nur die konzertierte Aktion der Regierungen der Euro-Länder, der EU-Staaten, Europas. Spätestens nach der Überwindung der aktuellen Staatsschuldenkrise stellen sich erneut Fragen über die zukünftige Gestaltung Deutschlands und Europas: Brauchen wir überhaupt eine Einheitswährung? In welchem Umfang soll auf nationale Souveränität zugunsten der Europäischen Union verzichtet werden? Und wie lautet die politische Vision der

Völker für Europa? Bislang hat die Menschen niemand gefragt. Die Europäische Union ist weiterhin nach dem Geschmack weniger Finanzakteure und einiger Polit-Oligarchen eingerichtet. Die Alternative, ein demokratischer Binnenmarkt Europas, ist noch nicht in Sicht, aber nötig, um den profitablen Irrsinn zu beenden.

Anhang

Abkürzungen

ABN	Algemene Bank Nederland
ABS	Asset Backed Securities
ACS	Actividades de Construcción y Servicios
ADB	Asian Development Bank
AG	Aktiengesellschaft
AGIC	Allianz Global Investors Fund Management Limited Liability Company
AIG	America International Group
AKW	Atomkraftwerk
ALV	Anlagenverordnung
Amro	Amsterdam-Rotterdam Bank
ARD	Arbeitsgemeinschaft der öffentlich-rechtlichen Rundfunkanstalten der Bundesrepublik Deutschland
AWD	Allgemeiner Wirtschaftsdienst Holding
Bafin	Bundesanstalt für Finanzdienstleistungsaufsicht
BBC	British Broadcasting Corporation
BBO	Bürger für Bad Oeynhausen
BdB	Bundesverband deutscher Banken
BGH	Bundesgerichtshof
BIP	Bruttoinlandsprodukt
BIZ	Bank für Internationalen Zahlungsausgleich
BMF	Bundesministerium der Finanzen
BNP	Banque Nationale de Paris
BRIC	Brasilien, Russland, Indien, China
BVI	Bundesverband Investment und Asset Management
CDS	Credit-Default-Swaps
CDU	Christlich Demokratische Union
CSU	Christlich-Soziale Union
Dax	Deutscher Aktienindex
DDR	Deutsche Demokratische Republik
DDV	Deutscher Derivate Verband
DFA	Dodd-Frank Wall Street Reform and Consumer Protection Act
DIW	Deutsches Institut für Wirtschaftsforschung

DM	Deutsche Mark
DSGV	Deutsche Sparkassen- und Giroverband
DVAG	Deutsche Vermögensberatung
DWS	Deutsche Gesellschaft für Wertpapiersparen
DZ Bank	Deutsche Zentral-Genossenschaftsbank
EBA	Europäische Bankenaufsichtsbehörde
EFSF	Europäische Finanzstabilisierungsfazilität
EMIR	European Market Infrastructure Regulation
ENA	École nationale d'administration
ESM	Europäischer Stabilitätsmechanismus
ESPN	Entertainment and Sports Programming Network
EU	Europäische Union
Eurex	European Exchange
EZB	Europäische Zentralbank
FDP	Freie Demokratische Partei
Fed	Federal Reserve System
FIAN	Food First Informations- und Aktions-Netzwerk
FSF	Financial Stability Forum
GATT	General Agreement on Tarifs and Trade
GIZ	Deutsche Gesellschaft für Internationale Zusammenarbeit
GmbH	Gesellschaft mit beschränkter Haftung
G-SIFI	Global Systemically Important Financial Institution
GTZ	Deutsche Gesellschaft für Technische Zusammenarbeit
HBOS	Halifax Bank of Scotland
HNWI	High Net Worth Individuals
HRE	Hypo Real Estate
HSBC	Hongkong and Shanghai Banking Corporation
HSH	Hamburgisch-Schleswig-Holsteinische
HWWI	Hamburgisches Weltwirtschaftsinstitut
IG	Industriegewerkschaft
IIF	Institute of International Finance
ING	Internationale Nederlanden Groep
IOS	Investors Overseas Services
IPO	Initial Public Offering
InvG	Investmentgesetz
IW	Institut der deutschen Wirtschaft
IWF	Internationaler Währungsfonds
KfW	Kreditanstalt für Wiederaufbau
KG	Kommanditgesellschaft
KPMG	Klynveld, Peat, Marwick und Goerdeler
KSL	Khon Kaen Sugar Industry Public Company Limited
LB	Landesbank
LBBW	Landesbank Baden-Württemberg
LTCM	Long Term Capital Management
MPIfG	Max-Planck-Institut für Gesellschaftsforschung

NCE	New Classical Economics
NYSE	New York Stock Exchange
OECD	Organisation for Economic Co-operation and Development
ÖPP	Öffentlich-Private Partnerschaft
OTC	Over the Counter
PIIGS	Portugal, Irland, Italien, Griechenland und Spanien
Pimco	Pacific Investment Management Company
PPP	Public Private Partnership
PWC	Price Waterhouse Cooper
RBS	Royal Bank of Scotland
SNB	Schweizerische Nationalbank
SOEP	Sozio-oekonomisches Panel
Soffin	Sonderfonds für Finanzmarktstabilisierung
S&P	Standard & Poor's
SPD	Sozialdemokratische Partei Deutschlands
TNC	Transnational Corporation
TU	Technische Universität
UBS	Union Bank of Switzerland
US	United States
USA	United States of America
VGF	Verband Geschlossene Fonds
VZBV	Verbraucherzentrale Bundesverband
WTO	World Trade Organization
Xetra	Exchange Electronic Trading
ZDF	Zweites Deutsches Fernsehen

Glossar

Aktie Ein Wertpapier, mit dem der Aktionär ein verbrieftes Recht an einer Aktiengesellschaft (AG) erwirbt. Im Regelfall wird jährlich eine Dividende gezahlt. Das Stimmrecht wird üblicherweise an eine Bank übertragen (siehe Depotstimmrecht).

Anleihe (Rentenpapier) Ein Wertpapier mit festgelegter Verzinsung, Laufzeit und Rückzahlungsverpflichtung, jedoch ohne Stimmrecht.

Arbitrage Das risikolose Ausnutzen von Preisunterschieden auf verschiedenen Märkten für dasselbe Finanzprodukt.

Asset Backed Securities (ABS) Kredite, die als Wertpapiere verbrieft wurden. Dazu werden vor allem Immobiliendarlehen in einer Zweckgesellschaft (Schattenbank) zusammengefasst und in Form von Wertpapieren weiterverkauft.

Bad-Bank Eine Zweckgesellschaft zur Bereinigung von Bankbilanzen.

Baisse (Bärenmarkt) Anhaltender Kursrückgang an der Börse.

Bank Ein Dienstleister rund ums Geld. Banken vergeben Kredite und nehmen zu ihrer Refinanzierung fremde Gelder an (Einlagengeschäft) oder begeben Anleihen (Schuldverschreibungen). Siehe auch Geschäftsbank, Investmentbank, Universalbank, Großbank.

Bank of England (BoE) Zentralbank Großbritanniens.

Bank of Japan (BoJ) Zentralbank Japans.

Bärenmarkt Siehe Baisse.

Bargeld Das Bargeld umfasst Banknoten und Münzen.

Basel II Ein umfassendes Regelwerk, das Banken in vielen Ländern bindet. Es schreibt vor allem vor, wie viel Eigenkapital vorhanden sein muss. »Basel III« wird von den Zentralbanken vorbereitet.

Bilanz Darstellung der Vermögens- und Kapitalverhältnisse eines Unternehmens an einem Stichtag.

Bilanzsumme Betrag, der sich ergibt, wenn man entweder sämtliche eingesetzten Finanzmittel (Aktiva) oder sämtliche Passiva (Eigenkapital, Rücklagen, Spareinlagen u. a.) addiert.

Blase Wenn die Preise einer Finanzproduktart, wie beispielsweise Aktien oder Immobilien, weit höher als ihr »tatsächlicher« Wert sind.

Bond Das englische Wort für Schuldverschreibung.

Bonität Maß für die Kreditwürdigkeit von Unternehmen, privaten Bankkunden oder Gemeinwesen.

Börse Marktplatz, auf dem Wertpapiere, Devisen oder auch Waren nach bestimmten Regeln gehandelt werden. Kurse bzw. Preise werden vom Börsenmanagement nach Angebot und Nachfrage festgelegt.

Bretton-Woods-System Am Ende des Zweiten Weltkrieges einigten sich in der US-amerikanischen Stadt Bretton Woods 44 Staaten auf ein internationales Währungssystem mit festen Wechselkursen und dem US-Dollar als Leitwährung. Das Abkommen begründete den Internationalen Währungsfonds und die Weltbank. Das Bretton-Woods-System bestand bis 1973.

Broker Händler oder Unternehmen, die als Makler Wertpapierhandel auf Rechnung Dritter betreiben.

Bruttoinlandsprodukt (BIP) Summe aller Waren und Dienstleistungen, die in einem Jahr hergestellt werden. Maß für die wirtschaftliche Leistung einer Volkswirtschaft. Bis 1999 als Bruttosozialprodukt bezeichnet.

Buchgeld (Giralgeld) Guthaben bei einer Bank, über die der Bankkunde täglich verfügen kann (z. B. Girokonto).

Bullenmarkt Siehe Hausse.

Bundesbank Zentralbank der Bundesrepublik. Sie gehört zum »Europäischen System der Zentralbanken« und operiert in der Praxis als Tochtergesellschaft der Europäischen Zentralbank (EZB), die allein über die Geldpolitik in der Euro-Zone entscheidet. Andererseits ist die staatliche Bundesbank größter Anteilseigner der EZB, und der Bundesbank-Präsident gehört dem höchsten Gremium, dem EZB-Rat, an.

Bundeswertpapier Schuldverschreibung, die vom Bund und dessen Sondervermögen herausgegeben wird. Es gibt mehrere Arten z. B. Bundesanleihen, Bundesschatzbriefe oder Finanzierungsschätze. Diese unterscheiden sich u. a. durch Laufzeit und Art der Verzinsung.

Carry-Trade Arbitrage-Geschäft zwischen niedrigeren und höheren Zinsen in unterschiedlichen Währungen.

Clusterrisiko Ein unausgewogenes und daher besonders riskantes Portefeuille, mit dem beispielsweise alles auf die eine Karte »Chemieaktien« gesetzt wird.

Credit-Default-Swap (CDS) Siehe Kreditausfallversicherung.

Cross-Border-Leasing Leasing, bei dem Leasinggeber und Leasingnehmer in unterschiedlichen Staaten beheimatet sind.

Dachfonds Fonds, der in andere Fonds investiert bzw. sie unter einem Dach zusammenfasst.

Darlehen Siehe Kredit.

Dax Im Deutschen Aktienindex sind die Kurse der 30 größten und an der Börse umsatzstärksten Unternehmen in Deutschland zusammengefasst.

Deflation   Ein anhaltendes Sinken der Preise.

Depotstimmrecht (Vollmachtsstimmrecht)   Anleger treten ihr Stimmrecht an einer Aktiengesellschaft an ihre Bank per Vollmacht ab.

Derivat   Finanzprodukt, dessen Preis/Kurs/Zins von der Entwicklung einer zugrundeliegenden Bezugsgröße abhängt, also abgeleitet ist. Als Basiswerte sind u. a. Aktienindizes, Rohstoffpreise und Zinssätze üblich. Derivate sind eine Wette auf die Wette und gelten als besonders riskant für die Stabilität der Finanzmärkte.

Deutschland AG   Netzwerk von großen deutschen Unternehmen und Institutionen, die sich vor allem um die Deutsche Bank gruppieren. Der Vernetzung dienen Geschäftsbeziehungen, personelle Verflechtungen, Depotstimmrechte und Kapitalbeteiligungen.

Dividende   Teil des Gewinns, den eine Aktiengesellschaft an ihre Aktionäre ausschüttet.

Dominoeffekt (Systemisches Risiko)   Bei Zahlungsunfähigkeit eines Marktteilnehmers sind andere Marktteilnehmer nicht mehr in der Lage, ihre Verpflichtungen zu erfüllen.

Dow Jones   Der Aktienindex Dow Jones Industrial Average setzt sich heute aus 30 der größten US-Unternehmen zusammen.

EFSF (Europäische Stabilisierungsfazilität)   Wurde 2010 von den EU-Staaten eingerichtet, um die finanzielle Stabilität in Europa zu sichern. Die Fazilität (eigentlich »Möglichkeit«) kann am Kapitalmarkt maximal 440 Milliarden Euro aufnehmen. Die Wertpapiere dafür werden von den Euro-Staaten garantiert.

EFSM (Europäischer Finanzstabilisierungsmechanismus)   Ermächtigte 2010 die EU-Kommission, Mittel von bis zu 60 Milliarden Euro aufzunehmen, um sie an kriselnde Euro-Länder auszuleihen.

Eigenkapital   Mittel, die einem Unternehmen von dessen Eigentümern zur Verfügung gestellt werden, etwa von den Aktionären einer Aktiengesellschaft. Die Aktionäre erhalten dafür Wertpapiere, die Aktien. Der Gegensatz ist Fremdkapital, etwa Kredite von Banken.

Eigenkapitalrendite   Das Verhältnis des Gewinns zum Eigenkapital.

Emission   Ausgabe neuer Wertpapiere, z. B. Aktien.

ESFS (Europäisches System für die Finanzaufsicht)   Neue europäische Finanzaufsicht, die Anfang 2011 mit drei Aufsichtsbehörden in London, Frankfurt und Paris begonnen hat, Banken (EBA), Versicherungen (EIOPA) und Fonds (ESMA) zu kontrollieren.

Euribor (Euro Interbank Offered Rate)   Durchschnittszinssatz, zu der eine Bank einer anderen Bank Euro leiht.

Euro   Gemeinsame Währung der an der Europäischen Währungsunion teilnehmenden Staaten.

Eurobond   Staatsanleihe, die nicht ein einzelnes Land auflegt, sondern alle Euro-Länder gemeinsam. Dadurch soll der Zinssatz für die meisten teilnehmenden Länder sinken, für Deutschland würde er steigen.

Europäische Zentralbank (EZB)   Währungsbehörde für die Mitgliedstaaten der Europäischen Währungsunion. Die EZB verleiht das von ihr geschaffene (Zentralbank-)Geld an Banken. Für diese Kredite müssen Banken Sicherheiten stellen. Im Fall einer Bankpleite könnte die EZB diese Pfänder verkaufen.

Federal Reserve System (Fed)   Zentralbank der USA.

Finanzdienstleister   Ein Wirtschaftsbetrieb, der zwar keine Bank ist, aber einige bankähnliche Geschäfte wie Anlageberatung oder Leasinggeschäfte betreibt.

Finanzmarkt   Ein Begriff, der sowohl die Abwicklung aller klassischen Bankgeschäfte als auch den Handel mit Aktien, Anleihen, Terminkontrakten umfasst. Finanzmärkte können festen Regeln folgen (Börse) oder freihändig (Over-the-Counter) organisiert sein.

Finanzprodukt   Oberbegriff für alle Formen der Geldanlage und der Finanzinvestition – vom Sparbuch über die Lebensversicherung bis zur Kapitalbeteiligung an einem Hedgefonds.

Finanztransaktionssteuer   Siehe Transaktionssteuer.

Fonds   Siehe Investmentfonds.

Fremdkapital   Siehe Eigenkapital.

Geld   Das in einer Gesellschaft allgemein anerkannte Tausch- und Zahlungsmittel. Geld fungiert auch als Recheneinheit und Wertaufbewahrungsmittel. Es kann unterschiedliche Formen annehmen, beispielsweise als Bargeld oder Buchgeld.

Geldmenge   Alles Geld in den Händen von Nichtbanken. Da der Begriff des Geldes unscharf ist, gibt es unterschiedlich definierte Geldmengen.

Geldpolitik   Alle Maßnahmen einer Zentralbank.

Geschäftsbank   Bank, die im Gegensatz zur Investmentbank vor allem das klassische Spar- und Kreditgeschäft betreibt. Meist universell tätig, betreibt also alle Bankgeschäfte.

Geschäftsvolumen   Entspricht bei Banken weitgehend der Bilanzsumme.

Geschlossener Fonds   Investmentfonds, an dem sich Anleger nur bis zu einem bestimmten Zeitpunkt beteiligen können; riskante unternehmerische Beteiligung.

Giralgeld   Siehe Buchgeld.

Großbank   Nach der Bilanzsumme herausragend große Bank. In Deutschland traditionell Deutsche Bank, Dresdner Bank und Commerzbank; in der Bundesbank-Statistik seit 1999 auch die Bayerische Hypo- und Vereinsbank und seit 2004 die Postbank. 2009 ging die Dresdner Bank in der Commerzbank auf; 2010 erwarb die Deutsche Bank die Mehrheit an der Postbank.

Hausse (Bullenmarkt)   Anhaltender Kursanstieg an der Börse.

Hebel   Ein Kredit, mit dem das zur Verfügung stehende eigene Kapital aufgestockt wird, zumeist um mehr Profit zu erzielen.

Hedgefonds   Weitgehend unregulierte Fonds, die im Regelfall eine hochriskante Anlagestrategie verfolgen und dafür von Banken Kredit erhalten.

»Heuschrecken«   Siehe Private-Equity.

High-Yield-Anleihe   Siehe Junk-Bond.

Inflation   Ein längerer Preisanstieg. Dadurch verliert das Geld an Kaufkraft.

Institutionelle Investoren   Im Gegensatz zum privaten Anleger sind dies Unternehmen und Institutionen wie Banken, Investmentfonds, Versicherungen, Industriekonzerne und Staaten.

Interbankenmarkt   Handel von Geld und Wertpapieren zwischen Banken.

Internationaler Währungsfonds (IWF)   Fördert die internationale Zusammenarbeit in der Währungspolitik und greift in die Geldpolitik von kriselnden Ländern ein. Früher traf es die »Dritte Welt«, heute auch »Industriestaaten«. Bruderorganisation der Weltbank.

Investmentbank   Bank, die kein Spar- und Kreditgeschäft, aber Wertpapiergeschäfte betreibt.

Investmentfonds   Ein gemischtes Vermögen u.a. aus Wertpapieren, Bankeinlagen und Immobilien. Anleger können Miteigentümer am Fondsvermögen werden, indem sie Anteile in Form von Wertpapieren (Investmentzertifikate) kaufen. Siehe auch Dachfonds, Geschlossener Fonds, Hedgefonds, Offener Fonds, Offshore-Fonds, Pensionsfonds, Private-Equity.

Junk-Bonds (High-Yield-Anleihen)   Sogenannte Schrottpapiere (siehe dort), Anleihen mit schlechter Bonität.

Kredit   Die zeitlich begrenzte Überlassung von Geld. Der Kreditnehmer (Schuldner) zahlt dem Kreditgeber (Gläubiger) dafür einen Zins. Bei revolvierenden Krediten werden alte Darlehen durch neue ersetzt. Bei »faulen«, notleidenden Krediten ist der Schuldner mit der Erfüllung seiner Pflichten in Verzug geraten oder ein solcher droht nach Ansicht der Bank.

Kreditausfallversicherung (Credit-Default-Swap)   Derivat, das ursprünglich gegen mögliche Verluste bei Exportkrediten eingesetzt wurde. Heute genutzt, um gegen Euro-Staaten zu wetten.

Kreditverbriefung   Siehe Verbriefung.

Kreditversicherer   Versicherungsunternehmen, das vorrangig Im- und Exportgeschäfte der Industrie finanziell absichert. Nicht zu verwechseln mit den oft hochspekulativen Kreditausfallversicherungen.

Kurswert Preis, der für Wertpapiere oder Devisen an der Börse gezahlt wird. Siehe auch Nennwert.

Landesbank Öffentlich-rechtliche Bank, Dienstleister für Sparkassen. Überwiegend im Eigentum von Bundesländern.

Leerverkauf (Short-Seller) Spekulation mit fremden Vermögenswerten, geliehenen oder ganz »ohne« eigene Wertpapiere (nackter oder ungedeckter Leerverkauf).

Leitzinsen Zinssätze, zu denen sich Banken von der Zentralbank Geld leihen oder überschüssige Reserven bei dieser anlegen können.

Lender of Last Resort Die Zentralbank als letzter Retter in der Not. Diese Funktion gehört zu den Aufgaben der amerikanischen Fed, aber offiziell nicht zu denen der EZB.

Leverage-Effekt Siehe Hebel.

Leverage-Ratio Kennzahl, die das Verhältnis des Eigenkapitals einer Bank zu ihrer Bilanzsumme festlegt (Eigenkapital mal X gleich Bilanzsumme). Durch ein niedriges Leverage-Ratio wird das maximal mögliche Geschäftsvolumen reduziert und gedeckelt. Über eine gesetzliche Vorgabe für das Leverage-Ratio könnte die Größe von Banken reguliert und damit zugleich das Risiko für eine Volkswirtschaft begrenzt werden.

Libor (London Interbank Offered Rate) Durchschnittszinssatz, zu der weltweit eine Bank einer anderen Bank Devisen leiht.

Liquidität Beschreibt, wie »flüssig« eine Geldanlage ist, wie leicht sie also ge- oder verkauft werden kann.

Maastricht-Vertrag Wirtschaftsliberales »Grundgesetz« der Europäischen Union.

Mindestreserve Geldpolitisches Instrumentarium, das die EZB von der Bundesbank übernommen hat. Banken müssen ein bestimmtes Mindestguthaben bei der Zentralbank halten. Derzeit 1 Prozent auf kurzfristige Kundeneinlagen.

Mortgage Backed Securities Wertpapier, das durch Hypotheken abgesichert ist. Solche verbrieften Hauskredite lösten 2007 die Große Krise aus.

Nennwert (Nominalwert) Der auf einem Wertpapier genannte Betrag. Bei börsengehandelten Wertpapieren kann der Nennwert erheblich vom Kurswert abweichen.

Notenbank Siehe Zentralbank.

Offener Fonds Investmentfonds, dessen Anteile Anleger gewöhnlich jederzeit kaufen oder verkaufen können; Massenprodukt.

Offenmarktgeschäfte Geldpolitische Operationen der Zentralbank, mit der den Banken Geld (Liquidität) zur Verfügung gestellt wird.

Offshore-Fonds Im Allgemeinen Fonds, die im Ausland aufgelegt werden; im Besonderen Fonds, die in weitgehend liberalisierten Finanzoasen beheimatet sind.

Option Recht, beispielsweise Aktien oder Devisen zu einem vorher bestimmten Zeitpunkt und einem vorab vereinbarten Preis von einem Vertragspartner zu kaufen oder an diesen zu verkaufen.

Over-the-Counter (OTC) Handel mit Finanzprodukten außerhalb einer Börse.

Pensionsfonds Ein vom Unternehmen ausgegliedertes Sondervermögen zum Zweck der Finanzierung der betrieblichen Altersversorgung der Beschäftigten.

Pfandbrief Besonders sicheres Wertpapier, das entweder durch Hypotheken oder Grundschulden abgesichert ist oder durch die Garantien eines öffentlichen Haushaltes.

Portefeuille (Portfolio) Alle Finanzprodukte, die eine Bank, ein Unternehmen oder ein privater Haushalt besitzen.

Private-Equity (»Heuschrecken«) Kapital, das private Gesellschaften in nicht-börsennotierte Unternehmen investieren; häufig um ein Unternehmen aufzukaufen und in Einzelteile filetiert weiterzuveräußern. Das Kapital dazu wird häufig in einem Fonds gesammelt (Private-Equity-Fonds).

Rating Einstufung von Banken, Unternehmen, Staaten und von ihnen herausgegebenen Wertpapieren nach deren Bonität.

Refinanzierung Wenn sich Geschäftsbanken bei ihren Sparkunden, anderen Banken oder der Zentralbank Geld leihen, um beispielsweise Kredite zu vergeben.

Rendite Die Rendite gibt den Gewinn einer Investition wieder. Die Rendite kann aus Zinsen, Dividenden oder realisierten Kurssteigerungen bestehen.

Rentenpapier Siehe Anleihe.

Rezession Konjunkturelle Abschwungsphase. Nach der gängigen Definition liegt eine Rezession vor, wenn das BIP in zwei aufeinander folgenden Quartalen im Vergleich zu den Vorjahresquartalen stagniert oder schrumpft.

Risiko Bezogen auf ein Finanzgeschäft die Wahrscheinlichkeit, mit der ein Finanzprodukt nicht den gewünschten Erfolg hat. Im schlimmsten Fall besteht das Risiko darin, das gesamte eingesetzte Kapital zu verlieren.

Schattenbank (Zweckgesellschaft) Unternehmen, das – oft in Finanzoasen angesiedelt – bankähnliche Geschäfte betreibt, ohne den gesetzlichen Vorgaben einer Bank zu unterliegen. Meist wird die Schattenbank nur für einen bestimmten Zweck gegründet.

Schrottpapiere (Ramschpapiere) Anleihen, zurzeit vornehmlich Staatsanleihen, deren Kurswert weit unterhalb des Nennwertes liegt. Siehe auch Junk-Bond.

Schuldverschreibung Anleihe/Rentenpapier, mit dem der Gläubiger dem Aussteller der Schuldverschreibung (Emittent) einen bestimmten Betrag für eine gewisse Zeit überlässt. Emittenten sind staatliche Stellen (öffentliche Anleihen), Banken (Bankschuldverschreibungen, Pfandbriefe) und Industrieunternehmen (Industrieanleihen).

Shareholder-Value Wörtlich Aktionärswert. Eine Zielgröße, die den Erfolg eines Unternehmens hauptsächlich oder allein am Börsenkurs misst. Dies führt zu einer besonders aggressiven Geschäftspolitik durch den Vorstand, der vor allem auf kurzfristige Profite abzielt, um den Aktienkurs des Unternehmens zugunsten der Aktionäre (Eigentümer) in die Höhe zu treiben. Investitionen, die erst auf mittlere oder lange Sicht Erträge versprechen, unterbleiben oft.

Short-Seller Siehe Leerverkauf.

Soffin (Sonderfonds Finanzmarktstabilisierung) Ein Sonderfonds des Bundes, der im Oktober 2008 eingerichtet wurde, um die Banken zu stützen. 2012 wurde der Rettungsfonds reaktiviert.

Solvabilität Eigenkapitalausstattung von Unternehmen, hier besonders Versicherer.

Solvency II Projekt der Europäischen Kommission, das – in Anlehnung an »Basel II« und »Basel III« – neue Solvabilitätsvorschriften für die Versicherungswirtschaft formuliert.

Sondervermögen Vielfältig einsetzbare rechtliche Konstruktion, in der Vermögensgegenstände verwaltet werden, beispielsweise das angelegte Kapital von Fondsanlegern (Investmentfonds) oder der Sonderfonds Finanzmarktstabilisierung (Soffin) des Bundes. Wird auch als Schattenbank eingesetzt, um riskante Finanzspekulationen abzuwickeln.

Spareinlagen Gelder von Kunden, die den Banken zur Refinanzierung für Kredite, Aktienkäufe und andere Geschäfte dienen.

Sparkassen Öffentlich-rechtliche Kreditinstitute, deren Träger meist Kommunen sind.

Spread Differenz von Preisen oder Renditen, zum Beispiel zwischen den Zinssätzen, die Deutschland und Griechenland für ihre jeweiligen Staatsanleihen bieten.

Spread-Ladder-Swap Wette auf den Zinsabstand von zwei ähnlichen Finanzprodukten.

Staatsanleihe Anleihe, mit der Staaten ihre Schulden finanzieren.

Stabilitäts- und Wachstumspakt In dem 1996 beschlossenen Pakt verpflichten sich die EU-Länder, auch nach Eintritt in die Währungsunion Haushaltsdisziplin zu wahren. Die Obergrenze für die jährlichen Haushaltsdefizite liegt grundsätzlich bei 3 Prozent, der Schuldenstand bei höchstens 60 Prozent des BIP.

Stresstest Simulation der Auswirkungen extremer Ausnahmen von normalen Marktentwicklungen. Umstritten, da die Kriterien willkürlich gewählt werden.

Subprime-Krise Millionen »zweitklassige« Immobilendarlehen (Hypothekenkredite) von US-amerikanischen Hausbesitzern mit geringer Bonität wurden von Banken verbrieft und im Paket an Banken und Finanzdienstleister weltweit verkauft.

Swap Derivat; Vereinbarung über den Tausch von Finanzprodukten, beispielsweise US-Dollar- und Euro-Zertifikate, zu einem festgelegten Termin in der Zukunft.

Systemrelevanz Auf den Finanzmärkten in der Regel bezogen auf eine Bank oder Bankengruppe. Diese sind laut Bundesbank systemrelevant, wenn ihre Zahlungsunfähigkeit das Funktionieren des inländischen Finanzsystems oder »wesentlicher Teile« davon gravierend beeinträchtigen würden und zudem »negative Auswirkungen« auf die Realwirtschaft hätten. In der Krise können auch Versicherer und Hedgefonds systemrelevant sein.

Tender (-verfahren) Ein Tender ist ein standardisiertes Auktionsverfahren, mit dem die Zentralbank Geld an Banken verleiht.

Termingeschäft Finanzgeschäft, bei dem der Vertragsabschluss und die Vertragserfüllung zeitlich auseinander liegen.

Trader Händler, der überwiegend auf eigene Rechnung mit Wertpapieren handelt, meist kurzfristig (Daytrader) und riskant.

Transaktionssteuer (Tobin-Steuer) Von dem US-amerikanischen Wirtschaftswissenschaftler James Tobin 1972 vorgeschlagene Umsatzsteuer auf grenzüberschreitende Devisengeschäfte.

Trennbankensystem Im Gegensatz zu Geschäftsbanken/Universalbanken dürfen Trennbanken nicht gleichzeitig das Kredit- und das Wertpapiergeschäft betreiben. Damit sollten in den USA und Japan Interessenkonflikte zwischen beiden Geschäftsfeldern vermieden werden.

Treasury Üblicherweise US-amerikanische Staatsanleihe.

Universalbank Institut, das alle Geschäfte einer Bank betreibt, insbesondere das Kredit- und das Wertpapiergeschäft. In Deutschland sind die meisten Banken als Universalbank tätig.

Verbriefung (Securitization) Unter Verbriefung versteht man die Umwandlung von Krediten oder anderen Finanzprodukten in handelbare Wertpapiere.

Versicherer Unternehmen, das Versicherungsschutz an private Kunden, Firmen – auch andere Versicherer – sowie öffentliche und private Institutionen verkauft.

Volatilität Maß für die Schwankungen beispielsweise eines Finanzmarktpreises innerhalb einer bestimmten Periode.

Volks- und Raiffeisenbanken   Genossenschaftlich organisierte Banken, vor allem in Deutschland.

Volkswirtschaftliche Gesamtrechnungen (VGR)   Darstellung der gesamtwirtschaftlichen Größen einer Volkswirtschaft, vor allem des BIP. Die VGR liefert das Datenmaterial für politische Entscheidungen.

Vollmachtsstimmrecht   Siehe Depotstimmrecht.

Währung   Das hoheitlich geordnete Geldwesen eines Staates. Der Begriff steht auch für den Namen einer Geldeinheit wie Euro oder US-Dollar.

Warentermingeschäft   Termingeschäft mit oder auf Waren wie Erdöl, Kaffee oder Weizen.

Wechsel   Ein Wertpapier, mit dem sich der Aussteller verpflichtet, einen bestimmten Betrag zu einem späteren Zeitpunkt bei Vorlage des Wechsels zu zahlen.

Wechselkurs   Der Wechselkurs (Devisenkurs) ist das Austauschverhältnis zweier Währungen.

Weltbank   1944 auf der Konferenz von Bretton Woods gegründet. Aufgabe der Weltbankgruppe, die aus fünf Organisationen besteht, ist die Förderung von weniger entwickelten Staaten. Die Weltbank gehört den Mitgliedsländern der Vereinten Nationen, größter Anteilseigner sind die USA. Siehe auch Internationaler Währungsfonds.

Wertpapier   Ein Wertpapier verbrieft ein Vermögensrecht. Wertpapiere sind beispielsweise Aktien, Schuldverschreibungen (Anleihen/Rentenpapiere) und Investmentfondsanteile.

Xetra (Exchange Electronic Trading)   Elektronisches Handelssystem für Wertpapiere der Deutschen Börse.

Zentralbank (Notenbank)   Zuständig für Geldpolitik und das Geldwesen in einem Land. Verwaltet die Währungsreserven und gibt als im Wortsinne Notenbank Banknoten und Münzen aus. Die Zentralbank kann auch Banken beaufsichtigen und den Zahlungsverkehr vor allem mit dem Ausland abwickeln.

Zertifikat   Ein Derivat, mit dem die Teilnahme an der Kursentwicklung eines Basiswertes, wie Aktien oder Devisen, verbrieft wird.

Zins   Preis für die zeitweise Überlassung von Geld. Den Zins zahlt der sogenannte Kapitalnehmer dem Kapitalgeber. Typischerweise ist der Zins umso höher, je länger ein Kredit läuft.

Zinseszins   Wiederverzinsung aufgelaufener Zinsen, die der Gesamtsumme zugeschlagen werden.

Zweckgesellschaft   Siehe Schattenbank.

Zum Autor

Hermannus Pfeiffer

Jahrgang 1956; Dr. rer. pol.; Soziologe und Wirtschaftswissenschaftler; Spezialgebiet Banken – Versicherungen – Finanzmärkte; seit 1995 freier Wirtschaftspublizist, u. a. für *Frankfurter Rundschau, Neues Deutschland, taz, ZEIT*.

Zahlreiche Buchveröffentlichungen zu Finanzthemen, u. a. »Das Imperium der Deutschen Bank« (1987); »Die Macht der Banken« (1993); »Der Kapitalismus frisst seine Kinder« (1997); »Die Zähmung des Geldes« (2000); »Deutschland AG«, in: »Schwarzbuch Deutschland« (2009).

Im Ch. Links Verlag erschien: »Seemacht Deutschland. Die Hanse, Kaiser Wilhelm II. und der neue Maritime Komplex« (2009).